학생의 분수 지식 수준 평가와 지도

Developing Fractions Knowledge

해캔버그(Amy J. Hackenberg)
노턴(Anderson Norton)
라이트(Robert J. Wright) 지음

이수진 옮김

KM 경문사

옮긴이의 말

국내외로 분수는 학생들에게 끊임없는 어려움을 제공하는 주제이며 수학을 어렵게 생각하는 계기가 되는 최초의 수학 주제로 알려져 있다. 학생들은 분수의 덧셈과 뺄셈, 크기 비교하기, 곱셈, 나눗셈의 규칙을 외우려 하고, 그 원리를 이해하려 하지 않거나 혹은 이해하기를 어려워한다. 규칙을 성공적으로 암기한 학생들이라고 하여 꼭 유연하고 견고한 분수 지식을 개발한 것이라 볼 수 없다는 것은 이미 많은 연구에서 보고한 바 있다.

국내외 선행 연구들을 통해 확인된 분수 학습 어려움의 주요 원인 중 하나는 분수를 사용할 때 성립하는 규칙이 자연수를 사용할 때 성립하는 규칙과 서로 모순되는 것처럼 보이는 것이다. 예를 들어, 7은 6보다 크지만 1/7은 1/6보다 작다. 전체에서 부분의 수와 부분의 크기 간의 상호 관계(전체를 나눈 부분의 수가 많을수록 그 부분의 크기는 작다는 것)를 이해하지 못하는 학생들에게 이러한 사실은 직관적이지 않다. 또한, 0과 1을 제외한 두 자연수의 곱은 항상 그 두 수보다 크지만, 분수에서 이는 항상 성립하지 않는다. 또한, 분수를 곱할 때 학생들은 자연수를 곱할 때처럼 분자는 분자끼리 분모는 분모끼리 곱할 수 있다는 점을 흥미로워하며 이를 암기하지만, 분수끼리 더할 때는 새로운 규칙을 사용하며 학생들은 이분모 덧셈, 뺄셈을 어려워하게 된다. 이와 같은 예는 학생들의 자연수 지식이 분수 지식 형성에 방해가 된다는 **방해 가설**(interference hypothesis)을 뒷받침하기 위한 사례로 사용되어 왔다.

한편 Les Steffe는 Ernst von Glasersfeld와 함께 1980년대에 능동적으로 수학을 구성하는 주체로서 학생의 수학을 강조하며 당시 지도 학생이었던 Pat Thompson과 Paul Cobb 등과 함께 학생들의 자연수 지식 구성 과정을 이해하기 위한 실증 연구를 수행하였고, 이후 John Olive 및 그의 지도 학생들과 함께 1990년부터 약 20년간 학생들을 대상으로 실증 연구를 수행하여 자연수 지식에서 분수 지식을 구성하는 과정에 상당한 연속성이 있다는 것을 발견하였다. **재조직 가설**(reorganization hypothesis)은 학생들이 자연수를 조작하는 방법이 분수를 조작하는 방법에 영향을 미치며 자연수 지식이 분수 지식 구성의 토대가 된다는 것이다. 즉, 학생들은 분수를 처음 배울 때 이를 이해하기 위해 자신들이 자연수를 이해하기 위해 수행했던 여러 정신적 행동들을 사용한다.

이 책은 학생의 자연수 지식이 학생의 분수 지식 구성을 방해하는 것이 아니라 그 학생의 분수 지식 수준에 직접적인 영향을 준다는 이론적 관점을 기반으로 한 책이다. 이 책의 주 저자인 Hackenberg와 Norton은 Steffe의 지도 학생으로 그의 분수 연구에 참여하였고 이후에도 Steffe 연구의 대중화를 위해 여러 방면으로 노력해 오고 있으며, 이 책도 그 결과물 중의 하나라 할 수 있다. 옮긴이는 석박사 과정에서 대학원의 Hackenberg와 Norton의 후배이자 Steffe의 제자로 그와 함께 분수와 대수 지식 간의 연결을 위한 프로젝트에 참여하여 연구한 바 있고, 당시의 경험을 기반으로 Steffe의 연구의 대중화를 위해 현재까지 교사 교육 및 연구를 수행하고 있다.

이 책은 총 13장으로 구성되어 있고 1장은 산술 교육 강화를 위한 교사 전문성 신장 지원을 위해 이 책이 사용될 수 있는 방법에 관해 소개한다. 2장에서는 Steffe의 재조직 가설을 개관하며, 자연수와 분수 맥락에 걸쳐 학생들의 수학 지식 형성에 중요한 다섯 가지 정신적 활동에 대해 구체적인 예와 함께 설명한다. 3장은 학생들의 단위 조정 단계와 이를 평가하기 위한 과제와 분석 지침을 제공한다. 4~12장에서 각 장의 첫째 절에서는 그 장의 초점이 되는 분수 지식 발달의 핵심 주제를 개관한다. 둘째 절에서는 그 주제에 대한 학생들의 지식을 종합적으로 평가하는데 사용할 수 있도록 장별로 최대 6개의 수학 과제를 제시하고 각각에 대해 상세히 안내한다. 각 평가 과제 모음 내 과제들은 그 장에서 다루는 구체적인 수학 주제를 다루고 있다. 각 과제 모음은 과제의 제목, 수업 재료, 평가 과제를 학생들에게 제시하는 방법에 대한 상세한 설명과 더불어 과제의 목표, 예상되는 학생들의 반응 등으로 구성된다. 각 장의 셋째 절에서는 그 장에서 다루는 핵심 주제와 관련된 최대 5개의 수업 활동을 소개한다. 각 수업 활동은 수업 활동의 제목, 학습 목표, 수업 방법, 수업 재료, 학생 응답, 과제 변형 및 확장의 6개의 부분으로 나누어진다. 4장부터 12장까지 총 39개의 수학 활동이 제시되어 있고, 이러한 활동은 초등 수학 교사의 과정 중심 수행 평가 혹은 형성 평가에 매우 유용하게 사용할 수 있으리라 생각하며, 초등 수학 교과서 집필 및 재구성에도 도움이 될 수 있으리라 생각한다.

이 책의 출판을 위해 많은 지원을 해주시고 노력해주신 경문사 박종화 상무님과 한경수 편집부 선생님께 감사의 뜻을 표한다. 마지막으로 이 책을 번역하는 과정에서 아낌없는 조언을 해주었던 Steffe 교수님과 번역본을 꼼꼼히 검토하여 주신 Steffe 교수님의 지도 학생인 한국교원대학교 수학교육과 신재홍 교수님께도 깊은 감사의 마음을 전하는 바이다.

2019년 11월

한국교원대 연구실에서

옮긴이 이 수 진

글을 시작하며

이 책의 저자 중 2명은 구성주의 관점에서 학생들의 분수 지식 발달에 관한 연구를 광범위하게 진행해왔으며, 또 1명의 저자는 학생들의 초기 수 개념과 자연수 연산 학습과 관련된 연구, 개발, 실행을 널리 진행해왔다. 이 책은 학생들의 분수 지식 발달을 돕기 위한 종합적인 지침서 개발을 위해 세 번째 저자의 연구의 주요한 개념과 접근법들을 적용하고 있다. 또한, 이 책은 학생들의 수학적인 활동과 사고를 관찰하고 기록할 방법과 학생들의 현재 지식 수준에 대한 세세한 정보를 고려하는 교수법을 제공한다. 이 책에 소개된 이론과 접근들은 학생들의 분수 학습과 초기 수 개념 그리고 자연수 연산 학습에 집중한 Les Steffe와 그의 동료들에 의해 수행된 구성주의 교수 실험(teaching experiment) 연구를 기반으로 한다.

이 책의 목적

이 책의 목적은 분수를 가르치는 교실에서 일반 학생 혹은 학습 부진을 겪는 학생에 대한 구체적이고 종합적인 지침을 제공하기 위해서이다. 이 책은 Bob Wright와 그의 동료들에 의해 앞서 집필된 네 권의 책을 보완하고 있는데, 각각은 다음과 같이 초기 수 개념과 자연수 연산에 대한 교수법 그리고 이에 대한 교실에서의 평가와 개입(intervention) 방식에 대해 초점을 두고 있다.

초기 산술 능력: 교수(teaching)와 개입을 위한 평가
수 가르치기: 아동의 기술(skills)과 전략 향상시키기
7~11세 아동의 수 지식 발달: 평가, 교수와 중재
교실에서 4~8세 아동에게 수 가르치기

이 책의 구조

1장은 초기 수, 자연수 연산, 분수 개념을 가르치기 위한 일반적인 접근 방법에 초점을 둔다. 따라서 현장에서 바로 활용될 수 있는 3개의 시나리오로 시작한다. 그리고 이 책에서 지지하는 교수학적 접근법과 관련된 3개의 '큰 체계'로 이어진다. 첫째는 교실 교수(classroom teaching)의 지침으로 저자들과 다른 이들이 널리 사용해 온 아홉 가지 원리에 대한 안내이다. 둘째는 학생들의 산술 지식이 구체적인 수학적 주제들의 단계들로 조직될 수 있는지를 보여주는 산술 지식의 영역들이다.

셋째는 학생 지식의 수학적 정교화를 향상할 수 있는 수학화 차원(dimensions of mathematizing)이다.

2장은 학생들의 분수 지식을 발전시키기 위한 일반적인 관점에 대한 개관을 제공한다. 이 접근은 학생들이 분수를 의미 있게 학습하기 위해 자연수 개념을 어떻게 재조직해야 하는지를 설명하는 Steffe의 재조직 가설(reorganization hypothesis)을 기초로 한다. 자연수와 분수 두 맥락 모두에서 단위 조정(units coordination)은 중요한 역할을 한다. 3장에서 우리는 단위 조정에 관해 설명하고 교사들이 학생들의 단위 조정 발달의 세 단계를 평가하는 방법을 설명한다.

4장에서 12장까지 각 장에서는 학생들의 분수 지식을 발전시킬 수 있는 중요한 주제를 다룬다. 이 장들은 모두 3개의 절로 구성되어 있는데, 첫째 절에서는 그 장의 초점이 되는 분수 지식 발달의 토픽을 개관한다. 둘째 절에서는 그 토픽에 대한 학생들의 지식을 종합적으로 평가하는 데 사용할 수 있도록 최대 6개의 평가 과제 모음을 상세히 제공한다. 이러한 형태의 평가는 교수 활동에 주요한 기반을 제공한다. 평가 과제 모음은 모든 과제가 서로 매우 유사한 평가 과제들의 모음이다. 각 평가 과제 모음 내 과제들은 그 장에서 다루는 토픽의 특수한 측면을 다루고 있다. 각 과제 모음은 제목, 수업 재료, 평가 과제를 학생들에게 제시하는 방법에 대한 상세한 설명과 더불어 과제의 목표, 학생들의 반응 등에 대한 메모들로 구성된다.

각 장의 셋째 절에서는 그 장에서 다루는 토픽과 관련된 최대 5개의 수업 활동에 대해 자세히 안내한다. 각각의 수업 활동은 활동명, 학습 목표, 수업 방법, 수업 재료, 수업 안내와 함께 학생의 응답, 변형, 확장에 대한 메모를 포함하여 6개 부분으로 나누어진다. 이러한 활동들은 수업에 쉽게 통합될 수 있도록 설계되었다. 4장에서 12장까지 통틀어 총 39개의 수업 활동들이 제시되어 있다. 다수의 평가 과제 모음은 수업 활동들로 쉽게 변형하여 사용할 수 있고, 다수의 수업 활동들은 평가 과제들로 쉽게 변형하여 사용할 수 있다.

13장은 학생들의 분수 지식과 대수적 추론과의 관계에 집중하고 있다. 우리는 이러한 관계가 어떻게 연구됐는지 그 배경에 관해 설명하고, 학생들의 분수 지식과 그들의 미지의 양(quantitative unknown)에 관한 연구와의 관계에 대해 논의할 것이다.

마지막으로 이 책에서 사용된 기술적 용어들에 대한 주석, 몇몇 평가 과제와 수업 활동에 사용될 수 있는 서식을 포함하는 부록, 인용된 모든 참고 문헌들의 목록으로 마무리한다.

차례

01

산술 교육을 위한 전문성 신장과 세 가지 측면

1장은 산술 교육 강화에 주력하는 전문성 신장을 지원하기 위해 이 책을 활용하는 방법에 관해 소개한다. 여기서 전문성 신장은 다음과 같은 세 가지 시나리오를 포함한다. (i) 자신의 수업 설계를 발전시키고 싶은 교사를 돕기 위해 수학 코치[1)]가 그 교사를 일대일로 지도하는 것, (ii) 학교 소속의 수학 지도자가 학내 다른 교사들과 소속 학교의 수학 프로그램을 수정 및 보완하는 것, (iii) 분수 학습 부진 학생들의 분수 학습 향상을 목적으로 하는 보충 교사들(intervention teachers)의 특화된 지식을 개발하기 위한 미국의 학군 소속(district-wide) Math Recovery®[2)] 지도자 모임에서 이 책을 사용하는 것이다. 1장에서는 교육을 위한 안내 원리, 산술 지식의 영역, 그리고 복잡화하기, 교육 환경과 거리 두기, 형식화하기, 일반화하기, 표기하기, 단위화 등의 수학화(mathematization)의 여러 차원을 소개하고 현재 Mathematics Recovery Series에서 논의되고 있는 주요 안건들과의 연결성에 관해 설명한다.

시나리오 1. 학교 소속 수학 지도자

필립스 교사는 자신들이 재직하고 있는 학교의 수학 프로그램을 수정하기 위한 교사들의 모임에서 함께 연구하고 있는 학교 소속 수학 지도자이다. 전문성 신장 모임(Professional Learning Team, PLT)은 4학년과 5학년 분수 교육에 집중하기 위해 처음 6주 동안에는 일주일에 2시간, 그 이후에는 1시간씩 만나기로 한다. 그들의 목표는 (a) 현재 학교의 수학교육과정보다 산술 내용에 더 초점을 두고 (b) 학생들의 현재 분수 학습 수준을 더 잘 설명할 수 있는 교육과정을 개발하는 것이다. 2명의 구성원이 이미 이 책의 3~6장을 기반으로 평가 과제(assessment task) 일정을 개발하였고, 다양한 성취 수준의 8명의 학생들에게 각각 그 일정을 적용하였다. 첫 모임

1) 역자 주. 미국에서 수학 코치(mathematics coach)는 교사들이 학교에서 수학을 잘 가르칠 수 있도록 지원하기 위해 학교 교사들을 대상으로 방문하여 일대일 도움을 주는 자격을 갖는다.

2) 역자 주. Math Recovery는 수학 학습 부진 학생들을 위해 맞춤형 수학 학습을 할 수 있도록 교사교육을 지원해 주는 미국의 기관이다.

에서는 평가 면담 동영상을 검토하고 각각의 평가 과제에 대한 학생의 반응을 코딩할 수 있는 간단한 방법을 개발할 것이다. 평가 면담의 결과로부터 이들은 6주간 가르칠 12개의 수업 모듈을 개발하고, 그 수업은 4장(조각내기, Fragmenting), 5장(부분-전체 추론, Part-Whole Reasoning), 6장(단위 분수로 측정하기, Measuring with Unit Fractions) 그리고 7장(가역적 추론, Reversible Reasoning)을 기반으로 한다. 각 수업 설계는 (a) 그 수업에서의 주요 토픽에 대해 설명, (b) 교수 자료, (c) 난이도 순으로 배열된 학습지, (d) 평가 과제에 대한 학생들의 다양한 응답들, (e) 흔한 오류, 어려움, 오개념에 대한 설명들로 구성된다. 각각의 수업 설계는 최대 6명으로 구성된 모둠에 대한 10분간의 심화 초점 보충 활동을 포함한다. 이 활동에서는 학생들이 조각내기(4장)와 부분-전체 추론(5장)을 배우고 숙달하도록 도움을 주는데 초점을 두고 있다.

시나리오 2. 학군 소속의 Math Recovery® 지도자

고메즈 여사는 지역 전체의 Math Recovery(이하, MR)® 지도자이다. 지난 2년간 그녀는 학군 소속의 2개의 12 MR 보충 특수[3] 전문가 집단을 교육하였다. 이 교육은 K-4 학년의 자연수 연산을 가르치는 데 초점을 두고, 다음의 세 가지 단계를 포함한다. 첫째 단계는 학생들의 산술 지식을 평가하고 개요를 기록하는 데 초점을 두는 3~5일의 초기 전문성 신장 프로그램으로 구성된다. 심화 보충이 도움이 된다고 판단된 최대 12명의 학생에게 개별적으로 평가 과제를 적용한다. 이 과제는 3~9장의 평가 과제 모음을 참고하여 개발되었다. 각 교사의 사전 평가 면담은 후속 분석을 위해 비디오 녹화되었다. 둘째 단계는 최대 4명의 학생을 선별하는 것인데, 각 학생을 대상으로 12~15주간 매주 30분씩 최대 5번의 개별 수업을 하게 된다. 이 단계는 또한 서너 번의 수업 활동 기간 중 전문성 신장 수업을 포함한다. 셋째 단계에서는 사전 평가를 했던 12명의 학생에 대해 일대일 사후 평가한다. 각 교사는 통상적으로 그들의 수업 활동과 사전, 사후 면담들을 모두 녹화한다. 모든 전문성 신장 세션이 진행되는 동안 참여 교사들은 학생들의 산술 전략과 학습 진행 수준을

3) 역자 주. 여기서 '특수'는 특수교육(special education)에서의 '특수'의 의미가 아님.

잘 보여줄 수 있는 사례 연구를 제시한다 — 앞서 설명한 전문성 신장 프로그램과 관련하여 더욱 자세한 설명은 Wright(2000, 2003, 2008)를 참고하라. 올해 고메즈 여사는 다시 2개의 보충 수업을 위한 특수 전문가 집단을 교육할 예정인데, 이 중 한 집단은 처음으로 5, 6학년의 분수 교육에 초점을 두어 프로그램을 진행할 것이다. 이를 위해 그녀는 학군 내의 다른 교사 집단들과 수년간 사용해 온 일 년 과정의 전문성 신장 모델을 도입할 것이다.

시나리오 3. 수학 코치

리앵 여사는 5학년 교사(코펠 여사)를 돕기 위해 일대일로 교육하는 수학 코치이다. 여기서 그녀는 일대일 평가 영상을 활용하여 코펠 교사의 분수 교수법에 대한 지식을 향상시키고자 한다. 리앵 코치는 코펠 교사와 5장과 6장의 평가 과제에서 도입한 단기 평가 과제 일정을 2주간 개발, 실행, 검토한다. 이 과제들은 분수에서의 분할(partitioning)과 반복(iterating)과 관련된 학생들의 정신적 행동(mental actions)을 평가하기 위해 설계될 것이다. 이 평가 일정을 사용하여, 리앵 코치는 코펠 교사의 수업에서 5명의 학생을 선별하여 일대일 면담을 실행하고 녹화한다. 5명의 학생은 분수 학습에서 다양한 학업 수준을 대표하는 학생들이다. 이 평가의 목표는 (a) 코치와 교사 모두에게 평가 과제에 대한 학생 응답의 다양성과 본질을 안내하고 (b) 코펠 교사가 학생들의 현재 분수 지식 수준을 측정하기 위해 일대일 평가를 사용하도록 인도하는 것이다. 그들은 다음 미팅에서 과제에 대한 학생들의 응답을 기록하기 위해 동영상을 검토한다. 리앵 코치는 평가 면담의 상호적이고 탐구적인 측면을 강조한다. 다음날 코펠 교사는 5명의 유사한 둘째 모둠과 일대일 평가 면담을 실행하고 다음 미팅에서 그 모둠 학생의 동영상을 검토하며 학생들의 응답을 기록하는 데 평가 일정을 사용한다. 또한, 리앵 코치는 코펠 교사의 평가 면담을 검토하며 코펠 교사가 성공적으로 학생들의 분수 사고에 대한 가치 있는 정보를 도출하는 정도를 기록한다.

산술 교육을 위한 세 가지 측면

자연수 연산에 초점을 둔 교사 전문성 신장 연구를 통해 우리는 자연수 지도를 위한 세 가지 측면을 개발하였고(Wright 외., 2006a, 2006b, 2012, 2015를 참고), 이는 교육을 위한 안내 원리(guiding principles for instruction), 산술 학습 영역(domains of arithmetic learning), 수학화 차원(dimensions of mathematizing)이다. 다음은 각 측면에 대한 설명과 함께 이를 분수에 대한 추론과 연산으로 확장한다.

1 교육을 위한 안내 원리

이 책의 저자들은 수학 교수법에 초점을 두어 폭넓은 연구와 개발을 해왔다. 저자들은 여러 프로젝트에서 수학 수업의 질을 높이기 위해 교사, 학생, 학교 시스템과 밀접하게 협력해왔다. 다음은 우리가 지지하는 분수 교수 방법을 적절하게 요약한 수학 수업 안내 원리 아홉 가지이다. 우리의 협력 연구와 개발 업무에서 이러한 원리는 수학을 가르치는 지침으로 널리 활용되고 있다.

[1] 탐구 기반의 교수법적 접근이며 이는 곧 문제 기반 교수법이다. 학생들은 통상적으로 그들의 수준에서 쉽게 해결할 수 없는 분수 문제들을 해결하기 위해 열심히 사고하는 활동에 참여한다.

[2] 교수 활동은 초기 종합 평가와 가르치는 과정 중 수행되는 평가에 따라 안내된다. 후자는 학생들의 현재 지식과 문제 해결 전략에 대한 이해와 이러한 이해의 지속적인 수정을 말한다.

[3] 교사는 학생이 가지고 있는 현재 지식의 바로 다음 수준에 초점을 두어 가르쳐야 한다.

[4] 교사는 특정한 교수학적 배경과 과제를 기반으로 하는 여러 교수법 중 한 가지를 선택하고, 수업 진행 중 관찰을 기반으로 선택한 교수법을 변형하는 전문적인 판단을 수행한다.

[5] 교사는 학생들의 분수 전략을 이해하고 의도적으로 더욱 정교한 전략으로 개발시킨다.

[6] 교사는 집중적이고 지속적인 관찰을 기반으로 자신의 교수 활동에 대한 미세한

조정을 해야 한다.

[7] 교사는 학생들의 직관적인 전략을 지지하고 이로부터 교수 활동을 시작하는 것이 좋다. 또한 이러한 직관적 전략은 학생들의 구술이나 그림을 기반으로 한 전략에 부합하는 기록 형태의 수학적 표현을 발달시키는 데 기반으로 사용된다.

[8] 교사는 학생들에게 주어진 문제를 해결할 수 있는 충분한 시간을 제공한다. 결과적으로 학생들은 지속적인 사고, 자신의 사고에 대한 반성 그리고 사고의 결과에 대한 반성을 포함하는 학습 상황에 자주 참여하게 된다.

[9] 학생들은 문제 해결을 통해 무언가 한발씩 나아가고 있다는 것을 느끼고 스스로 개발한 방법을 사용하여 문제 해결 결과를 검증함으로써 내재적 만족감을 얻는다.

이러한 각각의 원리에 대해 다음에 더욱 상세히 기술하고자 한다.

제 1 원리

탐구 기반의 교수법적 접근이며 이는 곧 문제 기반 교수법이다. 학생들은 통상적으로 그들의 수준에서 쉽게 해결할 수 없는 분수 문제들을 해결하기 위해 열심히 사고하는 활동에 참여한다.

탐구 기반 수학 교수법은 때론 문제 해결을 통한 학습 혹은 문제 기반 학습으로 불린다. 이러한 접근에서 학생들에게 핵심적인 학습 활동은 이미 정답을 알고 있지 않은 진정한 문제들로 구성된 과제를 해결하는 것이다. 특정한 과제가 진정한 문제인지에 대한 적절성의 여부는 학생들의 현재 지식의 정도에 달려있다.

제 2 원리

교수 활동은 초기 종합 평가와 가르치는 과정 중 수행되는 평가에 따라 안내된다. 후자는 학생들의 현재 지식과 문제 해결 전략에 대한 이해와 이러한 이해의 지속적인 수정을 말한다.

교수 활동의 지침이 되는 구체적이고 상세한 정보를 제공하기 위한 평가는 우리의 수학 교수법에서 중요한 요소이다. 평가를 통해, 교사는 학생의 분수 지식의 현재 상태에 대한 실행(working) 모델을 개발할 수 있다. 따라서 학생들의 현재 지식의 상세한 평가를 하고 그러한 평가 결과를 수업 설계에 활용하는 것은 필수적이다. 또한, 교사들이 평가 과제에서의 학생 응답을 지속적으로 세밀히 관찰하고 이를 통해 학생들의 지식에 대한 이해를 수정하고 업데이트하는 것은 필수적이다. 이어지는 장부터 평가 과제에 대한 상세한 설명과 활용에 관한 메모를 담고 있는데, 이들의 명확한 목표는 수업 설계를 안내하려는 것이다. 이 원리의 둘째 측면인 관찰과 성찰을 통한 진행 중 평가는 초기 평가만큼이나 중요하고, 이를 통해 학생들의 현재 지식에 대한 교사의 이해는 깊어질 수 있다.

제 3 원리

교사는 학생이 가지고 있는 현재 지식의 바로 다음 수준에 초점을 두어 가르쳐야 한다.

이 원리는 Vygotsky(1979: 84-91)의 근접 발달 영역 개념(zone of proximal development)과 Steffe(1991)의 잠재적 구성 영역 개념(zone of potential construction)과 일치한다. 즉, 교육은 학생이 좋은 가르침을 통해 성공적으로 학습할 만한 영역 내에서 학생의 현재 지식 바로 다음 수준에 집중해야 한다. 이 원리는 우리의 분수 교육에서 매우 중요한 초점이며, 가르침의 방향을 안내하기 위한 평가의 중요성을 강조한다. 또한, 이 원리는 교사의 학생에 대한 이해가 계속 발전하는 것이 중요하며, 학습에서 학생들의 생산적인 고투는 필수적임을 강조한다. 평가는 교사들에게 학생들의 지식에 대한 정보를 제공하고, 교사는 학생들이 자신들의 현재 지식을 넘어 발전할 기회를 제공하기 위한 교육에 주목한다.

제 4 원리

교사는 특정한 교수학적 배경과 과제를 기반으로 하는 여러 교수법 중 한 가지를 선택하고, 수업 진행 중 관찰을 기반으로 선택한 교수법을 변형하는 전문적인 판단을 수행한다.

이 원리는 다양한 교수학적 절차를 개발하고 학생들의 현재 지식을 발전시키는 잠재성 측면에서 각각의 교수학적 절차의 역할을 이해하는 것의 필요함을 강조한다.

이어지는 장에서는 적절한 교수학적 절차들을 개발하는 데 사용될 수 있는 수업 활동에 대해 상세하게 설명할 것이다. 또한, 각 장에서 제공된 평가 과제는 과제를 수업에 쉽게 적용할 수 있게 되어 있어서 추가적인 교수법의 자원도 제공하는 역할을 할 것이다.

제 5 원리

> 교사는 학생들의 분수 전략을 이해하고 의도적으로 더욱 정교한 전략으로 개발시킨다.

이 원리는 교사가 학생들의 분수 지식에 대한 실행 모델을 갖고 그들의 지식을 발전할 수 있어야 한다는 것을 강조한다. 이어진 각 장에서는 분수 지식 발전의 여러 양식에 대한 구체적인 개요를 제공한다. 교사는 이 책을 읽고, 학생을 관찰하고 성찰하며 자신의 교수 활동과 연계할 때, 분수 교수에 대한 지식을 상당히 발전시킬 수 있을 것이라 믿는다.

제 6 원리

> 교사는 집중적이고 지속적인 관찰을 기반으로 자신의 교수 활동에 대한 미세한 조정을 해야 한다.

이 원리는 학생들 각각의 특화된 학습 요구를 파악하는 데 관찰 평가가 중요하며, 이러한 평가는 지속해서 진행되어야 하며, 진행 중 평가를 기반으로 한 교육적 활동의 미세 조정으로 연결되어야 할 필요가 있음을 강조한다.

제 7 원리

> 교사는 학생들의 직관적인 전략을 지지하고 이로부터 교수 활동을 시작하는 것이 좋다. 또한 이러한 직관적 전략은 학생들의 구술이나 그림을 기반으로 한 전략에 부합하는 기록 형태의 수학적 표현을 발달시키는 데 기반으로 사용된다.

이 원리는 학생이 적어도 초기에는 구술적 표현과 이미지를 이용해서 자신의 분수 지식을 표현하고 발달한다는 것을 강조한다. 즉, 그림 또는 교구를 통해 양(quantity)

을 시각화하고 자신이 찾은 것을 말로 표현할 가능성을 열어 주어 자기 생각을 표현하고 개발할 수 있다면 학생들은 이미지를 통해 지식을 발달할 수 있다.

제 8 원리

> 교사는 학생들에게 주어진 문제를 해결할 수 있는 충분한 시간을 제공한다. 결과적으로 학생들은 지속적인 사고, 자신의 사고에 대한 반성 그리고 사고의 결과에 대한 반성을 포함하는 학습 상황에 자주 참여하게 된다.

우리는 수학 학습에서 지속적인 사고와 성찰의 중요성을 수학 교수법에 관한 연구와 개발 작업에서 강조한다. 분수라는 주제는 학생들에게 의미 있는 문제 해결 상황에 잘 부합한다. 그러한 문제 상황에서 해결을 위해 열심히 사고하는 정신적 과정과 문제를 해결하는 동안 성찰하는 것은 분수 학습에 근본적이며 핵심적인 측면이라고 믿는다.

제 9 원리

> 학생들은 문제 해결을 통해 무언가 한발씩 나아가고 있다는 것을 느끼고 스스로 개발한 방법을 사용하여 문제 해결 결과를 검증함으로써 내재적 만족감을 얻는다.

이 원리는 제8원리와 관련된다. 자연수 연산과 분수 주제로 수년간 교사와 학생과 긴밀한 관계를 갖고 작업한 우리의 경험에 비추어 보면 학생이 문제 해결을 위해 열심히 노력하고 문제 해결에 성공할 때, 학습자에게 그러한 경험은 매우 긍정적이다. 나아가 우리는 이러한 학습이 교사로부터 확인받는 것 또는 동료의 인정을 받는 것을 넘어 내재적 보상이 되는 인지적 치유의 한 종류가 될 수 있다고 주장한다.

2 수업을 위한 안내 원리

수학 교수법 연구와 개발 작업에서 우리는 자연수 산술 교육을 군(band)과 영역(domain)의 두 가지 하위요소로 된 기본 틀로 하여 체계화하는 것이 도움이 되리라 생각했다. 이 책에서는 여기에 분수 교수법을 포함한 프레임으로 확장하여 제시한다(표 1.1 참고).

표 1.1 자연수 연산과 지식

1군	매우 초기 수
2군	초기 수 수 언어(number words)와 숫자 초기 수 세기, 덧셈, 뺄셈 1~10의 **수의 구조화**
3군	중간 수 향상된 수 언어와 숫자 1~20의 **수의 구조화** 자릿값의 개념화 100까지의 덧셈과 뺄셈 곱셈적 전략들 곱셈과 나눗셈을 위한 곱셈구구
4군	부분-전체에만 한정된 개념으로서의 분수
5군	초기 측정으로서의 분수
6군	수로서의 분수

이러한 지식 영역의 틀은 자연수 산술에서 분수 산술로의 확장 기반을 제공한다. 각 군과 영역에 대한 설명은 다음과 같이 간단히 기술할 것이다. 이에 대한 더욱 상세한 설명은 Wright et al.(2012, 2015)의 연구를 참고하기 바란다.

1군 – 매우 초기 수

아동은 3세 혹은 4세부터 수 지식이 발달하기 시작한다. 이러한 초기 수 지식은 세부 영역으로 나누어질 수 있다. 첫째, 아동은 수 언어(number words)를 듣고 앞으로 혹은 뒤로 진행되는 일련의 특정한 언어들의 집합으로 조직하기 시작한다. 둘째로 아동은 숫자를 명명하고 읽기 시작한다. 초기에는 한 자릿수(예, 5, 8, 3)를 수반하지만, 점차 10을 넘는 수로 확장한다. 셋째로 아동은 초기 수 세기 개념을 획득한다. 수 세기(counting)를 한다는 것은 어떠한 물건을 가리키거나 수를 세며 마지막 수 언어를 말하는 것이지만, 가리키는 행동은 수 언어와 일대일 대응을 하지 않을 수도 있다. 넷째, 또 한편으로 아동은 주사위와 도미노 등에 나타난 단순한 배열이 있는 것에 수를 부여하기 시작한다. 이렇게 발현되는 모든 지식은 더 진화된 지식의 발달에 훌륭한 기반을 제공한다.

2군 – 초기 수

우리는 아동이 통상적으로 학교에서 처음 2~3년 동안 배우는 산술 지식을 '초기 수'라고 일컫는다(표 1.1). 우리는 이 지식을 세 영역으로 구성하였는 데 각 영역은 '매우 초기 수'의 하위 영역과 연결된다(1군의 설명 참고). 세 영역은 (a) 수 언어와 숫자 (b) 초기 세기, 덧셈과 뺄셈 (c) 1부터 10까지의 수의 구조화이다. 이 책과 함께 출간된 《Teaching Numbers in the Classroom with 4-8 years olds (2nd edition, 2014)》에서 이 세 영역에 대해 상세히 다루기 때문에 여기서는 간단하게 설명한다(Wright, 2013 참고). 수 언어와 숫자 영역은 나아가는 수 언어 계열(forward number word sequences), 주어진 수 언어 다음에 오는 수 언어, 뒤로 가는 수 언어 계열(backward number word sequences), 주어진 수 언어에 앞의 수 언어, 그리고 수를 읽고 쓰는 것을 학습하는 것을 포함한다. 초기 세기, 덧셈, 뺄셈 영역은 한 모음에 몇 개의 물건이 있는지, 두 모음에는 모두 몇 개의 물건이 있는지, 몇 개의 물건이 남게 되는지 등을 묻는 과제를 해결하기 위해(통상적으로 하나씩 세는 방법에서부터 점차 정교한 방식으로) 세는 활동의 사용을 포함한다. 이 영역에서 아동은 통상적으로 1부터 10, 1부터 20까지의 범위에서 수 세기 기반 과제를 해결한다. 중요하게 알아야 할 것은 앞서 언급한 두 영역 간의 명확한 차이이다(Wright, 2013). 마지막으로, 1부터 10까지의 수의 구조화 영역에서는 하나씩 세지 않아도(counting-by-ones) 되는 초기 산술 지식의 발전이 있어야 하는데, 이는 (a) 5 분할하기(partitioning), 10 분할하기, 1부터 5까지의 수를 2배 하기, (b) 그 지식을 사용하여 1부터 10 사이 수끼리의 덧셈과 뺄셈 해결하기와 같은 활동을 필요로 한다.

3군 – 중간 수

아동이 통상적으로 2학년에서 5학년 사이에 개발하는 자연수 연산 지식을 '중간 수'라는 용어로 명명한다(표 1.1). 우리는 이 지식을 6개의 영역으로 구성하고 이는 '초기 수' 영역과 연결된다(표 1.1). 이 영역들은 (a) 향상된 수 언어와 숫자, (b) 1부터 20까지의 수의 구조화, (c) 자릿값의 개념화, (d) 100까지의 덧셈과 뺄셈, (e) 곱셈적 전략, (f) 곱셈과 나눗셈을 위한 곱셈구구이다. 이 책과 함께 출간된 《Developing Number Knowledge: Assessment, Teaching and Intervention with 7-11 year olds (2012)》에서 이 영역에 대해 더욱 상세히 다룰 것이므로 여기서는 간략하게 설명한다. 향상된 수 언어와 숫자 그리고 1부터 20까지의 수의 구조화는 '초기 수' 군에 대응되는 영역들을 확장한다. 자릿값 개념화 영역은 자릿값 교육의 새로운 접근방법을 제시한다. 이 영역은 1씩, 10씩, 100씩 등의 단위로 증가하고 감소하기 위해 갈수록 더 정교한 전략들을 개발하는 것에 주목한다. 이 영역에서 덧셈과 뺄셈을 위해 뛰어세기와 수가르기와 같은 정신적 전략들을 개발하는 것은 100까지의 덧셈과 뺄셈 영역의 중요한 기반이 된다(Wright et al., 2012). 마지막으로 언급한 영역은 하나씩 세지 않고 10배에서 더하고 빼는 것을 학습하는 것을 포함한다. 곱셈적 전략과 곱셈과 나눗셈 곱셈구구에 해당하는 요소는 다음과 같다 — (a) 24는 4×6, 12×2 등과 같이 곱셈적으로 수를 구조화하는 방법 학습하기, (b) 1–100 그리고 그 이상의 곱셈을 위한 더욱더 정교한 전략을 개발하기; (c) 곱셈과 덧셈의 곱셈구구에 대한 의미 있는 습관화(Wright et al., 2012)를 포함한다. 결론적으로, '중간 수'의 영역은 자연수 연산 지식을 분수 지식으로 확장하는데 기반을 제공하고, 다음은 이 책의 이어진 장에서의 초점이다.

4군 – 부분-전체 개념으로서의 분수

4군은 분수가 전체에서 등분할된 숫자에 기반하여 결정되는 전체 내의 부분 분수 스킴(Parts Within Wholes Fraction Schemes)과 전체 중의 부분 분수 스킴(Parts Out of Wholes Fraction Schemes)을 구성한 학생들을 포함한다. 4군은 4장과 5장의 초점이다.

5군 – 초기 측정으로서의 분수

5군은 분수 개념을 전체에 대한 상대적인 크기로 이해하기 시작하는 학생들을 포함한다. 이러한 학생들은 부분-전체 개념으로만 분수를 생각하지 않지만, 측정 혹은 수로서의 분수 개념을 완전히 개발하지 않았다. 5군은 6장과 7장에서 집중적으로 다룰 것이며, 9장과 12장에서도 다룬다.

6군 – 수로서의 분수

6군은 반복 분수 스킴(Iterative Fraction Schemes)을 구성한 학생들을 말하는데, 이 학생들은 분수를 수 그리고 외연량(extensive quantities; 측정 결과로 발생한 양)으로 생각한다. 6군은 8장의 초점이고 9~12장에서도 언급된다.

3 수학화의 여러 차원

점진적인 수학화(progressive mathematization)는 현재의 학습에서 더 수학적으로 정교한 새로운 학습으로의 진행을 말한다(Gravemeijer et al., 2000). 자연수 산술 지식의 발달에 집중하여 우리는 수학화의 11개의 차원을 개발하였고 이는 다음과 같다.

1. 복잡화하기(Complexifying)
2. 수의 십진법화(Decimalizing numbers)
3. 교육적 환경과 거리두기(Distancing the instructional setting)
4. 수의 범위를 확장하기(Extending the range of numbers)
5. 형식화하기(Formalizing)
6. 일반화하기(Generalizing)
7. 안정된 습관화(Grounded habituation)
8. 표기하기(Notating)
9. 계산 전략의 정교화(Refining computational strategies)
10. 수의 구조화(Structuring numbers)
11. 단위화(Unitizing)

이 책과 함께 출간된 《Developing Number Knowledge: Assessment, Teaching and Intervention with 7-11 year olds (2012)》에서 이 영역들에 대해 상세히 설명하였고(또한 Ellemor-Collins and Wright, 2011 참고), 이 책에서는 자연수 연산과 분수 지식 발달 관점에서 이 영역들에 대한 설명을 제시하였다. 또한, 이 책에서 수학화의 사례는 수업 활동 부분[4]에서 강조하여 제시하였다.

복잡화하기

복잡화하기는 수업 상황을 산술적으로 더욱 복잡하게 만드는 것을 말한다. 예를 들어, 단위 분수끼리 비교하기에서 비단위(non-unit) 분수끼리 비교하기로 진행하고, 진분수끼리의 덧셈/곱셈에서 가분수끼리의 덧셈/곱셈으로 진전하고, 1보다 조금 큰 가분수끼리 비교하기에서 1보다 훨씬 더 큰 가분수끼리 비교하기로 진전하

4) 역자 주. 4장에서 12장까지 수록되어 있는 '수업 활동(instructional activities)' 부분을 말함.

고, 자연수와 분수 나눗셈 상황에서 대분수와 분수 나눗셈 문제 상황으로 진전하는 것이다.

십진법화

십진법화는 십진 기수 체계의 원리를 아는 것을 말한다. 따라서 십진법화를 통해 수학화를 하는 것은 구조화에 의한 수학화의 특수한 형태라 할 수 있다. 초기에, 학생들은 두 자리 수의 덧셈적 구조를 깨닫기 시작한다 — 10배수 더하기 0~9 안의 어떤 수(예, 40과 6으로 된 46). 이러한 초기 수의 십진법화는 덧셈적이면서 곱셈적인 구조로 확장된다(예, $3\times100+4\times10+6\times1$로 구성된 346). 거의 동시에, 이 지식은 세 자리 수와 네 자리 수 그리고 그 이상의 수로 확장된다. 십진법화는 분모가 10의 제곱수인 분수 체계와 이러한 분수(decimal fractions)와 일반 분수(common fractions)와의 관계를 학습하는 것을 포함한다. 이를 통해 학생들은 모든 일반 분수가 유한소수 혹은 순환소수로 표현될 수 있다는 것을 깨달을 수 있다. 마지막으로, 일반 분수를 포함한 산술은 산술에서 대수로 진전하는 중요한 기반을 제공한다(13장 참고).

교육적 환경과 거리두기

교사들이 학생들의 분수 추론을 지원하기 위해 사용하는 모든 자료를 지칭하여 '**교육적 환경**(instructional setting)'이라 하기로 한다. 어떤 교육적 상황에서는 그러한 자료와 함께 학생이 만든 표기법(notations)까지 차단하는 것이 도움이 될 수 있다. 차단하는 과정은 분수 추론을 하는 데 있어 학생들의 정신적인 이미지를 형성하는 시각화를 지원하고, 이는 곧 그들의 분수 지식 발달을 지원한다. 예컨대, 교사는 학생들에게 단위 분수의 단위 분수를 뽑는 것을 그리게 한 후 이를 시각화하도록 할 수 있다.

수의 영역 확장하기

학생들에게 산술 과제를 제시할 때, 초기 수의 범위를 확장할 여지는 항상 있다. 자연수 덧셈의 경우, 예를 들어, 학생들의 학습이 1~10 사이의 두 수를 더하는 것에서 시작하여 20, 100 등으로 확장할 수 있다. 분수 교육의 경우, 자연수를 수반하는 덧셈에서 간단한 분수를 포함하는 덧셈으로 가는 초기 단계가 수의 영역을 확장하는 사례가 된다. 분수 내에서는 단위 분수에서 비단위 진분수, 나아가 가분수로 확장할 수 있다.

형식화하기

형식화하기는 분수를 수반한 문제를 추론하고 해결하는 초기 방법에서 숙련된 어른의 추론 형태로 진전하는 것을 말한다. 이는 학생이 분수를 조작할 때 직관적인 절차에서 형식적인 알고리즘으로 진전하는 것일 수 있다. 예를 들어, $\frac{2}{3}$와 $\frac{3}{5}$ 두 분수를 더할 때, 처음에 학생은 이 두 분수를 공통으로 측정할 수 있는 단위인 $\frac{1}{15}$을 찾기 위해 각각의 $\frac{1}{3}$을 5로 등분할하고 각각의 $\frac{1}{5}$을 3으로 등분할하며 그림에 의존해야 하는 경우가 있다. **형식화하기**는 이러한 활동을 $\frac{2}{3}+\frac{3}{5}=\frac{10}{15}+\frac{9}{15}=\frac{19}{15}$와 같은 수식으로 나타내는 것을 수반한다.

일반화하기

일반화하기는 분수에 대한 산술적 추론에서 대수적 추론으로 진전하는 것을 말한다. 분모의 크기에 따라 단위 분수끼리의 크기를 비교하고, 어떤 기약분수와 동치인 분수를 만드는 과정을 설명하고, 두 분수끼리의 곱셈 혹은 나눗셈 과정을 설명하는 상황에서 **일반화하기**가 일어날 수 있다.

안정된 습관화

'8 더하기 9'가 무엇인지 대답해야 할 때 거의 순간적으로 "17"이라고 말하고, 또 비슷하게 1에서 20까지의 숫자끼리의 덧셈에 대해 답할 수 있을 때, 이 학생은 덧셈구구(addition facts)를 습관화하였다고 할 수 있다. 어떻게 답을 구했는지 물어보면, 그 학생은 "8 + 8은 16을 만들고 하나를 더 더해야 했어요"라고 답할 수 있다. 즉 **안정된 습관화**가 된 학생은 기본적인 덧셈구구를 알 뿐 아니라 보통 5-구조, 10-구조와 짝수들의 배수 구조(doubles structure of even numbers)와 같은 덧셈 구조를 기반으로 자신의 답을 설명할 수 있다. 분수의 경우, **안정된 습관화**는 $\frac{1}{2}+\frac{1}{4}=\frac{3}{4}$과 같이 습관화된 지식과 더불어 $\frac{1}{2}$과 $\frac{2}{4}$가 같은 양을 가진 동량 분수(commensurate fractions)[5]이기 때문에 $\frac{3}{4}$이 답이라고 설명할 수 있는 것을 수반한다.

---

5) 역자 주. 동치 분수와 동량 분수의 차이점은 6장에 기술됨.

표기하기

몇몇 분수 교육 환경에서 교사는 학생에게 자신의 추론을 기호화하거나 문제 해결 전략을 보여주기 위해서 적거나 그리라고 요청한다. 이는 학생의 분수 학습의 일부로 포함될 수 있는 비형식적인 표기법을 개발하는데 도움이 될 수 있다. 우리는 이러한 학생들의 활동을 표기하기라고 말한다. 이러한 표기하기는 학생들의 분수 개념을 향상시키는데 도움을 줄 수 있다. 예를 들어, 학생은 $\frac{1}{5}$을 나타내는 직사각형과 전체를 나타내는 직사각형 사이에 화살표를 긋고 $\frac{1}{5}$과 전체의 크기 관계를 표기하기 위해 '5배'라고 직사각형에 적을 수 있다. 학생들과 교사가 사용하는 표기하기는 그들의 그림과 정신적 이미지(양에 대한 표상)에 대한 추론의 자취이며, 점차 그 추론을 대체한다.

계산 전략의 정교화

자연수 연산의 경우, 학생들은 상대적으로 복잡한 0~100 사이 수의 덧셈과 뺄셈에 대한 직관적인 정신적 전략들을 학습할 수 있다. 예를 들어, 한 학생이 48 + 35를 다음의 세 단계에 걸쳐 해결하였다. 48 + 30 = 78, 78 + 2 = 80, 80 + 3 = 83(이른바 '뛰어세기' 전략이라고 함). 초기에 그 학생은 10을 3번 더하였을 수 있다(48 + 10, 58 + 10, 68 + 10). 전자의 경우 후자의 단축된 전략이다. 이는 **계산 전략의 정교화**의 전형적인 예가 된다. 분수를 포함한 산술의 경우 계산 전략의 정교화 사례는 많다. 예를 들어, $\frac{7}{8}+\frac{5}{6}$를 해결하는 것은 $\frac{1}{24}$(혹은 $\frac{1}{48}$)이 $\frac{1}{8}$과 $\frac{1}{6}$의 공통측정 단위가 될 수 있다는 것을 판단하기 위한 자세한 설명과정을 수반한다. 이 경우에 수학화는 1번에 공통측정 단위를 찾아내는 것이다. 더 넓게 보면 분수 덧셈, 뺄셈, 곱셈, 나눗셈에 대한 표준 알고리즘을 학습하는 것은 계산 전략의 점진적인 정교화를 수반할 수 있다.

수의 구조화

구조화는 학습자가 정신적으로 수에 어떠한 형태의 산술적인 구조를 부여할 때 발생한다. 1부터 12를 넘어서는 숫자까지 말할 수 있는 아동은 적은 양의 물체를 셀 수 있고, 17이 17개의 1로 구성된다고 생각할 수 있다. 이를 17을 10 + 7, 10 + 5 + 2, 8 + 8 + 1 혹은 20 − 2 − 1로 간주할 수 있는 학습자와 비교해 보자. 후자는 덧셈 구조로 되어 있다고 할 수 있다. 유사하게, 24를 2×12, 4×6, 240÷10 등으로 생각할 수 있는 학습자는 곱셈 구조를 개발한 것이다. 자연수에서의 구조화는 분수를 포함한 덧셈과 곱셈 구조로 확장될 수 있다. 예를 들어, $\frac{7}{5}$을 $\frac{7}{5}$과 $1\frac{2}{5}$로 생각할 수 있는 것이다.

단위화

단위화는 어떠한 모음(collection)을 하나의 단위로 생각할 수 있는 정신적 활동을 말한다. 이 모음은 10개의 점으로 된 가느다란 막대가 될 수 있고, 가느다란 줄 한 조각의 $\frac{3}{7}$이 될 수 있다. **단위화**의 차원과 단위 조정(units coordination)은 이 책의 2장과 3장에서 종합적으로 다룰 것이다.

02

자연수에서 분수로

분수는 많은 초등학교 저학년 학생들에게 악명 높은 어려움과 끊임없는 고통을 제공한다. 학생들은 분수의 덧셈, 비교하기, 곱셈, 나눗셈의 규칙을 외우려고 하지만 이 중 어느 것도 이해하지는 못한다. 또한, 규칙을 성공적으로 암기한 학생들이라고 하여 꼭 유연하고 견고한 분수 지식을 개발한 것이라 볼 수도 없다. 이 딜레마를 해결하기 위한 우리의 접근 방법은 학생들의 자연수 지식을 기반으로 출발한다는 것, 더 구체적으로는 학생들이 다양한 단위를 구성하고 이를 사용하는 방법들을 기반으로 한다는 것이다.

이 장은 학생들이 분수를 생성하기 위해 자연수 지식을 어떻게 재조직할 수 있는지를 설명한 Steffe와 Olive(2010)의 재조직 가설(reorganization hypothesis)을 개관하며 시작한다(Steffe, 2002 참고). 우리는 학생들이 자연수와 분수 맥락을 가로질러 학생들의 단위 사용 방법을 뒷받침하는 다섯 가지의 정신적 활동들을 상세하게 설명할 것이다. 이 다섯 가지 활동들은 단위화(unitizing), 조각내기/분할하기(fragmenting/partitioning), 반복하기(iterating), 분리하기(disembedding) 그리고 분배하기(distributing)이다. 이어서 우리는 단위를 조정하는데 이러한 정신적 활동의 역할에 관해 설명할 것이다. 마지막으로 학생들의 단위 조정 단계에 따라 구성된 본 내용(4장~12장)을 소개할 것이다. 3장에서 우리는 학생들의 단위 조정 단계를 평가하기 위한 도구들을 제공한다.

재조직 가설

학생들은 왜 계속해서 분수를 힘들어 할까? 한 가지 가능한 설명은 분수를 사용할 때 성립하는 규칙이 자연수를 사용할 때 성립하는 규칙과 서로 모순되는 것처럼 보이기 때문이다. 예를 들어, 7은 6보다 크지만 $\frac{1}{7}$은 $\frac{1}{6}$보다 작다. 전체에서 부분의 수와 부분의 크기의 상호 관계(전체를 나눈 부분의 수가 많을수록 그 부분의 크기는 작다는 것)를 이해하지 못하는 학생들에게 이러한 사실은 직관적이지 않다. 또한, 0과 1을 제외하고, 두 자연수의 곱은 항상 그 두 수보다 크지만, 분수에서 이는 항상 성립하는 것이 아니다. (예, $\frac{2}{3}$ 곱하기 $\frac{1}{2}$은 $\frac{1}{3}$이고, 이는 다른 두 수보다 작다). 분수를 곱할 때, 학생들은 단순히 자연수를 '2번' 곱하는 것과 같이 분자와 분모끼리 곱하는 것이라고 암기하지만, 분수끼리 더할 때는 새로운 규칙을 사용한다. 이와 같은 예들은 학생들의 자연수 지식이 분수 지식 형성에 방해가 된다는 방해 가설(interference hypothesis)을 뒷받침하기 위한 사례로 사용되어 왔다(Streefland, 1991). 그러나 우리가 학생들의 정신적 활동들에 주목하였을 때, 학생들이 자연수 지식에서 분수 지식으로 발전하는데 상당한 연속성이 있다는 것을 발견하였다. 재조직 가설은 학생들이 자연수를 조작하는 방법이 분수를 조작하는 방법에 영향을 미친다는 것이다(Steffe, 2002). 사실상, 학생들은 분수를 이해하기 위해 그들이 자연수를 이해하기 위해 수행했던 여러 정신적 활동을 사용한다. 여기서 우리는 이러한 다섯 가지 정신 활동과 자연수와 분수와의 연결성을 설명한다.

단위화

'6개의 붉은 장미'에서 2개의 형용사를 생각해 보자. '6개의'와 '붉은'이 장미를 설명하지만, 동일한 방식은 아니다. 우리가 붉다는 것을 지각하는 방법으로 6을 지각할 수 없다. 우리는 6을 지각을 하는데 수반하는 심리학적 과정을 넘어선 그 이상의 정신적 활동을 통해 6을 구성해야 한다. 1을 포함하여 어떠한 수에 대해서도 이처럼 말할 수 있다. 어떠한 것도 1이 될 수 있다. 12개짜리 한 묶음의 반인(half of dozen) 6개의 붉은 장미도 1이 될 수 있는 것이다. 사실상, 6개의 붉은 장미를 6의 단위와 1의 단위의 관점에서 동시에 생각하여 두 단위로 구성된 하나의 단위인 합성 단위(composite unit)로 생각할 수 있다. 이러한 단위를 만들기 위해 우리가 수행한 정신적 활동을 **단위화**라고 한다.

단위화는 《Developing Number Knowledge (Wright 외., 2012)》에 설명되었듯이 학생의 자연수 세기와 조작 활동들을 통해 발생한다. 특히 학생들은 그들의 수 세기 계열(counting sequence)을 6개의 1의 집합(collection)으로 여러 부분으로 나누고(segmenting) 이렇게 나누어진 조각들을 ({1, 2, 3, 4, 5, 6}, {7, 8, 9, 10, 11, 12}, …)와 같이 셀 수 있는 무언가로 생각하며 6을 한 단위로 생각하기 시작할 수 있다. 이러한 집합들은 학생들이 이들을 구성하는 것이 1단위라는 것을 잊지 않고 셀 수 있을 때 합성 단위가 되고, 이는 학생들의 이중 세기(double count)를 가능하게 한다. 예를 들어, 6을 합성 단위로 구성한 학생들은 이중 세기를 사용하여 "1, 2,

3, 4, 5, 6이 1이고, 7, 8, 9, 10, 11, 12가 2이고, 13, 14, 15, 16, 17, 18이 3이야. 그래서 3개의 6은 18이야"라고 하며 3개의 6의 값을 구할 수 있다.

학생들은 분수를 배우며 다른 종류의 단위를 조작할 필요가 생기는데 **단위화**의 정신적 활동은 동일하다. 전체는 특히 중요한 단위이다. 전체는 본질적으로 1단위를 반복하여 만들어지지만, 단위 분수를 포함한 더 작은 단위들로 이루어진 합성 단위로 볼 수도 있다. 예를 들어, 학생들은 전체를 단위화할 수 있고 이를 5번 반복하여 5개의 전체를 만들 수 있으나 그 전체를 5개의 $\frac{1}{5}$단위로 구성된 합성 단위로 생각할 수 있다(그림 2.1). 이런 의미에서 우리는 $\frac{1}{5}$과 같은 단위 분수를 측정 단위(units of measure)로 생각할 수 있다. $\frac{1}{5}$을 단위화한 학생은 센티미터, 리터, 혹은 다른 측정 단위처럼 이 단위 분수를 이용하여 다른 길이 혹은 양을 측정할 수 있다.

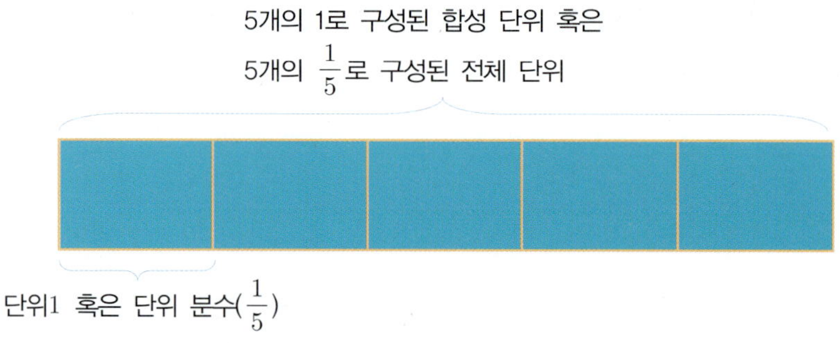

그림 2.1 자연수와 분수 단위들

조각내기와 분할하기

4장에서 우리는 조각내기(전체를 부분들로 나누기)의 특별한 경우로 분할하기를 설명한다. 분할하기는 학생들이 전체를 모두 사용하여 (즉, 남은 조각이 없도록) 부분을 만드는 것에 주의를 기울일 때 발생한다. 보통 분수의 맥락에서 이러한 정신적 활동을 생각하지만, 학생들은 자연수 개수로 이루어진 대상들의 집합을 분할하기 시작한다. 특히 학생들은 공평한 분배, 즉 **균등 배분**(equal sharing)의 경험에서 분할하기에 대한 정신적 활동을 개발한다. 균등 배분은 모든 사람이 동일한 수의 대상

(objects)을 받을 수 있도록 어떤 대상의 집합을 고정된 사람의 수로 배분하는 상황에서 발생한다. 예를 들어, 12개의 동전을 4명의 친구들이 공평하게 나누어 갖기 위해 친구들은 모든 동전이 소진될 때까지 동전을 하나씩 가질 수 있고, 이렇게 3번을 돌리고 나면 각각의 친구는 남은 동전 없이 3개의 동전을 가지게 될 것이다. 그러나 분할하기는 조금 더 많은 것을 요구하는데, 학생들은 12에서 4개의 3단위를 봐야 한다. 그래서, **단위화**는 분할하기에서 일정 정도 역할을 한다.

분수 맥락에서 전체는 12개의 동전과 같은 이산 단위가 아닌 초코바와 같은 연속 단위일 수 있다. 연속 단위의 분할은 동일한 개수의 묶음보다는 동일한 크기의 단위 분수를 생성한다. 이러한 상황에서도 학생들은 전체를 작은 조각으로 분해하여 모두 소진될 때까지 나누어 줌으로써 균등 배분을 시도할 수 있지만, 분할하기는 더 많은 것을 필요로 한다. 학생들은 그들이 12와 같은 이산 집합을 다루었을 때 이를 합성 단위로 보았듯이, 전체 안에 분수 단위를 볼 수 있어야 한다. 학생들은 동시 분할하기(simultaneous partitioning) 혹은 등분할하기(equi-partitioning)의 두 가지 방법으로 분수 단위를 보기 시작할 수 있다.

동시 분할하기는 연속량인 전체에 합성 단위를 투영하는 것을 수반한다. 예를 들어, 4를 합성 단위로 이미 구성한 한 학생이 자신을 포함하여 4명의 친구들과 그래놀라 바를 나누어 먹으려 할 때, 이 학생은 초코바 전체에 균등하게 그 합성 단위가 퍼져 있는 것으로 상상할 수 있을지도 모른다. 그림 2.2는 전체가 4개의 균등한 부분으로 어떻게 분할되는지 상상할 수 있도록 전체에 투영되는 4개의 등간격으로 배열된 점으로 그러한 아이디어를 표현하고 있다.

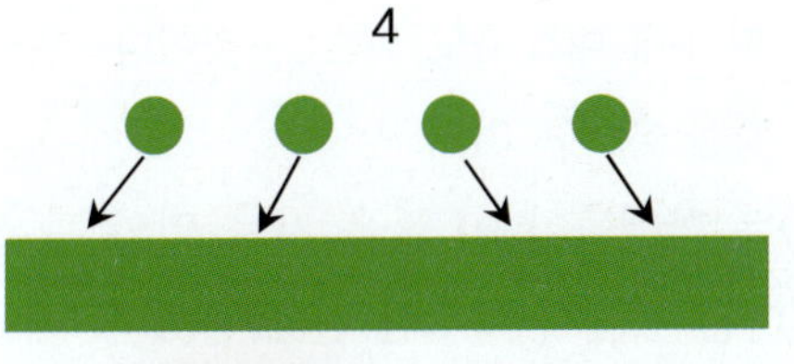

그림 2.2 동시 분할하기

등분할 하기는 균등 배분의 몫으로 추정한 한 부분을 만들어 이 한 부분을 4번 반복하여 전체가 소진되는지를 확인하는 것을 포함한다. 다음 절에서는 반복하기 정신 활동에 대해 상세히 설명하고 등분할 하기에서 반복하기의 쓰임에 대해 보여줄 것이다. 4장에서는 학생들의 분할하기 정신 활동의 발달에 초점을 두었다.

반복하기

그림 2.3을 보자. 학생은 작은 막대를 복사하여 긴 막대의 길이 끝에 다다를 때까지 연결하며 이 문제를 해결할 수 있다. 학생들이 이러한 행동을 머릿속으로 떠올려 수행할 수 있을 때, 그 정신 활동은 반복하기라고 불린다. 분할하기와 마찬가지로, 반복하기의 결과는 반복되는 단위(이 경우, 작은 막대의 길이)와 이러한 반복된 단위들로 구성된 합성 단위(이 경우, 긴 막대의 길이)의 두 수준의 단위를 수반한다.

분홍 막대는 보라 막대에 몇 번이나 들어가나?

그림 2.3 반복하기 과제

반복하기는 자연수 맥락에서도 발생한다. 학생들은 합성 단위 5를 만들기 위해 1 단위를 5번 반복할 수 있다. 사실 5는 반복하기의 결과인 5개의 1단위로 구성되었기 때문에 합성 단위로 고려할 수 있다. 반복하기 정신적 활동은 반복하는 양(1)과 반복하여 생성된 양(5) 간의 1 대 5 관계를 생산한다. 즉, 5는 5개의 1의 집합일 뿐 아니라 그 집합 안에 어떤 1에 대해서도 5배 큰 것이다. 우리는 이러한 활동이 곱셈 추론의 기반이 된다는 것을 알 수 있다.

분할하기와 반복하기는 학생들이 이 둘을 서로 역의 관계를 갖는 정신 활동으로 이해하기 시작할 수 있다는 점에서 특수한 관계가 있다. 예를 들어, 한 학생이 초코바 1개를 자신을 포함한 4명의 친구와 함께 공평하게 나누어 먹는 등분할 상황을 다시 생각해 보자. 그 학생은 초기 예상치를 생각하고 그 조각을 4번 반복할 수 있다. 그림 2.4와 같이 이러한 4번의 반복이 전체를 소진한다면 그 학생은 친구들이 공평한 분배를 했다고 이해할 수 있다. 교사로서 우리는 이를 당연하게 생각할 수 있지만 6장에서 논의하듯, 많은 학생은 아직 분할된 단위(partitioned units)와 반복된 단위(iterated units)를 이런 방식으로 조정하지 못한다. 일반적으로, 학생들은 전체가 n개의 균등한 조각으로 분할되었을 때 이 조각 중 어느 1조각이라도 n번 반복했을 때 다시 전체가 된다는 것을 알지 못한다.

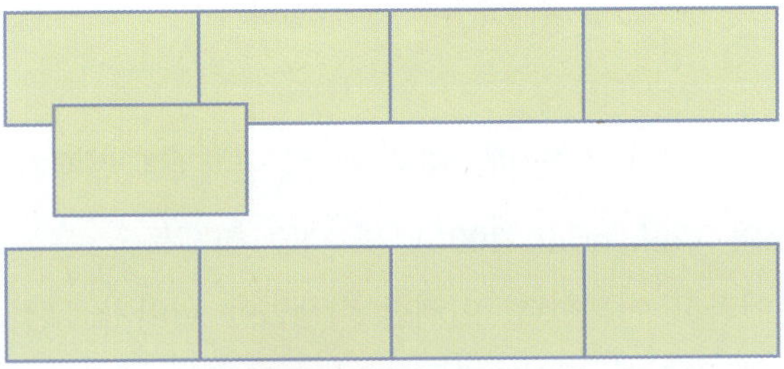

그림 2.4 등분할하기

분리하기

우리는 앞서 분할하기와 반복하기가 합성 단위 개념 그리고 합성 단위와 이를 구성하는 단위(예, 1단위)로 단위 조정을 하는 것과 내재적으로 연결됨을 알 수 있었다. 분리하기는 이러한 종류의 조정을 수반하는 또 다른 정신 활동이다. 구체적으로, 이는 전체를 파괴하지 않고 전체에서 부분을 분리해 내는 활동을 수반한다. 다시 한번 학생들은 이러한 정신 활동을 자연수 맥락에서 발달할 수 있다.

5와 7을 생각해 보자. 우리는 수 세기 계열에서 7이 5 다음에 오기 때문에 7이 5보다 크다는 것을 안다. 예를 들어, 어떠한 수가 큰지 물으면, 엘라라고 불리는 유치원생은 "1, 2, 3, 4, 5 그리고 아직 7을 듣지 못했어"라고 하며 7이 더 크다고 대답하였다. 그러나 7은 단지 5 다음에 오는 수가 아니고, 5가 7의 부분이라는 점에서 7은 5를 포함하고 있다. 이러한 부분-전체 관계는 분수에 분명한 시사점을 제공한다. 5장에서 설명하듯, 학생들의 초기 분수 개념은 일반적으로 부분-전체 개념이다. 부분-전체 개념으로 분수를 생각하는 학생들은 일반적으로 $\frac{5}{7}$를 전체 7개의 동일한 부분 중에서 혹은 그 안에서 5개의 부분으로 생각한다. 그러나 교사의 입장에서는 분리하기가 되지 않는 부분-전체 개념은 이상하게 보일 수 있다. 예를 들어, 학생들은 그림 2.5가 $\frac{5}{7}$를 나타낸다는 것에 동의할 수 있으나, 전체 7개의 부분에서 5개 부분을 분리했는지에 따라 그 그림을 생각하는 방식은 갈라진다.

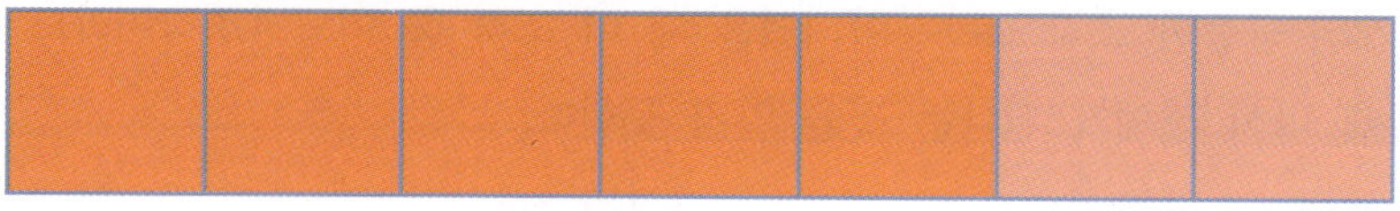

그림 2.5 $\frac{5}{7}$ 색칠하기

그림에서 $\frac{5}{7}$를 식별하라고 할 때, 몇몇 학생들은 그림 전체가 $\frac{5}{7}$를 나타낸다고 말할 것이다(Olive와 Vomvoridi, 2006). 또 다른 학생들은 $\frac{5}{7}$는 오직 더 진한 색으로 칠해진 부분이라고 이해한다. 이러한 학생들은 나아가 그것과 동일한 크기를 가진 것은, 전체에서 분리가 되었다고 하더라도 전체의 $\frac{5}{7}$라는 것을 이해할 수 있다. 이러한 개념은 전체에서 부분($\frac{5}{7}$)을 분리하는 것에 기반하는데, 이러한 분리하기로 인해 부분이 전체 안에 그려지지 않아도 부분과 전체 사이의 관계가 사라지지 않는다. 학생들의 반복하기와 분리하기 정신 활동을 지원하고 강화하는 방법은 6장에서 집중적으로 다룬다.

분배[1]하기

1단위의 반복(iterations)으로 합성 단위를 생성한 학생들은 하나의 합성 단위 안의 1을 다른 합성 단위 안의 1에 분배하며 여러 합성 단위를 조정하기 시작할 수 있다(Steffe, 1992). 예를 들어, 어떤 학생은 그림 2.6에서 보듯, 8을 이루는 각각의 1에 3개의 1단위를 분배할 수 있고, 그 결과로 8개의 3 혹은 24개의 1을 얻을 수 있다.

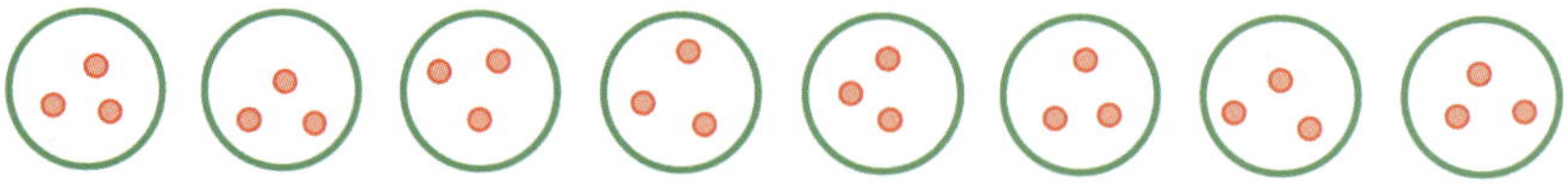

그림 2.6 8개의 1단위 각각에 3개의 1단위를 분배하기

1) 역자 주. 이 번역서 안에서 sharing은 '배분하기'로 distributing은 '분배하기'로 각각 일관되게 번역함.

이것이 자연수 곱셈과 연결되는 것은 명확하다. 이러한 단위 분배하기는 분수 곱셈에서도 역할을 한다. 8개의 부분 각각이 3개의 부분으로 분할된 (이산보다는)연속 상황에서의 동일한 단위 분배를 고려해 보자(그림 2.7).

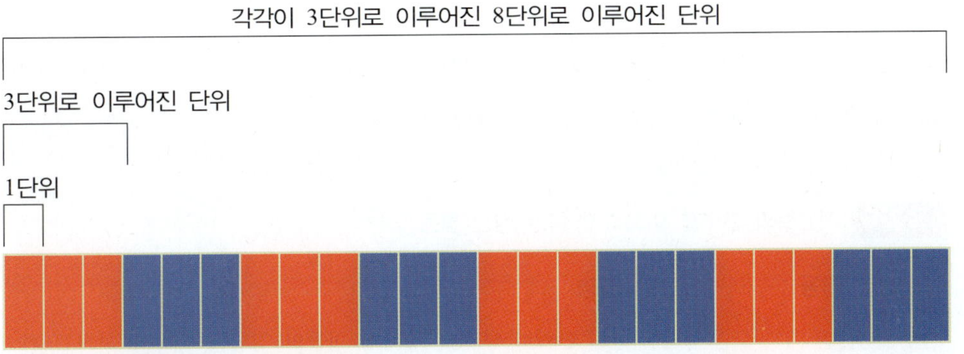

그림 2.7 8개로 분할된 각 부분에 3개의 분할된 부분을 분배하기
(출처: Norton, Boyce, Phillips et al. 2015)

앞서 말했듯이, 분수 곱셈은 자연수 곱셈과 꽤 다르게 보일 수 있다. 학생들은 자연수 덧셈을 반복된 덧셈(동수누가) 혹은 묶음의 묶음(groups of groups)을 만드는 것(그림 2.6과 2.7의 예에서 볼 수 있듯이, 3 곱하기 8은 8개의 3 묶음이다)으로 생각할 수 있다. 그러나 이러한 전략은 분수에는 잘 적용되지 않는다. 오히려 학생들은 분수 곱셈을 하나의 분수에서 다른 분수를 가져가는 것(taking a fraction from another fraction), 즉 두 분수를 합성하는 것으로 생각할 수 있다. 예를 들어, 그림 2.8의 왼편처럼 $\frac{1}{7}$과 $\frac{1}{5}$의 곱을 생각해 보자. 학생들은 이 곱을 전체에서 $\frac{1}{5}$의 $\frac{1}{7}$로 생각할 수 있다. 전체의 $\frac{1}{5}$을 가져오고, 그 결과물에서 $\frac{1}{7}$을 가져오고(그림 2.8의 좌측 하단의 작은 부분 중 하나), 이를 전체와 비교한다. 이와 같이 $\frac{2}{5}$의 $\frac{1}{7}$은 2개의 $\frac{1}{5}$부분 각각에서 $\frac{1}{7}$만큼이다(그림 2.8의 오른편).

그림 2.8 전체의 $\frac{1}{5}$의 $\frac{1}{7}$ (왼쪽) 그리고 같은 전체의 $\frac{2}{5}$의 $\frac{1}{7}$ (오른쪽)

두 경우 모두 전체에서 분수의 분수만큼을 가져갔다. 이런 의미에서 분수 곱셈은 두 분수의 합성이다. 즉, 분수의 분수이다. 이러한 합성은 어떤 분수의 분수 단위 전체를 다른 분수의 분수 단위에 분배하는 것을 수반한다(Hackenberg and Tillema, 2009). 우리는 10장에서 분수 곱셈에 대해 더 논의할 것이고, 11장과 12장에서 덧셈, 뺄셈, 나눗셈에 대해 다루겠다.

표 2.1은 여기서 논의한 정신 활동을 요약한 것이다. 이어 다음 절에서는 단위 조정과의 연결성에 대해 집중하여 논의하겠다.

표 2.1 자연수와 분수를 이해하기 위한 정신 활동

정신 활동	설명	예
단위화 (unitizing)	한 양을 하나의 단위로 생각하기	12개의 칩들의 집합을 하나의 전체로 취하기
분할하기 (partitioning)	동일한 크기의 부분 또는 묶음을 만들기	막대를 4명의 친구가 공평하게 나누기
반복하기 (iterating)	임의의 양의 연결된 복사본(copies)을 만들기	전체를 만들기 위해 $\frac{1}{5}$ 부분을 5번 반복하기
분리하기 (disembedding)	전체를 파괴하지 않고 전체의 한 부분을 분리하기	$\frac{5}{7}$를 전체의 부분으로 유지하고 $\frac{7}{7}$에서 $\frac{5}{7}$를 분리하기
분배하기 (distributing)	하나의 합성 단위를 구성하는 단위를 다른 합성 단위의 각 단위에 삽입하기	전체의 $\frac{1}{5}$ 부분 각각을 7개의 부분으로 분할하여 전체의 $\frac{1}{35}$ 부분들을 만들기

단위 조정

단위 조정(Units Coordination)은 학생들이 단위를 구성하고 조작하는 방법을 말한다(Steffe, 1992). 우리는 이미 분수 맥락에서 이러한 예를 보았다.

1) 전체에서 분리한 부분과 그 부분이 분리된 전체를 조정하고(예, $\frac{3}{5}$을 전체의

5등분에서 3등분으로 보는 것),

2) 곱셈적인 관계를 통해 단위 분수와 전체를 조정하고(예, 전체를 단위 분수 $\frac{1}{5}$의 5배 더 큰 단위로 보는 것),

3) 단위 분수 전체에 다른 단위 분수를 분배하여 조정하기(예, 전체의 $\frac{1}{5}$ 각각에 $\frac{7}{7}$을 분배하여 $\frac{1}{5}$의 $\frac{1}{7}$의 값 결정하기).

첫째 예는 분리하기, 둘째 예는 반복하기, 셋째 예는 분배하기를 각각 수반한다. 다음 절에서 우리는 이러한 정신 활동들이 처음 발생하는 자연수 맥락에서의 단위 조정에 집중하겠다. 4~12장에서는 다양한 분수 맥락에서 단위 조정을 설명할 것이다.

Steffe(2002)의 재조직 가설은 자연수 맥락에서 학생들이 구성하고 조작한 방법이 분수 맥락에서의 단위를 조작하는 방법에 영향을 준다고 주장한다. 따라서 분수를 학생들에게 가르치는 것을 준비하기 위해, 학생들이 자연수 맥락에서 단위 조정을 어떻게 하는지 이해할 필요가 있다. 학생의 단위 조정 능력은 1단위, 단위의 단위(예, 합성 단위), 단위의 단위의 단위(예, 하나의 합성 단위에 다른 합성 단위가 분배된 것)의 3단계로 나누어 설명할 수 있다.

단위 수준(levels)이란 하나의 단위에 다른 단위들이 내포된 정도를 말한다. 예를 들어, 학생들이 합성 단위로 문제를 해결한다면, 이들은 하나의 합성 단위에 내포된 다른 단위가 있기에 2수준 단위로 문제를 해결한다고 할 수 있다. 합성 단위로 무언가를 한다는 것은 동시에 이에 내포된 단위들과도 함께 무엇인가를 한다는 것이다. 만약 학생들이 각각의 단위 수준에서 따로 어떤 정신 활동을 수행해야 한다면 그들은 합성 단위에 대해 조작하는 것이 아니다.

단위 조정의 **단계**(Stages)는 학생들이 동시에 하나, 둘, 혹은 세 수준의 단위를 조작할 수 있는 학생들의 발달 단계를 의미한다. 학생들은 일반적으로 그들이 수행하는 일련의 정신 활동을 한 단계에서 다음 단계로 진전한다. 일단 2 혹은 3수준 단위를 유지하기 위해 더는 그러한 정신 활동을 수행할 필요가 없을 정도로 정신 활동이 체계화되면, 우리는 학생들이 둘째 혹은 셋째 단계로 각각 진전했다고 말할 수 있다.

그림 2.9에서와 같이 막대 과제에 대한 학생들의 응답을 예상해 보자. 학생들이 시각적으로 미지의 관계(unknown relation)를 예측하지 않도록, 의도적으로 막대들을 정확한 축적 비율로 그리지 않았음을 주의하라.

'붉은 막대가 노란 막대에 3번 들어가고, 노란 막대가 파란 막대에 4번 들어간다면, 붉은 막대는 파란 막대에 몇 번 들어갈까?

그림 2.9 막대 과제 (출처: Norton, Boyce, Phillips 외, 2015)

1단계 학생들은 1단위로 유연하게 사고하고 1의 묶음으로서의 합성 단위로도 문제 해결을 시도할 수 있다. 그러나 이들 두 수준 단위 사이에는 곱셈 관계가 존재하지 않는다. 다시 말해 그들은 5와 같은 합성 단위를 1보다 5배 더 큰 단위로 단위화, 곧 개념화하지 않았다. 막대 과제에서 이 학생들은 주어진 관계를 사용하지 않을 수 있다. 대신에, 그들은 붉은 막대를 1단위로 생각하고 미지의 관계를 결정하기 위해 파란 막대의 길이를 따라 반복할 것이다. 따라서 그들은 대개 그림의 형태로 주어진 시각 자료에 의존할 것이다.

2단계 학생들은 어떤 단위가 반복된 결과를 단위화하여 2수준의 곱셈 관계를 주어진 것으로 활용할 수 있다. 그들은 주어진 관계를 문제 해결 활동을 위해 의미있게 사용할 수 있다(예, 3개의 붉은 막대가 노란 막대에 들어간다). 그러나 주어진 두 관계를 조정하여 3수준 단위를 구성하기 위해서는 어떠한 활동을 수행해야 한다. 예를 들어, 학생들은 붉은 막대가 파란 막대에 3번씩 4번 들어간다는 것을 찾기 위해 노란 막대를 3개의 1(붉은 막대)로 된 단위로 생각하고 이 합성 단위를(노란 막대와 파란 막대의 주어진 관계에 의해) 4번 표시할 수 있다. 합성 단위를 표시하는 활동을 수행하면서 학생들은 파란 막대를 4개의 부분으로 분할하고 각각의 분할된 부분에 붉은 막대 3개의 단위를 분배한다.

3단계 학생들은 주어진 두 관계를 통합하여 단위의 단위의 단위(a unit of units of units)를 구성할 수 있다. 즉, 하나의 노란 막대가 붉은 막대 3개로 이루어져 있다는 것을 인지한 상태로 노란 막대 4개로 이루어진 파란 막대를 구성할 수 있다. 이러한 학생들은 신체적 혹은 정신적으로 반복하기 혹은 분배하기 활동을 수행하지 않고 주어진 두 관계를 곱셈적으로 조정하여 미지의 관계를 파악할 수 있다. 표 2.2는 단위 조정의 3단계를 요약한 것이다.

표 2.2 단위 조정의 3단계

	학생의 단위 구조	막대 과제에 대한 학생의 추론
1단계	학생들은 1수준 단위를 주어진 것으로 사용할 수 있고, 2수준 단위를 활동 중에 조정할 수 있다.	학생들은 파란 막대에 붉은 막대가 몇 번 들어갈지 상상하며, 정신적으로 붉은 막대를 반복한다. 이러한 행동은 고개 끄덕임 혹은 작은 목소리로 세는 것을 통해 나타날 수 있다.
2단계	학생들은 2수준 단위를 주어진 것으로 사용할 수 있고, 3수준 단위를 활동 중에 조정할 수 있다.	학생들은 정신적으로 3을 나타내는 노란 막대를 4번 반복한다. 이러한 활동은 "3, 3, 3, 그리고 3이라서 12"와 같은 학생들의 표현으로 나타날 수 있다.
3단계	학생들은 3수준 단위를 주어진 것으로 생각할 수 있고, 3수준 구조 간에 유연한 전환이 가능하다.	학생들은 즉각적으로 파란 막대에 4개의 3이 있다는 것을 이해한다. 그런 방식으로 과제를 동화(assimilation)했다는 것은 학생이 12가 4개의 3이라는 주장과 함께 즉각적으로 "12"라고 답을 함을 통해 알 수도 있다.

이 절을 요약하면, **단위화**, 분할하기, 반복하기, 분리하기, 분배하기의 정신 활동은 학생들이 자연수와 분수에서 다양한 수준의 단위를 조정할 수 있도록 돕는다. 단위 조정은 Steffe(2002)의 재조직 가설의 핵심이다. 3장에서 우리는 교사가 학생의 단위 조정 단계를 평가할 수 있는 방법을 소개한다. 이어진 장에서는 분수 영역에서 특정한 개념의 신장을 돕기 위해 교사가 학생의 단위 조정 활동과 이와 관련된 정신 활동을 활용할 수 있는 방법에 대해 안내한다.

주요 내용에 대한 소개

학생들의 단위 조정 단계를 평가하는 것은 수업 혹은 개인 교육의 출발점을 제공한다. 이를 바탕으로 수업에서는 동일한 단계의 학생들이 그 단계와 관련된 과제를 함께 해결할 수 있도록 동질 집단을 구성하는 것을 고려할 수 있다. 다른 한편으로 교사는 이질 집단을 구성하여 높은 단계의 학생들이 그들의 추론을 명확하게 설명하는 능력을 신장하며 낮은 단계의 학생들을 독려하며 돕게 할 수 있다. 개인이든 모둠이든 혹은 전체 학생들과 동시에 하든, 교사는 의도적으로 학생들에게 적절한 도전 의식을 북돋울 수 있는 과제를 선정해야 한다. 적절한 과제는 학생들이 이미 주어진 과제에 대한 답을 알지 않지만 도달해야 할 목표를 이해한 과제들이다. 이러한 과제는 학생들에게 답을 해결하기 위해 어떠한 종류의 활동을 수행하도록 만들고, 이러한 활동은 새로운 개념 형성의 기저가 된다. 과제가 충분히 도전적이지 않다면, 학생들은 새로운 지식을 학습하기보다 이미 알고 있는 개념을 복습하는 것일 수 있다. 과제가 너무 도전적이라면, 학생들은 이를 해결하기 위해 어떠한 정신 활동을 수행해야 할지 모를 것이며 어떠한 방법으로도 문제를 해결하지 못할 수 있다.

이 책의 주요 내용은 교사가 자신의 학생들을 위해 적절하게 도전적인 과제를 선별할 수 있도록 돕기 위해 구성되었다. 학생들의 단위 조정 단계 평가는 3장에서의 시작점을 제공한다. 4~12장은 3단계에 따라 구성되었다. 나아가 자연수와 분수와 같은 수학적 대상을 조작하는 학생들의 방법인 스킴을 평가할 수 있도록 과제들을 제시하였다. 미국의 교사들을 위해 과제 대부분을 Common Core State Standards[2)](2010)와 연결하였다.

1단계

4장과 5장은 1단계 학생들이 개발할 수 있는 개념들을 다룬다. 비록 1단계 학생들이 분수를 조작할 수 있는 능력에는 한계가 있지만, 교사는 학생들이 (1) 분수 지식을 발달하기 시작하고 (2) 나아가 그들의 단위 조정 능력까지도 개발할 수 있는 과제에 참여시킬 수 있다. 균등 배분하기(equal sharing)는 좋은 시작점이다.

1단계 학생들은 물건들의 묶음을 하나씩 셀 수 있고 이를 구체적인 크기를 가지는 균등한 묶음으로 배분할 수 있다. 마찬가지로 이들은 연속량(예, 직사각형 막대)을 갖고 조작하고 이를 구체적인 크기의 균등한 부분으로 조각내거나 분할하기를

2) 역자 주. 우리나라의 교육과정과 유사한 미국의 국가 수준의 공통 핵심 규준이다.

시작할 수 있다. 4장은 이러한 종류의 활동을 수반한 생산적인 상호작용의 사례를 통해 교사들을 안내할 것이다.

학생들은 이산량과 연속량에 대한 균등 배분을 하기 시작하며 부분-전체 관계를 고려하기 시작할 수 있다. 5장에서는 분수 지식 개발의 토대로 **전체 내의 부분**(Parts Within Wholes)과 **전체에서 (분리가 가능한)**[3] **부분**(Parts Out of Wholes) **분수 스킴**(Fraction Schemes)을 소개한다. 예를 들어, 후자의 경우, $\frac{3}{5}$은 전체 5개의 균등한 부분 중 3개의 부분으로 이해할 수 있다. 5장은 학생들이 자신들의 균등 배분 지식을 기반으로 하여 이러한 기초적인 개념을 개발할 수 있도록 하기 위한 생산적인 상호작용의 예를 통해 교사들을 안내할 것이다.

2단계

1단계에서 학생들은 전체 내의 부분 분수 스킴을 개발할 수 있다. 이 학생들의 관점에서는 전체에서 부분을 분리하고 나면, 전체는 사라진다. 예를 들어 $\frac{3}{5}$의 경우, 학생들이 5개의 균등한 부분 중 세 부분을 선택할 때 그들은 초기에 선택한 3개의 부분이 아직 전체의 부분인 것을 이해하지 못한다. 이러한 이해는 학생들이 5로부터 3을 분리(disembed)하여 3개의 부분이 전체에서 분리되었다고 하더라도 5-부분으로 이루어진 전체 내의 3개의 부분이 유지된다는 것을 알아야 하는데, 이러한 단위 조정은 전체 중의 부분 분수 스킴과 관련되고 2단계에서 가능하다. 나아가 2단계 학생들은 한 단위를 n번 반복(iterate)하여 더 큰 합성 단위를 만들면서 동시에 그 합성 단위가 반복된 단위보다 n배가 더 크다는 것을 이해한다. 그래서 2단계 학생들은 더 강력한 분수 스킴 개발이 가능하다. 6장은 이러한 발달에 초점을 둔다.

부분-전체 스킴을 넘어서 분리하기와 반복하기는 2단계 학생들이 단위 분수를 분수 단위(즉, 측정 도구)로 개념화하기 시작할 수 있도록 돕는다. 6장의 활동은 학생들이 측정 결과로서 분수 개념을 개발할 수 있도록 특히 단위 분수를 반복하는

3) 역자 주. Parts Within Wholes Fraction Scheme과 Parts Out Of Wholes Fraction Scheme의 차이는 전체에서 그 전체의 부분이 분리(disembedding)가 가능한지의 여부이다. 괄호 안은 이를 표현하기 위해 역자가 추가한 부분임. 이하, 동일한 장에서는 전체 중의 부분 분수 스킴으로 표현한다.

활동을 요구하는 과제들을 집중적으로 다룬다(예, 주어진 $\frac{1}{5}$을 갖고 학생들에게 전체의 $\frac{3}{5}$ 혹은 전체를 만들어 보도록 한다).

우리는 2단계 학생들이 그러한 활동에 참여하면서 꼭 필요한 것은 무엇인지 또 2단계 학생들로서 겪는 한계점은 무엇인지 논의한다. 특히, 2단계에서 조작하는 학생들은 단위 분수를 1단위로 여기고 전체를 넘어서는 반복하기를 했을 때 단위 분수와 전체와의 1대 5 곱셈 관계를 망각한다. 2단계 학생들은 $\frac{1}{5}$을 7번 반복하여 $\frac{7}{5}$을 만들더라도 그 값을 $\frac{7}{7}$이라고 부르는 경우가 잦다.

단위 분수를 분수 단위로 생각하기 시작하며 2단계 학생들은 진분수를 만들고 이름을 붙일 수 있다. 그러나 학생들이 주어진 진분수에서 전체를 만들기 위해서는 조작하는 방법의 가역(reverse)적 사고를 필요로 한다. 이러한 가역적 사고를 하기 위해서는 학생들이 분할하기와 반복하기 정신 활동을 새롭게 조정하는 것이 필요하다. 즉 학생들은 분할하기와 반복하기를 서로 역(inverse) 관계로 이해해야 한다. 7장의 평가 과제들은 이러한 차이를 설명하기 위해 6장에서 설명한 것들을 기반으로 한다. 수업 활동 부분에서는 새로운 이해로 인해 가능해지는 발달에 관해 안내한다.

3단계

3단계에서 조작하는 학생들은 3수준 단위들을 주어진 것으로 사용하여 가분수를 만들기 위해 (예, $\frac{7}{5}$) 단위 분수를 전체를 넘어서 반복하더라도 전체를 놓치지 않을 것이다. 이러한 단위 조정은 학생들이 스스로 수로서 분수를 개념화하는 데 도움을 주고 새로운 활동에 주체적으로 참여하도록 한다. 8장은 이러한 개념을 평가하고 교육을 통해 더 발달할 수 있도록 도울 수 있는 도구들을 구체화할 것이다. 낮은 단계의 학생들은 분수 곱셈, 덧셈과 같은 분수 연산을 이해하기 시작할 수 있다. 그들은 또한 동치 분수와 분수 크기를 비교할 수 있는 방법을 개념화하기 시작할 수 있다. 그러나 3단계 학생들은 발달적으로 온전히 이러한 개념들과 그들 간의 연결성을 다룰 수 있는 교육을 받을 준비가 되었다고 할 수 있다. 9~12장은 2단계와 3단계 학생들이 이러한 개념들을 연결할 수 있도록 교사가 지원할 수 있는 방법을 소개할 것이다. 예를 들어, 활동을 통해 학생들이 분수 곱셈에 대한 일반화를 개발하고, 두 분수를 나눌 때 왜 뒤집어서 곱하는지 이해할 수 있도록 도울 것이다. 13장에서는 재조직 가설을 대수적 추론으로 확장한다. 학생들의 자연수 조작 방법들이 분수 조작 방법들에 영향을 미치듯, 그들의 분수 조작 방법은 그들이 대수적 표현(algebraic expressions)과 관계를 조작하는 방법들에 영향을 준다.

03

단위 조정 단계 평가하기

이 장은 교사가 학생의 단위 조정 단계를 식별하는데 사용할 수 있는 평가 도구에 관해 안내한다(Norton, Boyce, Phillips et al., 2015). 2장에서의 막대 과제(그림 2.9)와 유사한 과제를 수록하였고, 학생 응답 예시와 학생의 추론 방법을 해석하는 데 도움이 되는 루브릭(rubric)을 제시하였다. 총 7개의 과제를 수록하였는데 학생의 초기 단위 조작 방식을 알아보기 위해서는 이 모든 과제가 필요하지 않을 수 있다. 오히려 각 과제는 학생의 단위 조정 활동의 어포던스(affordance)와 한계점을 보여주는 기회를 제공한다. 루브릭은 활동에 대한 단계별 지표를 포함한다. 이 장의 마지막에 설명한 대로 학생들의 단위 조정 단계를 구분하는 것은 그들의 분수 지식 발달을 지원하는 교육적인 결정을 하는데 도움을 줄 수 있다.

단위 조정 단계 평가를 위한 과제

처음 3개의 과제들은 함께 모아 놓았다. 3개의 막대는 각각 1단위 길이, 3단위 길이, 12단위 길이의 비율에 맞게 그려졌다. 2장의 과제와 다르게 작은 막대와 중간 막대 간의 혹은 중간 막대와 큰 막대 간의 관계가 주어지지 않았다. 오히려 학생들은 작은 막대가 큰 막대에 몇 번 들어가는지 파악하기 위해 큰 막대를 따라 작은 막대를 반복해야 한다. 세 번째 과제를 해결하기 위해서도 동일한 행동을 할 수 있으나 이미 2수준 혹은 3수준 단위의 조정이 가능한 학생(2단계와 3단계 학생)들에게 사실상 지루하고 불필요해 보인다.

네 번째 과제의 경우, 동일한 구조를 갖고는 있으나 막대들이 동일한 척도로 그려지지 않아 학생들은 주어진 관계를 가정하고 문제를 해결해야 한다. 이 경우, 긴 막대를 따라 작은 막대를 반복한다고 적절한 관계를 찾을 수 없게 된다. 한편, 다섯 번째 과제와 여섯 번째 과제에서의 관계는 주어진 두 관계에 포함된 수를 서로 나누는 것을 필요로 한다. 일곱 번째 과제는 또 다른 역 과제(reverse task)이지만, 이번에는 그 관계가 자연수가 아니다.

이러한 과제들 각각에서 교사는 학생이 자신의 답을 그림으로 나타낼 수 있도록 장려하는데, 이를 통해 학생이 어떻게 단위를 구성하고 조작하는지에 대한 추가적

이름: ______________ 교사: ______________ 날짜: ______________

위에 보이는 막대들을 사용하여 다음 세 문제에 답하여라.

1. 중간 노란 막대가 긴 붉은 막대에 몇 번 들어가는가?

답 :

2. 작은 파란 막대는 중간 노란 막대에 몇 번 들어가는가?

답 :

3. 이 정보를 사용하여 작은 파란 막대가 긴 붉은 막대에 몇 번 들어가는지 구하여라.

답 :

아래 공간을 사용하여 **그림을 그리고** 자신의 답을 **설명하여라**.

이름: ______________ 교사: ______________ 날짜: ______________

다음의 정보를 사용하여 위의 막대들에 대한 질문에 답하여라.

4. 중간 보라 막대가 긴 주황 막대에 **정확히** 2번 들어간다고 하자. 작은 초록 막대는 중간 보라 막대에 **정확히** 6번 들어간다고 하자. 이 정보를 사용하여 작은 초록 막대가 긴 주황 막대에 몇 번 들어가는지 구하여라.

답 :

아래 공간을 사용하여 **그림을 그리고** 자신의 답을 **설명하여라.**

이름: ______________ 교사: ______________ 날짜: ______________

다음의 정보를 사용하여 위의 막대들에 대한 질문에 답하여라.

5. 중간 보라 막대가 긴 주황 막대에 **정확히** 2번 들어간다고 하자. 작은 초록 막대는 긴 주황 막대에 **정확히** 8번 들어간다고 하자. 이 정보를 사용하여 작은 초록 막대가 중간 보라 막대에 몇 번 들어가는지 구하여라.

답 :

아래 공간을 사용하여 **그림을 그리고** 자신의 답을 **설명하여라.**

이름: ____________ 교사: ____________ 날짜: ____________

다음의 정보를 사용하여 위의 막대들에 대한 질문에 답하여라.

6. 작은 초록 막대는 긴 주황 막대에 **정확히** 12번 들어간다고 하자. 작은 초록 막대는 중간 보라 막대에 **정확히** 3번 들어간다고 하자. 이 정보를 사용하여 중간 보라 막대가 긴 주황 막대에 몇 번 들어가는지 구하여라.

답 :

아래 공간을 사용하여 **그림을 그리고** 자신의 답을 **설명하여라.**

이름: ____________ 교사: ____________ 날짜: ____________

다음의 정보를 사용하여 위의 막대들에 대한 질문에 답하여라.

7. 작은 초록 막대는 긴 주황 막대에 **정확히** 9번 들어간다고 하자. 작은 초록 막대는 중간 보라 막대에 **정확히** 4번 들어간다고 하자. 이 정보를 사용하여 중간 보라 막대가 긴 주황 막대에 몇 번 들어가는지 어떻게 구할 수 있을까?

답 :

아래 공간을 사용하여 **그림을 그리고** 자신의 답을 **설명하여라.**

인 지표를 얻을 수 있다. 교사는 학생들의 문제 해결 활동을 관찰하거나 응답에 대한 후속 질문을 통해 그들의 추론을 자세히 살펴봄으로써 풍부한 판단 근거를 얻을 수 있다. 그러나 교사는 학생들을 안내하는 것을 삼가야 한다. 교사의 질문은 학생들의 추론이 교사의 추론과 일치해야 한다는 전제 없이 학생들의 추론을 이해하는 데 집중해야 한다(예, "나누어야 한다고 어떻게 알았니?"). 교사의 프롬프트(prompts)[1)]는 학생들이 자신들의 추론에 따라 행동할 수 있도록 제한적이어야 한다(예, "네가 무슨 생각을 하는지 시도해 보렴"). 평가하는 동안 교사의 목표는 학생을 통해 학습하는 것이지 학생이 교사를 통해 학습하는 것은 아니다.

단위 조정 단계 평가를 위한 루브릭

서면 응답과 구술 응답을 포함한 학생들의 활동은 그들의 추론 방식에 대한 여러 지표를 제공한다. 우리는 학생들이 추론하는 방법을 볼 수 없지만 그러한 지표들을 통해 그들의 추론 방식을 추측할 수 있다. 여기에서 소개하는 루브릭은 단위 조정 세 단계에 관한 지표에 맞춰져 있다. 특히 학생들의 서면 응답에 초점을 두지만 앞서 말한 대로 학생들의 활동을 관찰하면서 사고를 자세히 살펴볼 기회가 있다면 더 개연성 있는 추론을 할 수 있을 것이다.

루브릭은 다음의 4개의 부분으로 되어 있다. 과제 1~3에 대한 첫 번째 부분, 과제 4를 위한 두 번째 부분, 과제 5~6을 위한 세 번째 부분, 그리고 과제 7을 위한 네 번째 부분이다. 루브릭을 사용하기 위해 교사는 과제에 대한 학생들의 응답을 검토해야 하고, 그러한 응답들에서 어떠한 지표들이 나타나는지 기록해 두어야 한다. 학생들의 응답은 여러 단계를 걸친 지표들을 수반할 수 있지만, 지표 대부분이 특정한 단계에 모여 있다면, 확실한 평가를 할 수 있게 된다. 첫 번째 부분(과제 1~3)은 2단계와 3단계를 구분하는 지표가 없다는 것에 주의하여라.

1) 역자 주. 교육학에서 프롬프트(prompts)는 교사가 학생들이 응답할 수 있도록 사용하는 여러 방식의 피드백을 말한다. 교사의 언어적 표현뿐 아니라 표정, 시각적 표현, 발문 등 다양한 방식의 교사 피드백을 prompts라고 표현한다.

표 3.1 과제 1~3을 위한 루브릭

	과제 1~3에 대한 학생 추론	추론에 따른 지표
1단계	학생은 작은 막대가 큰 막대에 몇 번 들어가는지 구하기 위해 막대의 모양에 의존하여 직접 혹은 머릿속으로 긴 막대를 따라 작은 막대를 반복한다(혹은 작은 막대를 사용하여 긴 막대를 나눈다).	• 과제 1과 2에 대한 학생 응답이 정확한 관계보다 1 넘게 차이 난다(2단계와 3단계 학생은 그 관계를 단위 분수로 표현할 수 있다는 점에 유의한다). • 과제 1과 과제 2의 답을 곱하여 과제 3에 대한 답을 구하지 않고 작은 막대가 큰 막대에 들어가는 횟수를 구한다. • 과제 3을 해결하기 위해 과제 1과 과제 2의 답을 더한다. • 응답하지 않거나 모른다고 적는다.
2단계	중간 막대 1번의 반복은 3을 나타냄을 알고, 학생은 긴 막대 안에서 중간 막대를 머릿속으로 4번 반복한다(즉 3, 6, 9, 12).	• 관계적 언어를 사용한다(예, "모든 중간 막대는 3개의 작은 막대이다"). • 과제 1과 과제 2에서 구한 2개의 관계를 통합하여 그림으로 나타낸다. • 학생의 응답은 곱셈을 사용했다는 것을 보여준다.
3단계	학생은 주어진 관계를 이용하여 긴 막대 안에 작은 막대가 3개씩 4묶음이 들어간다는 것을 구한다.	

표 3.2 과제 4에 대한 루브릭

	과제 4에 대한 학생 추론	추론에 따른 지표
1단계	주어진 관계를 사용하지 않고 막대의 모양에 의존한다.	• 주어진 관계를 사용하기보다는 막대들의 모양에 의존한다(예, 주어진 막대를 분할하기/여러 부분으로 나누기). • 주어진 관계 내 숫자들을 더하거나 뺀다. • 응답하지 않거나 모른다고 적는다.
2단계	학생은 두 번째 주어진 관계를 이용하여 합성 단위를 구성하고, 이를 이용하여 첫 번째 주어진 관계의 숫자만큼 반복할 수 있다.	• 크기 관계를 설명하는 그림과 함께 그 관계를 적절하게 조정하지만, 서면으로 나타난 설명은 학생의 주된 해결 방식이 그림을 기반으로 하였다는 것을 보여준다(예, 그림 아래에 답을 적었거나 그림을 지우거나 수정한 흔적이 있다). • 학생의 설명과 그림에 여러 두 수준 관계는 적절히 나타나지만 세 수준 관계는 전혀 나타나지 않는다. • 정확한 설명이나 그림 없이 곱셈을 사용

		하여 답을 구한다(이 경우 곱셈 연산 오류가 있을 가능성이 있음).
3단계	첫 번째 주어진 관계를 합성 단위로 생각하여 이 합성 단위를 구성하는 각 단위에 두 번째 관계에서 주어진 수를 분배하는 활동을 머릿속으로 수행한다. 이는 곱셈 사용을 정당화하는 근거가 된다.	• 정답을 구하기보다는 답을 정당화하거나 명료하게 설명하기 위해 그림을 사용한다(예, 그림은 설명 아래에 나타나거나 설명에 포함되어 나타난다.) • 학생의 설명과 그림은 적절한 크기 관계를 갖는 하나의 세 수준 관계를 보여준다.

표 3.3 과제 5와 6에 대한 루브릭

	과제 5와 6에 대한 학생 추론	추론에 따른 지표
1단계	학생은 짧은(중간) 막대가 중간(긴) 막대에 몇 번 들어가는지를 상상하며, 머릿속으로 이 막대를 반복한다.	• 주어진 관계를 사용하기보다는 막대들의 모양에 의존한다(주어진 막대를 분할하기/여러 부분으로 나누기). • 주어진 관계 내의 숫자들을 더하거나 뺀다. • 응답하지 않거나 모른다고 적는다.
2단계	주어진 두 수준 관계를 사용하여 이를 그림으로 표현하기 위한 정신적 표상을 만들 수 있다.	• 학생의 그림과 설명에 곱셈 추론은 나타나지만, 가역적 곱셈 추론은 나타나지 않는다(이로 인해 문제를 잘못 이해하고 나눗셈 대신 곱셈을 할 수도 있다). • 응답에 정당화 혹은 설명 없이 나눗셈 사용만을 보여준다. • 미지의 관계를 규명하기 위해 주어진 관계를 나타낸 그림에 의존한다. • 학생의 설명과 그림에 여러 두 수준 관계는 적절히 나타나지만 세 수준 관계는 전혀 나타나지 않는다.
3단계	학생은 주어진 두 수준 관계 2개를 세 수준 단위 모두를 조정하기 위한 구조로 동화한다.	• 두 과제를 해결하기 위해 곱셈 추론을 가역적으로 사용한다. • 그림은 정답을 구하기보다는 답을 정당화하거나 설명하기 위해 사용된다. • 학생의 설명과 그림은 적절한 크기 관계를 갖는 하나의 세 수준 관계를 보여준다. • 학생은 그림 및 설명과 일관된 방식으로 나눗셈을 사용한다.

표 3.4 과제 7을 위한 루브릭

	과제 7에 대한 학생 추론	추론에 따른 지표
1단계	학생은 중간 막대가 긴 막대에 몇 번 들어가는지 머릿속으로 상상하며 중간 막대를 반복한다.	• 주어진 관계를 사용하지 않고 막대들의 모양에 의존한다(주어진 막대를 분할하기/여러 부분으로 나누기). • 주어진 관계 내의 숫자들을 더하거나 뺀다. • 설명 없이 주어진 관계 속의 숫자들을 곱한다. • 응답하지 않거나 모른다고 적는다. • 나머지 부분을 설명하기 위한 어떠한 시도도 하지 않는다.
2단계	학생은 합성 단위 4를 구성하여 이것이 9에 몇 번 들어가는지 구한다.	• 분수 부분을 $\frac{1}{4}$보다는 $\frac{1}{9}$이라고 부른다. • 2와 나머지라고 답한다. • 정당화 혹은 설명 없이 나눗셈 사용만을 보여준다. • 그림과 설명에 곱셈 추론은 나타나지만, 가역적 곱셈 추론은 나타나지 않는다(이로 인해 문제를 잘못 이해하고 나눗셈 대신 곱셈을 할 수도 있다). • 설명과 그림은 여러 두 수준 관계를 적절하게 보여주지만 세 수준 관계는 보여주지 않는다.
3단계	학생은 단위 간의 관계를 유지하며 9를 2개의 4와 하나의 1단위로 조정한다.	• 나머지 부분을 분수 혹은 소수 (예, '$2\frac{1}{4}$')로 적절하게 나타낸다. • 그림은 정답을 구하기보다는 답을 정당화하거나 설명하기 위해 사용된다. • 학생의 설명과 그림은 적절한 크기 관계를 갖는 하나의 세 수준 관계를 보여준다. • 학생은 그림 및 설명과 일관된 방식으로 나눗셈을 사용한다.

학생 응답의 예

이 절에서는 학생들의 서면 응답을 통해 그들의 단위 조정 활동을 추측하는 것을 돕기 위해 학생 응답의 예시와 함께 루브릭 사용 방법을 제시한다. 구체적으로, 루브릭에 설명된 몇 가지 지표에 부합하는 학생 응답의 예를 제공할 것이다. 과제 1~3에 대한 응답의 예부터 시작해 보자.

과제 1과 2에서 학생들은 노란 막대에 파란 막대가 들어가는 횟수와 붉은 막대에 노란 막대가 들어가는 횟수를 시각적으로 어림할 수도 있다. 첫 번째 관계는 2~4개, 두 번째 관계는 3~5개 정도로 어림할 것이다. 이러한 어림보다 더 중요한 것은 학생들이 과제 3(작은 막대가 긴 막대에 들어가는 횟수 구하기)을 해결하기 위해 이를 어떻게 사용했냐는 것이다. 학생이 세 번째 관계를 구하기 위해 처음 두 관계를 사용하지 않거나 이들을 적절하게 사용하지 않았다면 1단계 추론의 지표가 된다.

한 학생이 과제 3에 대해 "파란 막대는 노란 막대에 3번 들어가고 노란 막대는 붉은 막대에 5번 들어간다. 그래서 답을 구하기 위해 이들을 더한다"라고 답하였다. 이 학생은 처음 두 관계에 대해서는 그럴듯한 추측을(3과 5) 하였지만, 세 번째 관계를 구하기 위해 두 수를 더했다는 것은 노란 막대를 3개의 파란 막대로 된 하나의 합성 단위로 간주하지 않았다는 것을 보여준다. 이는 표 3.1 루브릭의 1단계 지표에 설명된 1단계 추론에 해당함을 강하게 보여주는 것이다. 즉, 학생은 과제 3을 구하기 위해 과제 1과 2의 답을 더하였다는 것을 보여준다.

다른 학생은 과제 3에 대한 응답으로 다음과 같은 그림을 그려놓았다(그림 3.1). 학생의 그림은 이 학생이 붉은 막대를 만들기 위해 노란 막대의 복사본을 만들어 가며 각각의 노란 막대를 3개의 파란 막대로 된 하나의 단위로 생각했다는 것을 보여준다. 우리는 이러한 활동을 통해 이 학생이 합성 단위를 도구로 하여 사고했다는 것을 추측할 수 있다. 이러한 활동은 다음의 2/3단계 지표 '과제 1과 과제 2에서 구한 2개의 관계를 통합하여 그림으로 나타낸다'와 일치한다.

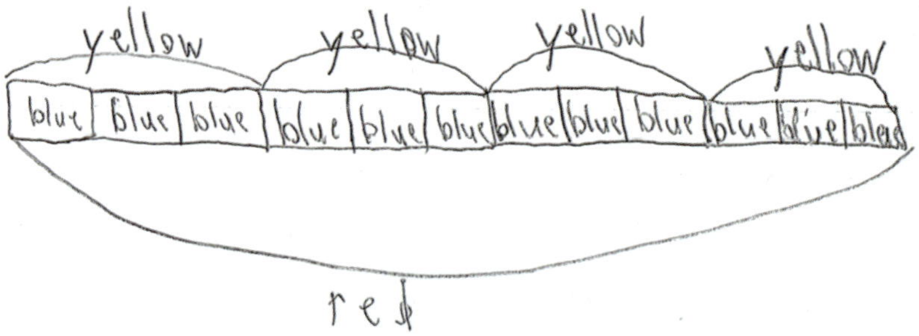

그림 3.1 과제 3에 대한 학생 그림

과제 4부터는 과제 안에 제공된 막대들이 서로 동일한 척도로 그려지지 않았고, 이는 교사가 2단계와 3단계 추론을 구분할 기회를 제공한다. 과제 4에서 학생들은 중간 막대가 긴 막대에 2번 들어가고 작은 막대가 중간 막대에 6번 들어간다고 전제한 상황에서 이러한 관계들을 사용하여 작은 막대와 긴 막대의 관계를 규명해야 한다. 3단계의 지표들은 학생이 활동을 통한 세 수준 단위를 구성할 필요 없이 과제에 포함된 모든 세 수준 단위를 동화(assimilate)할 수 있다는 것을 보여준다. 이것을 구분하기 위한 한 가지 방법은 학생의 그림을 보는 것이다. 학생들의 그림이 여러 개의 두 수준 관계들의 조정을 보여주는가? 아니면 하나의 그림에서 모든 세 수준 단위들의 조정을 보여주는가?

그림 3.2에 설명한 학생 응답을 생각해 보자. 12가 정답이긴 하나 이 그림은 학생이 한 번에 두 수준 단위만을 조정하였다는 것을 보여준다. 이 학생은 작은 (초록) 막대와 중간 (보라) 막대 간의 관계를 표현하고 이를 사용하여 작은 (초록) 막대와 긴 (주황) 막대 간의 관계를 만들 수 있겠지만, 한 번에 모든 세 수준 단위들을 동화했다는 지표는 없다. 이 학생의 반응은 '학생의 설명과 그림에 여러 두 수준 관계는 적절히 나타나지만 세 수준 관계는 전혀 나타나지 않는다'라는 표 3.2 2단계 지표와 일치한다.

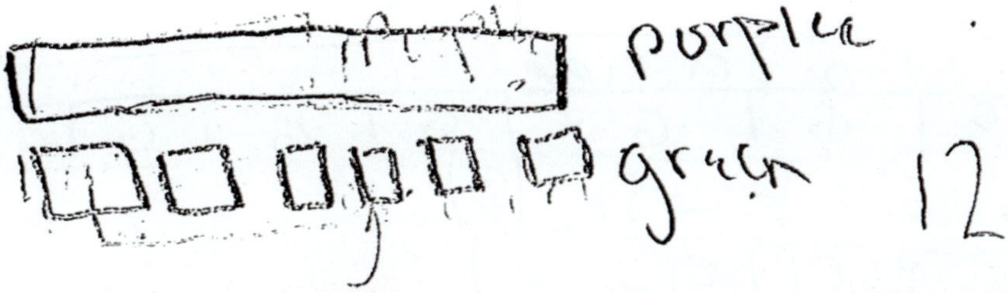

그림 3.2 2수준 관계를 보여주는 그림

반대로, 그림 3.3은 긴 막대가 12개의 작은 막대와 6개의 작은 막대로 이루어진 2개의 중간 막대임을 보여주는데, 이러한 그림은 학생이 머릿속에서 동시에 세 수준 단위를 생각했다는 것을 나타낸다. 이는 '학생의 설명과 그림은 적절한 크기 관계를 갖는 하나의 세 수준 관계를 보여준다'라는 표 3.2 3단계 지표와 일치한다.

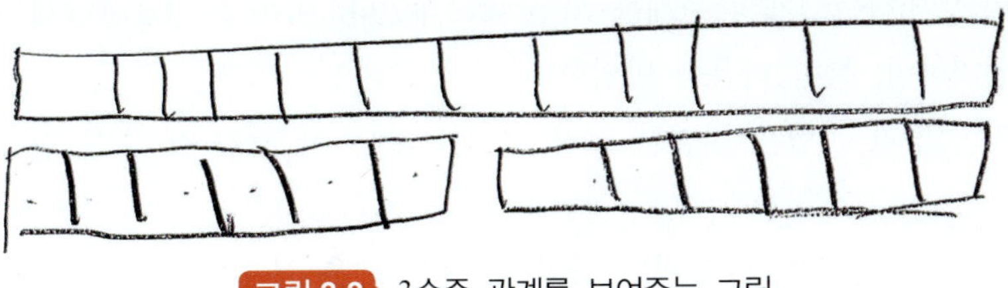

그림 3.3 3수준 관계를 보여주는 그림

과제 5와 6은 학생들의 가역적 사고를 요구하는 문제이다. 작은 막대와 긴 막대 사이의 관계와 함께 다른 하나의 관계가 추가로 주어져 있다. 학생들은 작은 막대와 중간 막대를 이용하여 긴 막대를 만들기보다 미지의 중간 관계(unknown intermediate relation)를 파악해야 한다. 과제 5에서의 미지의 관계는 작은 막대와 중간 막대이며, 작은 막대가 긴 막대에 8번 들어가고 중간 막대가 긴 막대에 2번 들어간다는 것이 주어졌다. 2단계 학생들은 그림에 의존하여 이 관계를 파악할 수 있다. 예를 들어, 그림 3.4의 학생 그림을 보자.

이 학생은 자신의 그림에 긴 막대에 포함된 8개의 작은 막대와 긴 막대에 포함된 2개의 중간 막대를 보여주며, 자신의 그림에 과제에서 주어진 2개의 관계를 보여주었다. 그리고 그는 이 그림에 의존하여 중간 막대에 작은 막대가 들어가는 횟수를 구하고 '약 $3\frac{1}{2}$번'이라고 답하였다(비록 그림에는 $\frac{1}{3}$이라고 적었지만). 이는 '미지의 관계를 규명하기 위해 주어진 관계를 나타낸 그림에 의존한다'라는 표 3.3의 2단계 지표와 일치한다.

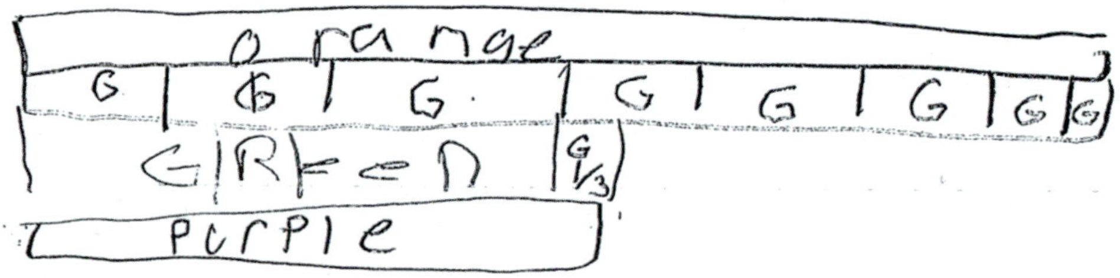

그림 3.4 과제 5에서 2단계 추론을 보여주는 학생 응답

그림 3.5에 나타난 (과제 6에 대한) 학생 응답은 3단계 추론을 보여준다. 이 과제에서의 미지의 관계는 중간 막대와 긴 막대이며 주어진 관계는 작은 막대가 긴 막대에 12번 들어간다는 것과 중간 막대에는 3번 들어간다는 것이다. 이 학생은 "12 나누기 3을 해요"라고 주장하였고, 그림을 이용하였다. 이 학생은 자신의 그림에 계산 결과와 일치하는 3개의 관계를 모두 나타내었다. 이는 표 3.3 3단계 지표 4개 모두와 일치하며, 특히 다음을 반영한다.

- '학생의 설명과 그림은 적절한 크기 관계를 갖는 한 가지 세 수준 관계를 보여준다'
- '학생은 그림 및 설명과 일관된 방식으로 나눗셈을 사용한다'

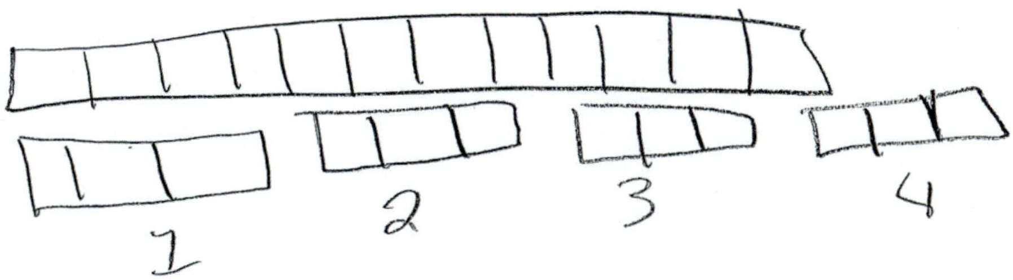

그림 3.5 과제 6에서 3단계 추론을 보여주는 학생 응답

과제 7은 미지의 관계를 자연수로 표현할 수 없다는 점에서 이전의 문제들보다 더 복잡하다. 즉, 나머지가 되는 단위 분수라는 단위를 하나 더 고려해야 한다. 학생들은 작은 막대가 긴 막대에 9번 들어가고 중간 막대에는 4번 들어간다는 전제하에 중간 막대가 긴 막대에 들어가는 횟수를 구해야 한다. 2단계 학생들은 활동을 통해 세 수준 단위를 구성해야 하므로, 네 번째 수준의 단위인 나머지 단위에 대해 생각하기 어려워할 것이다. 예를 들어, 2단계 학생들은 분수 단위를 잘못 적거나(예, $\frac{1}{4}$ 보다는 $\frac{1}{9}$) 무시하고, 2개의 주어진 관계를 나누지 않고 곱하여 네 번째 수준 단위를 다루는 것을 피할 수 있다.

3단계 학생들은 처음부터 과제에서 주어진 세 수준의 단위를 동화하여, 나머지 분수 단위에 더 주목할 수 있다. 비록 이들 역시 단위 분수를 잘못 적을 수 있지만, 이를 무시하거나 피할 확률은 낮다. 그림 3.6은 3단계 학생들의 응답을 각각 보여준다. 그림 3.6의 상단에 있는 학생 응답은 틀렸지만, 모든 단위를 고려했다고 볼 수 있다. 문제를 해결하는 과정에서 이 학생은 작은 (초록) 막대가 중간 (보라) 막대에 들어가는 횟수와 중간 막대가 긴 (주황) 막대에 들어가는 횟수를 헷갈린 것으로 보인다. 그래서 답은 '$2\frac{1}{4}$'보다는 '4.5'라 하였고 그의 그림은 답과 일치한다. 그림의 하단에 있는 학생 응답은 옳은 그림에 대한 옳은 답을 보여준다. 우리는 이 응답에서 3단계 추론의 지표를 더욱 확신할 수 있지만, 일반적으로 평가가 그러하듯 학생들의 단위 조정 단계를 평가하는 것은 간단한 문제가 아니다.

학생들의 단위 조정 단계를 평가하고 나면, 교사는 학생들의 분수 지식 발달에 도움을 줄 수 있는 더 나은 위치에 놓이게 된다. 4장부터 12장은 이러한 단계들에 따라 구성되었다. 4장과 5장은 1단계 추론, 6장과 7장은 2단계 추론, 8장은 3단계 추론을 기반으로 한다. 9~12장은 2단계와 3단계를 기초로 한 분수 연산(예, 분수 덧셈과 분수 나눗셈)에 집중한다. 각 장에서는 단계 내 학생들의 추론을 위한 분수

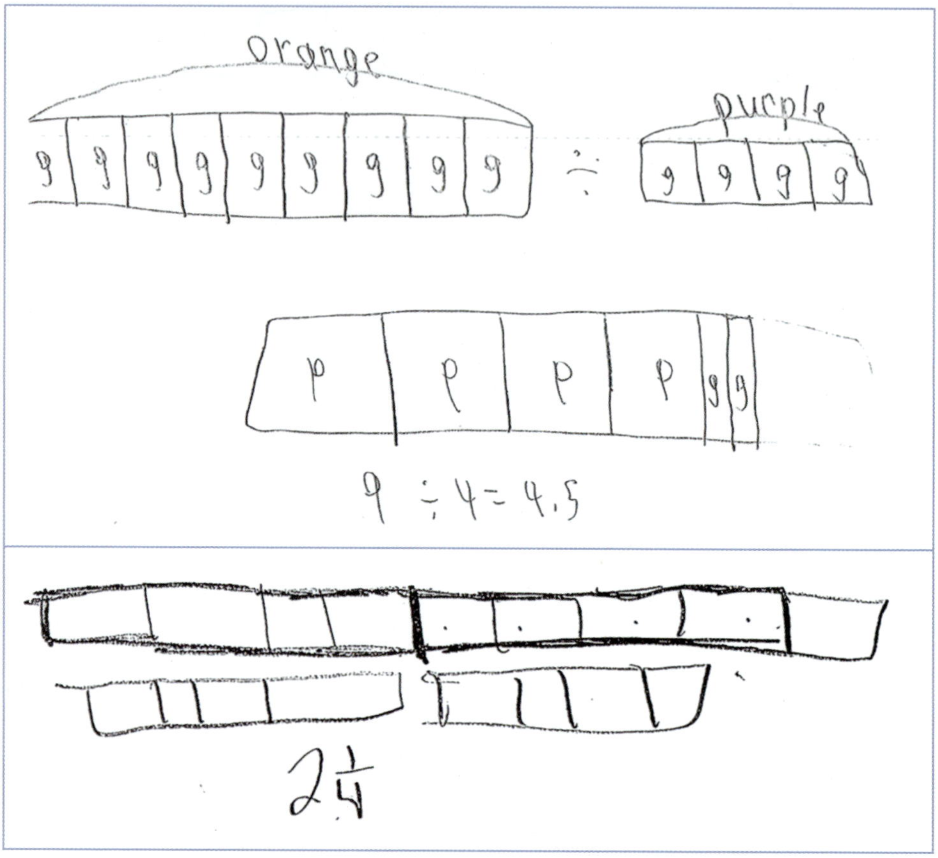

그림 3.6 과제 7에서 3단계 추론을 보여주는 학생 응답들

에 특화된 평가를 담고 있다. 13장은 단위 조정, 분수 지식, 대수적 추론과의 관계를 개괄적으로 다룬다.

이러한 장에서 담고 있는 활동들은 학생이 더 높은 단위 조정 단계로 나아갈 수 있도록 도움을 줄 수 있다. 단위 조정은 자연수 맥락에서 발달하기 시작하나 분수 맥락에서도 그러한 능력을 이어서 개발할 수 있다(Boyce and Norton, 2016). 일반적인 교육적 접근 방법의 방향은 학생들이 자신의 단계보다 더 많은 단위 수준을 조정할 필요가 있는 활동에 참여하도록 하는 것이다(Norton and Boyce, 2015). 학생들의 단위 조정 능력을 신장시킬 수 있도록 돕는 추가 교재로 iTunes에서 다운받을 수 있는 iPad용 CandyDepot라는 무료 앱을 소개한다(이 앱에 대한 더 많은 정보는 http://ltrg.centers.vt.edu 혹은 Norton, Boyce, Hatch, 2015를 참고하라).

04

1단계 학생 가르치기: 조각내기

영역 개관

분수는 조각내거나(fragment) 쪼갠(break apart)다는 어원을 갖고 있다(Merriam-Webster online, 2015). 아동은 우연히 바닥에 그릇을 떨어트리거나 의도적으로 부모님 혹은 형제자매와 쿠키를 나누어 먹는 행위를 통해 조각내기 개념을 형성할 수 있다. 분수를 만드는 중요한 심리학적 토대는 조각이 날 수 있거나 세분화될 수 있는 '무언가(stuff)'를 **균등하게**(equally) 배분하는 것이다(Empson and Levi, 2011; Piaget et al., 1960; Steffe and Olive, 2010; Streefland, 1991). 학생들의 균등 배분 방식은 초등학교 기간에 상당히 발전하고, 한 반에서 학생들은 매우 다양한 방법으로 균등 배분 문제를 해결할지도 모른다.

라일라라는 어린 학생이 점토로 된 직사각형 모양의 케이크를 자신과 몇몇 캐릭터 인형과 나누어 먹으려는 상황을 상상해 보자. 균등하게 배분한다는 것은 케이크를 부분으로 쪼개거나 나누어 선으로 표시하는 것이고 이를 우리는 **조각내기**라고 한다. 아동은 다양한 정교화 수준으로 조각내기를 보여주고(Steffe, 2010a:68-70), 균등하게 나누어져야 하는 수가 무엇인지에 따라 균등 배분 문제 상황은 학생들에게 상당한 어려움을 줄 수 있다. 예를 들어 만약 4개의 캐릭터 인형이 있다면(즉, 다섯 부분으로 나누어야 한다면), 라일라는 5개의 동일한 부분을 만드는 데 주목하며 모든 케이크를 사용해야 하는 것에는 주의를 기울이지 않을 수 있다. 혹은 모든 케이크를 사용하지만 균등한 부분으로 나누지 않을 수도 있다. 자신이 케이크를 모두 사용하지 않았다는 것 혹은 균등한 부분으로 나누지 않았다는 것에 신경을 쓰는 정도는 학생들의 조각내기 활동의 정교화 수준을 평가하는 중요한 지표가 된다.

케이크를 균등하게 배분하려는 시도는 다음의 중요한 질문을 제기한다. 할당 몫이 공평하다는 것을 어떻게 알 수 있을까? 라일라와 같은 아동이 모든 케이크를 사용하지만 동일한 부분으로 나누지 않았다면 (어른, 아이, 아이의 친구 혹은 형제자매) 누군가는 할당된 몫이 서로 같은지, 그중 하나가 케이크의 공평한 몫을 나타내는 것인지 궁금할 수 있다. 많은 학생은 이를 보이기 위해 나누어진 부분들을 쌓거나 한 줄로 세운다. 더욱 진전된 활동은 나누어진 부분 중 하나를 5번 반복하여 케이크 전체의 양과 같은지 살펴보는 것이다. 만약 같다면, 그 배분은 균등 배분을 나타내며 나머지 부분들은 그 부분의 크기로 '조정(adjusted)'될 수 있다.

단일 품목들(예, 케이크 1개)의 성공적인 균등 배분을 통해 학생들은 균등하게 배분하기 위해 수행한 조각내기 활동과 연결된 분수 언어와 분수 기호를 개발할 수 있다. 불행하게도 많은 고학년 학생들의 분수 언어와 분수 기호는 조각내기 활동과 분리되어 있고, 이는 이러한 학생들이 5명이 균등하게 케이크를 나누어 먹는 문제와 케이크의 5분의 1을 뽑는 문제에 대해 상당히 다른 답변을 한다는 것을 의미한다.

이 장은 균등 배분을 통해 분수 양을 가진 부분을 만드는 기원에 집중한다. 우리는 5개의 조각내기 수준을 소개하고 3장에서 말한 각 단계와 어떻게 연결되는지 설명하겠다. 또한, 조각내기 처음 세 수준 학생들을 도울 방법에 관해 안내한다.

조각내기와 분할하기

초등학교 학생들이 보여줄 수 있는 서로 다른 조각내기 수준에는 다섯 가지가 있다(Steffe, 2010a:68-70). 이러한 다섯 가지 조각내기 수준은 한 학급 내의 학생들에게 모두 관찰될 수도 있다. 이러한 수준은 분수를 만드는데 필요한 사고 방법에 관한 연구를 기반으로 한다(Piaget et al., 1960; Steffe and Olive, 2010). 특히 Piaget와 그의 동료들은 분수 개념을 구성하기 위해 학생들은 (1) 전체를 부분들로 쪼개고, 쪼개진 부분들을 다시 모을 수 있다는 의미에서 전체를 보존해야 하고, (2) 부분들은 모두 같은 크기여야 한다는 것을 알아야 하며, (3) 부분을 만드는데 적절한 수를 사용해야 하고(예, 5명을 위한 균등 배분이라면, 다섯 부분으로 나누어야 함), (4) 부분 간에 그리고 부분과 전체 간의 관계를 알아야 한다고 하였다. 이러한 사고방식은 부분 대 부분(part to part)과 부분 대 전체(part to whole) 관계를 아는 것으로 표현된다.

조각내기의 다섯 가지 수준(Steffe and Olive, 2010)은 Piaget와 그의 동료(Piaget et al., 1960)의 이러한 생각들을 통합한다. 이 수준은 또한 학생들의 수치적 지식과도 연결되는데, 이는 이들의 이산 단위와 합성 단위(단위의 단위)를 체계화한 방식이 이러한 단위들을 사용하여 길이를 부분으로 나누는 방법에 영향을 미치기 때문이다. 예를 들어, 몇몇 전수치적(pre-numerical) 단계의 학생들은 길이를 2개 혹은 3개의 부분으로 나눌 수 있지만 5개 혹은 그 이상으로 나누기 어려워한다. 나아가, 이렇게 나누어진 부분들은 서로 균등하지 않을 수 있다. 이러한 학생들은 **첫 번째 수준의 조각내기**에 해당한다. 우리가 말하는 전수치 단계는 수에서의 학습 프레임워(Wright et al., 2006a)에 소개한 창발적 세기(Emergent Counting), 지각적 세기(Perceptual Counting) 혹은 심상적 세기(Figurative Counting)의 단계에 있다는 것을 말한다.

이 장의 도입에서 소개한 라일라와 유사한 방법으로 나눈 학생들은 대표적인 **두 번째 수준의 조각내기**를 사용한 사례가 된다. 이러한 학생들은 균등한 부분으로 만들려는 목표와 모든 재료를 사용한다는 두 가지 목표를 함께 생각하는 것을 어려워한다. 즉, 첫 번째 목표에 집중하는 것이 다른 목표에 집중하는 것을 방해한다. 라일라와 같은 몇몇 학생들은 많은 시행착오를 통해 점차 성공적으로 두 목표를 조정하여 활용할 수 있다. 두 번째 수준의 조각내기는 초기 수 계열(Initial Number Sequence)을 구성했다는 것을 말하는데(Steffe, 2010b), 초기 수 계열은 아동의 지식이 수치적인지 보여주는 지표가 된다(Biddlecomb, 2002; Steffe, 1994; Wright, 1994; Wright et al., 2006a을 참고).

3개의 부분으로 나누는 문제에서 학생들이 두 가지 목표(균등한 부분으로 나누는 것, 모든 재료를 사용하는 것)를 동시에 주목하여 사용할 수 있다면, 이 학생들은 **세 번째 조각내기 수준**을 보여준다. 이러한 학생들은 더 많은 수의 부분으로 나누어야 할 때도 이 두 가지 목표를 함께 생각할 수 있지만, 두 가지 목표를 조정하는 과정에서 자주 시행착오를 겪는다. 세 번째 수준의 조각내기가 가능한 학생들은 3장에서 말한 1단계 학생들과 대응한다. 여기서부터 우리는 학생들의 행동을 설명하기 위해 '분할하기(partitioning)'를 사용하겠다. 우리는 분할하기를 학생들이 규칙적으로 두 가지 목표(균등한 부분으로 나누고 모든 재료를 사용하기)를 조정하고 나누어진 것이 균등한지 정당화하는 방법을 개발하기 시작하는 특수한 종류의 조각내기로 본다.

네 번째 조각내기 수준에서 학생들은 (온당한 범위 내에서) 어떠한 수로 나누어지는 부분들에 대해서도 두 가지 목표를 함께 생각한다. 네 번째 조각내기 수준은 3장에서 설명한 2단계에서 조작하는 학생들과 대응한다. 이러한 학생들은 균등하게 나누어진 전체의 어떠한 부분도 필요한 수만큼 반복하여 전체를 복원할 수 있다는 것을 안다. 따라서 필요한 만큼 반복된 어떤 부분이 전체를 복원하지 않는다면, 이는 균등 배분이 아니다. 예를 들어, 드웨인이 점토 케이크를 그와 4개의 캐릭터 인형과 함께 공평하게 나누어 먹으려 한다고 가정하자. 그는 5개의 몫을 막대에 나타내었다(그림 4.1, 상단). 만약 드웨인 혹은 다른 누군가가 각 부분의 크기가 서로 같은지 물었다면 드웨인이 할 수 있는 한 가지 방법은 하나의 부분을 선택하여 이를 5번 반복하고 전체를 복원할 수 있는지 보는 것이다. 예를 들어, 그림 4.1의 하단에 있는 직사각형은 드웨인이 전체 막대를 복원할 수 있는지 확인하기 위해 상단 막대에서 왼쪽 두 번째 부분을 선택하여 이를 5번 반복한 것을 보여준다. 드웨인을 포함한 이와 같은 학생들의 행동은 등분할하기(equi-partitioning)라고 부를 수 있다.

그림 4.1 등분할하기

다섯 번째 조각내기 수준은 4개의 막대를 6명이 균등하게 배분하는 문제와 같이 여러 개의 무언가를 여러 사람이 공평하게 나누어 갖는 문제 상황에서 나타난다. 세 번째와 네 번째 수준에서 조작하는 학생들도 이러한 종류의 균등 배분 문제에 참여할 수 있다. 이러한 문제를 어떤 특정한 방식으로 해결했을 때 우리는 학생들이 다섯 번째 조각내기 수준을 보여준 것이라고 하며, 이는 3단계에서 조작하는 학생들과 대응된다. 우리는 9장에서 이 문제들과 이에 대한 학생들의 응답들을 다룰 것이다. 단계와 그에 해당하는 조각내기 수준을 표 4.1에 요약하였다.

표 4.1 단계와 조각내기 수준

(3장의) 단계	조각내기 수준	특징
0	1과 2	어떠한 길이를 2개 혹은 3개의 부분으로 (그 이상은 안 됨) 표시하지만 이러한 부분은 대개 서로 균등하지 않다. 균등한 부분으로 나누고 모든 재료를 소진하는 두 가지 목표를 함께 생각하기 어려워한다.
1	3	3개의 부분으로 나누는 여러 상황에서 균등한 부분을 만들고 모든 재료를 소진하는 2개의 목표를 조정하여 사고한다. 더 많은 수의 부분에 대해서도 시행착오를 통해 2개의 목표를 조정할 수 있다.
2	4	(합리적인 범위 내의) 어떤 수에 대해서도 나누어지는 부분에 대해 각 부분이 균등해야 하며 전체를 모두 소진해야 한다는 2개의 목표를 조정하여 사고한다. 즉, 전체의 어떠한 균등한 부분도 전체를 복원하는 데 필요한 수 만큼 반복될 수 있다는 것을 이해한다.
3	5	9장에서 다루는 분배 추론을 수반하는 방법들을 통해 여러 개의 항목을 여러 사람에게 균등하게 배분할 수 있다.

배분의 균등성(equality of shares) 평가

"공평하게 나누었는지 어떻게 알 수 있을까?"와 같은 발문은 균등 배분 문제 활동에 참여하는 학생들에게 매우 중요한 프롬프트를 제공한다. 첫 번째 조각내기 수준 학생은 이를 의미 있는 질문이라 생각하지 못할 수 있다. 이 수준의 학생은 나누어진 부분들을 잘라 이들을 한 줄로 세우거나 서로 겹치는지 확인하기 위해 차곡차곡 쌓아 볼 수 있다(그림 4.2). 두 번째와 세 번째 조각내기 수준의 학생들 역시 이와 아주 유사한 방식을 보여줄 것이다.

이 방법은 부분들끼리 서로 비교했을 때 일치하면 균등하다는 사고방식을 기초로 한다. 하지만 전체를 5개의 균등한 부분으로 만드는 생각에는 이러한 부분 중 어떠한 것을 5번 반복해도 전체를 만들 수 있다는 생각이 깔려있어야 해서 위와 같은 생각은 중요하지만, 분수 지식 발달에 충분하지는 않다. 이러한 사고방식은 $\frac{1}{5}$을 5번 반복하여 1을 만들기 위한 길을 열어주지만 조각내기 처음 세 수준 학생들에게

그림 4.2 균등함을 확인하기 위해 부분들을 분리하여 한 줄로 세우기

는 아직 가용한 생각이 아니다.

네 번째, 다섯 번째 조각내기 수준의 학생들은 균등한 배분을 하였는지 판단하기 위해 다른 방법을 개발할 수 있지만 이러한 행동은 자발적이지는 않고 이러한 사고를 개발할 만한 기회가 제공되어야 한다. "공평하게 나누었는지 어떻게 알 수 있을까요?"라는 발문 자체는 충분한 프롬프트가 되지 않을 수 있고, 하나의 나눈 조각을 선택하여 "이 부분이 공평한 몫인지 어떻게 알 수 있을까요?"와 같은 질문을 하는 것이 중요하다. 예를 들어, 패트리스라는 학생이 그림 4.3에서 보이는 것처럼 5개로 균등 배분을 시도했다고 하자. 교사는 패트리스에게 공평하게 나누었는지 물어보았고 패트리스는 즉시 그렇지 않다고 대답하였다. "이 중 어느 한 부분이 5명의 사람에게 공평하게 나누어 줄 수 있는 몫이 될 수 있을까요? 어떻게 알 수 있나요?"와 같은 질문은 좋은 후속 질문이다. 학생들이 이와 같은 질문을 어려워한다면, 그들이 취할 수 있는 행동을 제안해 주는 방법도 고려할 수 있다. 예를 들어, "이 부분(균등하게 배분된 부분이 아닌 다른 한 부분)이 공평한 몫인지 확인하기 위해 이 부분을 사용하여 이 막대(동일한 크기의 다른 막대) 위로 선을 그어 표시할 수 있겠니?"

질문: "이 중 어느 한 부분이라도 5명에게 공평하게 나누어 줄 수 있는 몫이 될 수 있다고 생각하나요? 어떻게 알 수 있나요?" 혹은 "(가리키며) 첫 번째 부분이 공평하게 나누어진 몫인지 확인하기 위해 이를 사용하여 이 막대(동일한 크기의 다른

막대)를 나누고 나누어진 부분 각각을 표시할 수 있나요?"

그림 4.3 공평하게 나누기

구체적인 몫을 특정하여 이에 대해 질문하는 것은 우리가 '반복하기'라고 부르는, 즉 균등한 배분인지를 판단하거나 작은 분수에서 큰 분수를 만들기 위한 목적으로 한 부분을 여러 번 반복하는 활동을 개발할 기회를 제공한다. 또한 특정한 몫에 대한 구체적인 질문은 학생들에게 우리가 '분리하기'라고 부르는 정신적으로 전체를 온전히 유지하며 전체에서 한 부분을 분리하는 행동을 개발할 기회를 제공한다. 조각내기 처음 두 수준의 학생은 반복하기 혹은 분리하기를 보여줄 가능성이 작다 (Steffe and Olive, 2010). 세 번째 조각내기 수준의 학생은 반복하기를 학습하여 사용할 수 있지만, 아직 분리하지는 못한다(Hackenberg, 2013; Steffe and Olive, 2010). 조각내기 네 번째와 다섯 번째 수준의 학생은 반복하기와 분리하기를 모두 보여줄 수 있다. 이 장에서 우리는 처음 세 수준의 조각내기 학생들에게 집중할 것이며, 네 번째와 다섯 번째 수준의 학생들에 대해서는 후속 장에서 다루겠다.

조각내기 처음 세 수준 학생 가르치기

일반적으로 조각내기의 처음 세 수준 학생들에게는 그들의 조각내기 활동과 자연수 지식을 연결하게 해 줄 것을 권고한다. 이러한 목표를 이루기 위해 세 가지 문제 유형을 사용할 수 있다. 이 문제들은 네 번째와 다섯 번째 수준의 학생에게도 사용할 수 있지만, 이들의 답변과 처음 세 수준의 학생의 답변은 다를 것이다.

1 조각내기 문제 유형: 균등 배분하기

첫 번째 문제 유형은 학생들에게 하나의 길이 혹은 넓이를 나타내는 양(우리는 직사각형 모양의 막대를 추천한다)을 여러 명이 공평하게 나누어 갖도록 하고, 그 배분이 균등한지 정당화하도록 하는 것이다. "여러 사람이 공평하게 나누어 가지려고 합니다. 모두 공평한 크기의 조각을 갖게 되었나요? 어떻게 알 수 있을까요?"와 같은 질문은 좋은 질문이라 할 수 있다. 우리는 이미 이 장의 처음 두 절에서 이와 같은 유형의 과제에 대한 학생의 응답을 논의하였다.

여기서 교사는 학생이 조각내기와 분할하기를 포함한 균등 배분 경험을 학생 자신의 분수 언어와 연결할 수 있도록 분수 언어를 소개해 주어야 한다. 예를 들어, 학생이 직사각형 모양의 샌드위치를 세 사람이 공평하게 나누고 공평한 배분을 했는지 정당화해야 할 때, 교사는 학생에게 한 사람의 몫을 "3개의 (균등한) 부분 중 하나"라고 부를 수 있다고 알려줄 수 있다. 이러한 문제들을 계속해서 해결해 가는 과정에서 교사는 "3개의 (균등한) 부분 중 하나의 부분"이라는 표현을 사용할 수 있다. '균등한'이란 단어를 괄호 안에 넣은 이유는 맥락에 따라 생략할 수 있기 때문이다. 이렇게 수 언어로 표현하는 것을 추천하는 이유는 이러한 표현이 3개의 균등한 부분 중에서 하나의 부분을 가져가는 행동을 담고 있기 때문이다. 우리는 처음 세 수준의 조각내기 학생들에게 어떠한 행동도 담고 있지 않은 "3분의 1"이라는 표현은 사용하지 않는 것을 권고한다.

학생이 균등 배분 과제와 균등하게 나눈 몫을 "3개의 (균등한) 부분 중 하나의 부분"처럼 표현하는 데 익숙하다면 교사는 $\frac{1}{3}$과 같은 표기법을 소개하고 이러한 표기법이 "3개의 (균등한) 부분 중 하나"라는 의미라고 말해 줄 수 있다. 우리는 이러한 분수 언어와 기호의 소개 방식이 수학화의 11개의 영역 중 **표기하기**와 **형식화하기** 2개의 영역을 강조하는 것이라 본다. 즉, 학생의 사고방식을 기반으로 하고 분수 지식을 구성하는데 필수적인, 부분과 전체의 관계 혹은 이들 간의 비교를 강조하기 때문에 **표기하기**를 강조하는 것이고, 교사가 $\frac{1}{3}$과 같은 형식적인 기호를 소개하기 때문에 **형식화하기**에 해당하기도 한다.

2 조각내기 문제 유형: 단위 분수 그리기

학생이 분수 표기법을 포함한 분수 언어로 자신의 균등 배분 경험에 대해 말하기 시작할 수 있다면, 교사는 분수 언어를 포함하는 문제들을 제기할 수 있다. 두 번째 문제 유형은 학생에게 하나의 길이 혹은 넓이를 나타내는 양에서 어떤 단위 분수만큼을 그리고 자신이 그린 양이 그 단위 분수인지 정당화하는 것이다.

다음의 문제를 생각해 보자.

'단위 분수 그리기 문제': 여기 (직사각형 혹은 막대 모양의) 당근 케이크가 있습니다. 몰리 가족은 당근 케이크를 [2개, 3개, 4개, 5개]로 공평하게 나누어 이 중 1조각을 먹으려고 합니다.

a) [2개, 3개, 4개, 5개]로 공평하게 나누어진 당근 케이크 중 1조각을 그릴 수 있나요?
b) 그 양이 [2개, 3개, 4개, 5개]로 공평하게 나누어진 당근 케이크 중 한 부분이라는 것을 어떻게 알 수 있을까요?

첫 번째 조각내기 수준 학생에게는 절반(one-half) 개념이 다른 분수 지식보다 앞서 발달하기 때문에(Behr et al., 1984; Hunting and Davis, 1991), 위의 문제에서 2개의 균등한 부분 중 하나를 찾는 상황을 제공하는 것이 더 적절할 수 있다. 그러나 첫 번째 수준의 학생이 막대를 2개의 부분으로 나누더라도, 그 두 부분이 균등하지 않을 것으로 생각한다. 또 다른 방법으로 학생은 '2개의 균등한 부분 중 하나'에서 '2개'라는 점에 주목하여 막대에 2개의 표시를 할 수 있다(결론적으로 3개의 부분으로 됨). 이러한 학생은 자신이 주어진 막대의 2개의 부분 중 1부분을 만들었다는 것을 정당화하기 위해 부분들 간의 균등성(equality)을 탐구할 어떠한 논리적 필요성(logical necessity)도 느끼지 못할 것이다.

두 번째 조각내기 수준의 학생에게는 2개의 부분 중 하나 혹은 3개의 부분 중 하나를 찾는 상황이 적절한 선택일 수 있다(Biddlecomb, 2002). 2개의 부분 중 하나를 선택하는 경우를 보자. 이 수준의 학생은 막대의 절반보다 조금 더 크거나 작은 막대를 그리기 쉽다(그림 4.4).

당근 케이크 1개를 둘로 똑같이 나누고 그중 1개의 부분을 그리는 문제에 관한 조각내기 2수준 학생의 응답

그림 4.4 균등한 하나의 부분을 그리려는 시도

위와 같은 학생에게 자신이 그린 양이 2개의 부분 중 한 부분이 된다는 것을 어떻게 알 수 있는지 묻는다면, 학생은 자신이 그린 막대를 사용하여 원래 막대에 한 부분을 표시하고, 표시한 부분을 접어서 판단할 수 있다(그림 4.5).

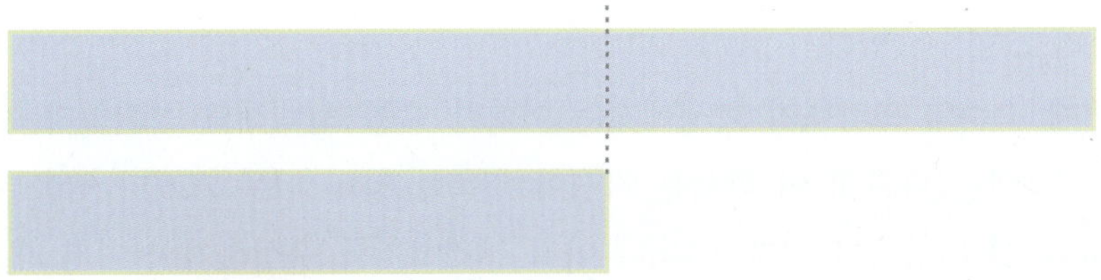

그림 4.5 원래 막대(original bar)에 표시하고 접기

원래 막대에 생긴 2개의 부분이 서로 같지 않더라도 학생은 자신이 추측한 양이 두 부분으로 공평하게 나누어진 케이크에서 하나의 부분이고 (그린 부분보다 조금 더 작은) 원래 막대에서의 나머지 부분도 2개로 똑같이 나누어진 부분 중 하나라고 주장할 수 있다(Biddlecomb, 2002). 즉, 이 학생은 적절한 개수의 부분을 만들 수 있고, 균등하게 나눈다는 것은 전체를 쪼개고 다시 모으는 활동이 수반된다는 것을 안다. 즉, 전체를 보존해야 한다는 것을 안다. 그러나 이 학생은 균등한 크기의 부분으로 만들어야 한다는 필요성까지는 보이지 않는다. 교사는 학생에게 2개의 부분이 서로 같은 크기여야 하는지 물어볼 수 있다. 이 수준의 몇몇 학생은 부분의 크기가 서로 같아야 한다고 말은 하면서도 앞서 우리가 설명한 방식과 유사한 행동을 계속 보일 수 있다는 점에 유의해야 한다.

반대로, 만약 자신이 한 사람의 몫이라 생각한 부분과 그만큼의 다른 한 부분을 합한 양이 전체 막대보다 작을 경우, 학생은 원래의 막대에서 2개의 부분을 각각 표시하고 나머지 부분은 잘라내 버릴지도 모른다(그림 4.6).

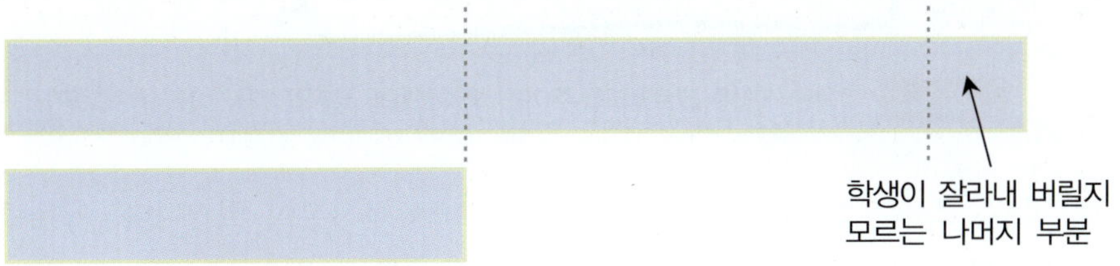

그림 4.6 원래 막대에 2번 표식하고 나머지를 잘라내기

이 경우 학생은 정확한 수의 부분으로 만들었을 뿐 아니라 2개의 균등한 부분을 만들었지만, 전체를 보존하지는 않았다. 교사는 이러한 학생에게 케이크 전체를 똑같이 2개의 부분으로 나눈 것 중의 1개의 부분을 만들어 보라고 할 수 있다. 즉, 교사는 학생에게 잘하고 있지만, 이번에는 케이크에서 일부분을 잘라내지 말고 다시 시도해 보라고 할 수 있다.

세 번째 수준의 조각내기 학생에게는 어떠한 수를 선택해도 상관없다. 두 번째 수준의 학생과는 다르게 이 학생은 자신이 추측한 양이 너무 크거나 작을 때 이를 조정(adjust)할 가망성이 크다. 그러나 아직 분리하기를 구성하기 전이기 때문에 개념적으로 전체를 온전히 유지한 채로 한 부분을 분리할 수 없다. 이에 막대를 분할하고 부분으로 쪼개었을 때, 이러한 부분들을 사용하여 전체를 만들지 않는다. 다시 말해 학생의 추론은 분할하기(partitioning) 정신 활동에 모두 소진되기 때문에, 전체와 부분 간의 관계를 유지하며 부분을 후속 추론에 사용할 수 있는 정신 활동의 결과로 한발 떨어져서 보기 어렵다(Olive and Vomvoridi, 2006).

또한, 이 세 수준 중 어느 수준의 학생에 대해서도 교사는 학생이 조각내기와 분할하기를 개발할 수 있도록 균등 배분 문제 상황으로 되돌아올 수 있다. Hackenberg (2013)가 코트니라는 7학년 학생에게 세 부분 중 하나에 대한 단위 분수 그리기 문제를 제시하였을 때 이 학생은 케이크에서 '3개의 작은 조각들'을 뽑고 케이크의 나머지 양을 $\frac{1}{3}$이라고 하였다(그림 4.7). 즉, 우리 관점에서 코트니의 3분의 1 그림은 주어진 막대의 $\frac{3}{4}$보다 더 크다.

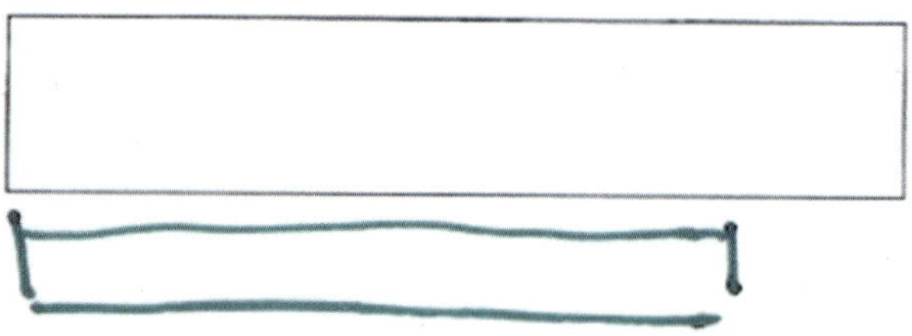

그림 4.7 7학년 학생 코트니의 주어진 케이크의 3분의 1을 나타낸 그림

이 경우, 교사는 "그래요. 여기 또 다른 케이크 복사본이 있습니다. 이를 3명의 친구와 어떻게 나눌 수 있을까요?"와 같은 배분 상황과 관련된 언어를 다시 사용하는 것이 중요하다. 두 번째와 세 번째 조각내기 수준의 많은 학생은 이 문제를 분수양을 나타내야 하는 상황보다 더 쉽다고 생각할 수 있다. 이러한 문제에서 학생이

균등한 배분을 하게 되면, 교사는 계속해서 공평하게 나눈 부분 중 하나에 분수 이름을 붙이고 분수 기호를 적게 하며 학생을 도울 수 있다.

3 조각내기 문제 유형: 부분들로부터 전체 만들기

세 번째 문제 유형은 학생에게 부분을 반복하여 전체를 만들도록 하는 것이다. 우리 관점에서 이러한 문제 유형은 첫 번째 조각내기 수준을 넘어선 학생에게 더욱 유용하다.

아래의 문제를 살펴보자:

'전체 만들기 문제': 여기에 호박 케이크 전체가 있고 이 호박 케이크를 1개, 2개, 3개, 4개, 8개, 12개의 균등한 부분으로 나눈 것 중 하나의 부분이 있습니다(그림 4.8).

a) [교사가 하나의 부분을 선택하여] 이 ______를 사용하여 전체 케이크를 만들 수 있을까요?
b) 얼마나 많은 부분을 사용해야 하는지 어떻게 알았나요?
(Biddlecomb, 2002를 참고함)

그림 4.8 '전체 만들기 문제'에 대한 그림

두 번째와 세 번째 조각내기 수준의 학생에게는 적어도 처음에는 2개 중 하나, 3개 중 하나, 4개 중 하나인 상황에서 시작하는 것이 좋을 수 있다. 이 학생은 필요한 부분의 개수를 파악하기 위해 시각적인 비교가 필요할 수도 있지만 어렵지 않게 전체 호박 케이크를 만들기 위해 부분을 필요한 만큼 반복할 것이다. 학생이 이와 같은 문제를 더 접하게 되면 교사는 크기가 더 작은 부분을 시도할 수 있다. 이러한 문제들을 사용하는 목적은 만약 주어진 분수가, 예컨대, 전체 4개의 부분 중 하나라면 이 부분 4개는 전체를 만든다는 관점을 신장시키기 위해서이다. 비록 이것이 교사에게는 당연해 보일 수 있지만, 두 번째와 세 번째 조각내기 수준 학생에게 이러한 관점은 사고의 진전이다.

평가 과제 모음

평가 과제 모음 목록

평가 과제 4.1: 1개를 균등 배분하기

평가 과제 4.2: 하나의 균등한 몫 만들기

평가 과제 4.3: 하나의 막대에서 단위 분수를 만들고 그 양을 정당화하기

평가 과제 4.4: 연결된 수 만들기(Making Connected Numbers)

평가 과제 4.5: 분할된 막대에서 단위 분수를 만들고 그 양을 정당화하기

(Biddlecomb, 2002를 참고함)

평가 과제 4.1 1개를 균등 배분하기

수업 재료 | 카드보드지로 만든 다양한 종류의 직사각형과 동일한 크기의 복사본, 필기도구, 가위

활동 | 학생들에게 (영양바 혹은 케이크를 나타낼 수 있는) 직사각형 중 1개를 임의의 사람 수만큼 공평하게 나누라 하고, 그 결과에 관해 설명하도록 한다. 균등한 배분을 했는지 어떻게 아는가? 하나 이상의 방법으로 정당화할 수 있는가? 나누어진 부분 중 어느 한 부분도 모든 사람에게 나누어 줄 수 있는 공평한 몫이 될 수 있는가? 그렇다는 것을 어떻게 아는가?

유의사항

- 첫 번째, 두 번째, 세 번째 조각내기 수준의 학생에게는 2개, 3개로 나누

는 균등 배분 상황으로 시작하는 것이 중요하다.

- 2개 이상으로 균등하게 배분하도록 하였는데 2개 이상의 균등한 부분으로 만들지 않는다면, 이는 이 학생이 첫 번째 조각내기 수준임을 보여주는 지표이다.
- 만약 학생이 공평한 배분을 하거나 (남김없이) 직사각형 전체를 모두 사용하였지만, 이 두 가지 목표를 함께 성취하지 않았다면, 이는 두 번째 조각내기 수준임을 보여주는 지표이다.
- 만약 학생이 (2, 3, 혹은 4의) 작은 수로 균등 배분하지만 (5-10와 같은) 더 큰 수로 균등 배분하기 어려워한다면, 이는 이 학생이 세 번째 조각내기 수준임을 보여주는 지표이다.
- 전체를 모두 사용하며 균등 배분하고 하나의 부분을 반복하기(되풀이하기)를 통해 자신의 답을 확인하는 학생은 네 번째 혹은 다섯 번째 조각내기 수준일 가능성이 크다.

평가 과제 4.2 하나의 균등한 몫 만들기

수업 재료 | 카드보드지로 만든 다양한 종류의 직사각형과 동일한 크기의 복사본, 필기도구, 가위

활동 | 학생들에게 직사각형 중 1개를 자신과 2명의 친구, 총 3명의 사람에게 공평하게 나누라고 한다. 이번에는 자신의 할당 몫을 나타내기 위해 오직 하나의 표시만 해야 한다. 학생들에게 결과를 평가하고 검토하도록 한다. 3명의 사람을 위한 균등 배분을 하였다고 생각하는가? 어떻게 알 수 있는가? 이를 다른 동료에게 어떻게 정당화하는가?

유의사항

- 이 과제를 완벽하게 해결하기 위해서는 분리하기 조작이 필요하므로 1단계 학생에게는 어려운 과제이다. 그러나 그 말은 1단계 학생이 이러한 활동을 통해 2개의 단위(부분과 전체)를 어떻게 조정하는지 평가할 수 있는 좋은 과제라는 것이다.
- 세 번째 조각내기 수준의 학생은 첫 번째로 표시한 부분을 추측하고 이를

놓치지 않기 위해 자신의 손가락을 사용하여 그 길이만큼씩 직사각형에 표시하는 것을 상상하며(즉, 그 길이를 반복하며) 과제를 해결할 수도 있다.

- 네 번째와 다섯 번째 수준의 학생은 부분을 반복하는 것을 상상하며 자신의 추정치를 검토할 필요성을 느낄 수도 있지만, 대개 별다른 활동 없이도 정확한 추정을 할 수 있다.

평가 과제 4.3 하나의 막대에서 단위 분수를 만들고 그 양을 정당화하기

수업 재료 | 아무런 표시가 없는 분수 막대들(길고, 얇고, 직사각형 모양의 종이 막대들, 부록 참고)과 여러 개의 동일한 크기의 직사각형 복사본, 필기도구

활동 | 학생들에게 직사각형 막대가 바나나 식빵을 나타낸다고 말하고, 어떤 특정한 한 식빵의 (2개의 균등한 부분 중 한 부분과 같은) 단위 분수만큼의 양을 나타내라 한다. 학생들은 자신들이 그린 그림이 2개의 균등한 부분 중 1부분이라는 것을 어떻게 아는가? 하나 이상의 방법으로 정당화할 수 있는가? 다른 단위 분수들을 이용하여 동일한 활동을 하여라.

유의사항

- 학생이 2개의 균등한 부분 중 하나에 대한 과제를 성공적으로 해결한다면, 3개의 균등한 부분 중 하나와 4개의 균등한 부분 중 하나를 묻는 과제들을 물어본다.
- 이 과제는 특히 세 번째 조각내기 수준에서 조작할 수 있는 학생인지를 판단하는 데 적절하다. 이 수준의 학생은 (1) 단위 분수 부분이 전체를 소진하면서 (2) 적절한 개수의 단위 분수 부분이 전체에 들어갈 수 있는지를 검토하기 위해 단위 분수 부분을 반복하는 것을 배울 수 있다.

평가 과제 4.4 연결된 수(connected numbers) 만들기

수업 재료 | 두꺼운 카드보드지 혹은 플라스틱으로 만든 작고 얇은 직사각형, 종이, 필기도구

활동 | 학생들에게 자신에게 주어진 (플라스틱) 직사각형을 종이 위에 얹어 그 둘레를 따라 그리도록 하고 이 1단위 길이(1 length unit)를 1-막대(1-stick)로 부른다. 1-막대의 2배인 막대를 만들 수 있는지 질문한다. 학생들이 막대를 하나 더 그리면 된다고 하면, 그렇게 하도록 하고 이를 2-막대로 부르도록 한다. 그리고 1-막대의 3배인 막대를 만들 수 있는지 물어본다. 직사각형 3개를 이은 막대를 만든다면, 이를 3-막대라고 부르기로 하자. 이들에게 4-막대를 만들 수 있는지 묻고 하나 이상의 방법으로 만들 수 있는지 묻는다. 이들은 3-막대와 1-막대를 결합하거나 혹은 2-막대를 2번 복사할 수 있다. 만약 1-막대를 4번 반복한다(repeat)면, 이는 반복하기(iterate)의 징후일 수 있다.

유의사항

- 교사는 John Olive의 웹페이지(math.coe.uga.edu/olive/welcome.html)에서 무료 온라인 앱 JavaBars를 사용하여 유사한 과제를 제시할 수 있다.
- 이 평가 활동에서 학생은 연속 단위를 여러 번 반복하여 만들어진 연속 단위 계열(sequence of continuous wholes)인 이른바 '연결된 수'를 만든다. 이는 학생이 이산적인 자연수 개념을 재조직하여 수직선의 초기 개념인 길이의 집합을 만들 수 있도록 하므로 중요하다(Steffe and Olive, 2010).
- 조각내기 처음 세 수준의 학생들은 1-막대로부터 분리하여 2-막대를 만들지 못할 수도 있다. 즉, 이들은 자신들이 이미 그린 하나의 단위에 다른 하나의 단위를 연결하여 2-막대를 그릴 수도 있다. 이들이 이러한 행동을 하는 한 가지 이유는 원래의 단위를 이의 2배의 길이를 갖는 단위와 관련하여 그 자체로 하나의 길이를 갖는 단위로 생각할 수 있게 하는 분리(disembedding)하기를 하지 않았기 때문일 수 있다. 만약 이러한 일이 발생한다면, 평가의 차원에서 메모를 해두는 것이 중요하다. 그러나 이 과제를 학생들이 계속 도전할 수 있도록 "아, 그런데 종이에 아까 그려둔 1-막대가 사라졌네요. 1-막대와 2-막대를 모두 가질 수 있도록, 1-막대를 다시 그려줄 수 있나요?"와 같은 질문을 할 수 있다. 만약 학생들이 이러한 질문들도 이해하기 어려워한다면, 1-막대를 따로 그려주고 학생들이

이를 이해할 수 있는지 시도해 보아라.

- 많은 1단계 학생은 바로 앞서 그린 막대에 1-막대를 결합하여 연결된 수를 만들 것이다. 이러한 방법을 사용하는 것도 확실히 괜찮지만, 목표가 되는 막대를 만들기 위한 1개 이상의 방법을 생각해 보라고 하는 것은 이들에게 더 많은 가능성을 열어줄 수 있다.

평가 과제 4.5 분할된 막대에서 단위 분수를 만들고 그 양을 정당화하기(Biddlecomb, 2002에서 참고)

수업 재료 | 8개 혹은 12개와 같이 6개보다 더 많은 개수의 균등한 부분으로 분할된 여러 개의 직사각형 카드보드지. 우리는 이 직사각형을 8-막대(8-bars) 혹은 12-막대라고 부를 것이다. 필기도구와 여분의 종이 역시 필요하다.

활동 | 8-막대를 둘로 균등하게 나누었을 때의 1부분에 해당하는 막대를 그려보도록 한다. 8-막대를 둘로 균등하게 나눈 부분 중 하나인지 어떻게 아는가? 다른 방법으로 8-막대를 2개의 균등한 부분으로 나누고 그중 1부분을 나타낼 수 있는가? 새로운 막대가 8-막대를 2개로 균등하게 나눈 부분 중 하나라는 것을 어떻게 아는가?

유의사항

- 학생은 아무런 표시가 없는 막대를 그리고, 이 막대에 표시하여 8-막대로 변형할 수 있다(Biddlecomb, 2002). 만약 그렇다면 이는 이 학생이 이 막대를 8개로 나누어진 부분으로 생각하지 않는다는 지표이다.
- 만약 학생이 8-막대에서 4개의 부분에 색칠하거나 표시한다면, 이는 학생이 자신의 자연수 지식(4는 8을 2개로 공평하게 나눈 부분 중 1부분)과 부분에 관한 생각을 조정하고 8-막대를 8개로 나누어질 수 있는 부분으로 생각한다는 지표이다.
- 학생은 또 다른 방법으로 8-막대에 다른 4개의 부분을 색칠하여 2개의 균등한 부분 중 1부분을 만들지도 모른다. 만약 학생이 4를 만들었다고 말하면, 이는 학생이 이 중 어느 4개의 부분도 취할 수 있고 이를 8-막대와 관련된 단위로 생각할 수 있다는 신호이다. 이는 첫 번째 혹은 두 번째

조각내기 수준의 학생이 합성 단위(composite unit)를 구성했다는 신호일 수 있다(Biddlecomb, 2002).

수업 활동

수업 활동 목록

활동 4.1: 영양바를 공평하게 나누기

활동 4.2: 오직 너만의 몫 만들기

활동 4.3: 제과점에서 케이크 자르기

활동 4.4: 연결된 수와 활동하기

활동 과제 4.1 영양바를 공평하게 나누기

학습 목표 | 학생들은 균등한 배분을 하고 정당화하는 방법을 배울 것이고, 그렇게 함으로써 조각내기와 분할하기의 수준이 발달될 것이다.

수업 방법 | 학생들은 교사의 설명과 함께 짝을 지어 활동한다.

수업 재료 | 동일한 크기의 여러 복사본을 갖는 카드보드지로 만든 다양한 직사각형, 필기도구, 가위, 1-5 혹은 1-6이 적힌 주사위 혹은 돌림판

수업 안내 | 학생들에게 짝과 함께 영양바를 나타내는 같은 크기의 직사각형 2개를 선택하도록 한다. 한 학생은 주사위를 던지거나 돌림판을 돌려 몇 사람이 막대를 나누어 가지게 되는지 결정한다. 숫자가 결정되면, 학생 각자 균등한 배분을 해본다. 각자의 균등 배분 활동이 끝나면 서로에게 자신의 결과를 보여주고 누가 균등한 배분을 하였고, 모든 영양바를 사용하였는지 함께 결정한다(두 학생 모두가 될 수도 있고, 둘 중 아무도 아닐 수 있고, 둘 중 하나일 수도 있음). 만약 막대가 균등하게 나누어지지 않았다고 판단되면 "막대 중 어느 1부분도 ____명의 사람이 똑같이 나누어 가질 때, 한 사람의 몫이 될 수 있다고 생각하나요? 이를 어떻게 알 수 있나요?"와 같은 질문에 모두 답해야 한다. 만약 막대가 공평하게 나누어졌다면, 이것이 공평한 배분인지 어떻게 알 수 있는지 설명하고 그중 1부분에 대한 이름을 지어주어야

한다. 이 활동에서 중요한 것은 균등한 배분을 하였다는 것을 어떻게 알 수 있는지에 대한 학생들의 논의를 듣기 위한 교사의 순회지도이다. 따라서, 어느 정도의 시간은 학생들의 정당화 방법들을 공유하기 위한 전체 학급 논의에 쓰여야 한다.

응답, 변형, 확장

- 학생이 모든 직사각형을 사용하지 않는다면, 교사는 학생에게 영양바 전체를 배분하도록 다시 시도해 보라고 요청할 수 있고, 이는 학생이 직사각형 전체를 균등하게 나누는 것이 목표라는 것을 이해하는 데 도움을 줄 수 있다.
- 많은 학생은 2개의 균등한 부분(절반)을 만들 수 있지만, 더 큰 숫자만큼 분할하는 것을 어려워할 수 있다. 이러한 활동을 통해, 학생들은 그들이 분할할 수 있는 **수의 범위를 확장하는 것**을 시작할 수 있어야 한다.
- 이 활동은 또한 미국의 공통 핵심 주 규준(Common Core State Standards) 2.G.3[1)]에 제시된 것처럼 넓이 분할하기와 같은 기하 규준과 연결된다.

활동 4.2 오직 너만의 몫 만들기

학습 목표 | 막대 1개를 몇몇 사람이 공평하게 나누어 갖는 문제 상황에서 자신들의 몫을 막대에 표시하는 활동을 통해 반복하기와 분리하기 능력을 신장한다.

수업 방법 | 짝을 지어 둘씩 할 수 있는 게임

수업 재료 | 카드보드지로 만든 다양한 직사각형과 이와 동일한 크기의 여러 복사본, 필기도구, 가위, 1-5 혹은 1-6이 적힌 주사위 혹은 돌림판

수업 안내 | 짝과 함께 학생들은 영양바를 나타내는 2개의 직사각형을 선택한다. 첫 번째 차례에서는 몇 명이 막대를 나누어 가져야 할지 결정하기 위해 교사가 주사위를 던진다(혹은 돌림판을 돌린다). 즉, 이 경기에서는 수업 내 모든 학생이 동일한 인원수를 사용하지만 동일한 크기의 막대를 사용할

1) 역자 주. 이는 미국의 국가 수준의 교육과정을 지칭하며 '2.G.3'은 2학년 기하 영역(Geometry)의 세 번째 규준을 지칭함.

필요는 없다(짝과는 서로 동일한 크기의 막대를 사용해야 한다). 교사는 학생들에게 만약 자신이 주사위를 돌려 3이 나오면 총 3명이 막대를 나누어 갖게 되는 것이라고 말해준다. 학생들은 균등한 배분 중 하나를 보여주기 위해 막대에 하나의 표시를 해야 한다. 또한, 짝과 함께 각자의 막대를 서로 비교하고 균등한 배분에 가장 가까운 사람이 누구인지를 결정한다. 이러한 판단을 위해, 학생들은 막대 일부분을 자르거나, 막대를 접는 등과 같은 다양한 행동을 할 수 있다. 각 짝은 그들이 균등한 배분을 하였고 어떻게 이를 알 수 있었는지 보고한다. 교사는 학생들이 균등하게 배분한 양에 분수 이름(3개로 공평하게 나누어진 부분 중 1부분)과 분수 표기법을 사용하여 명명하도록 이끌 수 있다. 학생들은 균등하게 배분한 경우에 대해 점수를 얻을 수 있고 매 차례 이들은 자신들이 얻은 점수를 기록한다.

응답, 변형, 확장

- 1단계 학생은 시각적인 자료(예, 카드보드지 혹은 그림)에 의존하여 반복과 분리를 하기 시작할지 모른다. 교사는 학생이 자신의 초기 답을 확인하기 위해 이러한 시각 자료를 이용하여 실험할 수 있도록 충분한 시간을 주어야 한다. 목표는 학생이 이러한 활동을 내면화하여 정신 활동이 되도록 하는 것이다. 학생들이 수업 자료에 점점 덜 의존하게 하여 **교육적인 환경과 점차 멀어지면서** 내면화는 발생하기 시작한다.
- 교실에서 다른 크기의 막대가 사용되고 한 쌍 이상의 학생들이 성공적으로 균등 배분을 한다면, 다음 활동으로 학생들은 더 큰 막대에서 3명의 사람들이 균등한 배분을 하고 더 작은 막대에서 3명의 사람들이 균등한 배분을 하는 것을 만들어 볼 것이다. 이를 통해 교사는 2개의 서로 다른 크기의 부분을 똑같이 $\frac{1}{3}$이라고 부를 수 있는 이유를 물어볼 수 있다. 학생들은 이상하게 생각할지도 모른다. 논의를 돕기 위해, 교사는 학생들에게 다른 크기의 '5'가 있을 수 있는지 물어볼 수 있다. 학생들은 5센티미터와 5마일은 매우 다르지만 모두 5라는 생각과 연결할 수 있다. 따라서, 수의 크기는 우리가 '1'의 의미를 무엇이라고 하였는지에 달려있다.
- 단위 분수 부분을 명명하고 **표기하는 것**은 분수를 **형식화하고** 공통 핵심 주

규준 3.NF.1[2)]에 제시된 초기 분수 규준을 성취하는 시발점이 된다.

활동 4.3 제과점에서 케이크 자르기

학습 목표 I 학생들은 분할하기 활동을 분수 언어와 결합하며 전체에 대한 여러 단위 분수를 만드는 것을 학습할 것이다. 학생들은 또한 자신의 응답을 정당화하는 것을 학습하고 이 과정에서 몇몇 학생은 반복하기 활동에 참여할 수 있다.

수업 방법 I 학생들은 교사의 설명과 함께 짝을 지어 활동한다.

수업 재료 I 카드보드지로 만든 동일한 크기의 여러 개의 직사각형, 필기도구, 가위

수업 안내 I 교사는 학생들에게 특별한 직사각형 모양의 맛있는 케이크를 파는 제과점에서 일하는 상황이라고 말한다. 손님이 제과점에 와서 분수 이름(단위 분수만큼만)의 케이크 조각을 주문한다. 즉 손님이 들어와서 "2개로 똑같이 나누어진 케이크에서 1조각을 원합니다"라고 말할 수 있다. 학생들은 그 주문에 응대하기 위해 케이크를 자르고 적절한 크기만큼 떼어내야 하고, 1조각을 잘라낸 후 손님에게 주문에 정확하게 응대하였다는 것을 보여야 한다. 처음에는 교사가 소비자가 되고 학생들은 동일한 단위 분수를 갖고 활동한다. 이렇게 하면 수업 안에서 케이크 조각들을 서로 비교할 수 있고 정당화한 것에 대한 논의를 쉽게 공유할 수 있다. 학생들이 그 활동에 익숙해졌을 때, 다음과 같은 변형과 확장이 이루어질 수 있다.

응답, 변형, 확장

- 학생들은 짝을 이루어 활동 4.1과 활동 4.2에서처럼 서로 다른 크기의 막대를 사용할 수 있다.
- 학생들은 활동 4.2처럼 획득한 점수를 기록할 수 있다. 즉, 학생들은 소비자의 주문에 옳게 응대했을 때마다 점수(혹은 장난감 돈)를 획득할 수 있다.
- 만약 이 활동을 학생들이 어려워한다면, 활동 4.1과 활동 4.2와 같이 균등 배분하기 활동과 관련된 언어를 사용하는 상황으로 회귀하는 것이 최선

2) 역자 주. 3학년 수와 연산-분수 영역의 첫 번째 규준을 지칭.

이다.

- 2장에서 언급한 바와 같이, 단위 분수를 반복하는 것은 분수를 (단순한 부분-전체 관계에서 측정 개념으로) **복잡화**하는 중요한 진전이 된다. 또한, 이는 공통 핵심 주 규준 1.MD와 2.MD[3]와 같은 초기 규준에서 설명한 학생들의 (센티미터와 같은) 측정 단위들의 반복하기 활용을 기반으로 한다.

활동 4.4 연결된 수(connected numbers)와 활동하기

학습 목표 | 학생들은 연결된 수를 만들고 이를 갖고 추론할 것이다.

수업 방법 | 학생들은 교사의 설명과 함께 짝을 지어 활동한다.

수업 재료 | 두꺼운 카드보드지 혹은 플라스틱으로 만든 짧고 가는 직사각형, 종이, 필기도구

수업 안내 | 학생들은 기준 단위가 될 작은 막대 하나를 선택하며 시작한다. 교사는 학생들에게 그들이 선택한 단위보다 2배, 3배, …, 10배 더 긴 막대의 집합을 만드는 과제를 제시한다. 학생들은 단위를 복사하고 복사본들을 결합하며 막대들을 만들 수 있지만, 몇몇 학생은 그 단위를 복사하여 반복할 수도 있는데 이는 반복하기 조작의 징후이다. 학생들이 막대 집합을 완성했을 때, 교사는 막대를 만들 수 있는 모든 가능한 방법들을 물어본다. 예를 들어, 교사는 학생들에게 얼마나 많은 방법으로 5-막대(단위 막대보다 5배 더 긴 막대)를 만들 수 있는지 물어볼 수 있다. 단위 막대를 5번 반복하거나 2-막대와 3-막대를 결합하는 방법이 나올 수 있다. 교사는 또한 학생들이 만들 수 있는 10-막대를 넘어선 막대에 대한 과제를 제시할 것이다. 예를 들어, 교사는 8-막대보다 3배 더 긴 막대가 무엇인지 물어볼 수 있다. 학생들은 막대를 만들고 이를 어떻게 만들었는지 설명할 것이다.

응답, 변형, 확장

- 과제 모음 평가 4.4에서처럼, 이러한 과제는 JavaBars 앱을 사용하여 제시할 수 있다. 평가 과제 4.4를 참고하라.

3) 역자 주. 각각 1, 2학년 측정과 자료 영역 지칭.

- 이러한 과제의 목표는 학생이 수를 측정값으로 생각하고 이러한 수가 어떻게 다른 수/측정값으로 구성되었는지를 이해하는 것이다. 그래서 학생들이 다양한 연결된 수를 만드는 여러 가지 방법을 찾는 충분한 시간을 갖는 것은 중요하다. 몇몇 학생은 다른 학생들보다 더 많은 방법을 찾을 것이다.
- 몇몇 학생에게 더 어려운 도전이 필요하다면 교사는 연결된 수를 만드는 **모든** 방법을 찾은 것인지, 그렇다면 그것을 어떻게 알 수 있는지 물어볼 수 있다.

05

2단계로 이행: 부분-전체 추론

영역 개관

"분수가 무엇인가요?"라는 질문에 대한 가장 흔한 답변 중 하나는 "그것은 전체의 1부분입니다"이다. 실제로 분수가 전체의 부분이라는 개념은 기본적이고 일반적이며 꽤 오랫동안 논의됐다(Kieren, 1980; Piaget et al., 1960). 다른 연구자들과 마찬가지로 이 책의 저자들은 분수를 전체의 부분으로만 사고하는 것은 탄탄한 분수 지식을 구성하는데 제한적이라는 주장을 지지한다(예, Thompson and Saldanha, 2003). 그러나 아동은 전체 내의 부분(parts within wholes) 혹은 전체 중의 부분(parts out of wholes)으로서 분수 개념을 이해하기 시작하고 이러한 개념이 1, 2, 3단계에서 조작하는 학생들에 따라 달라지는 것을 이해하는 것이 중요하다.

분수가 전체에 대한 부분이라는 개념은 절대 없어지지 않는다. 즉, 분수 개념이 계속 성숙해가더라도 전체에 대한 부분이라는 개념은 항상 우리의 분수 개념의 1부분으로 남아있을 것이라는 점에서 이 개념은 중요한 기본이 된다(Piaget et al., 1960). 이 장에서는 1단계와 2단계 학생 즉 세 번째와 네 번째 조각내기 수준의 학생에 집중하여 이 개념을 다룰 것이다. 이를 위해, 이 장에서는 이 학생들이 전체에 대한 부분으로 분수를 어떻게 생각하는지 설명하고, 1단계 학생들을 위한 목표를 논의하고, 이러한 목표를 위해 이들을 도울 방법을 안내할 것이다. 이 과정에서 우리는 단위 분수와 관련하여, '~ 중의(out of)'라는 분수 언어와 함께 사용할 수 있는 '~의 $\frac{1}{m}$($\frac{1}{m}$ of)'라는 분수 언어를 소개할 것이다. 예를 들어, $\frac{1}{5}$을 전체를 '5개로 똑같이 나눈 부분 중 하나'로 생각하는 학생들은 $\frac{1}{5}$을 전체의 '5분의 1'로 생각하기 시작할 수 있다. 6장에서 우리는 이러한 분수를 비단위(non-unit) 분수로 일반화한다.

전체 내의 부분으로서의 분수

4장에서 기술하였듯이 첫 번째, 두 번째, 세 번째 조각내기 수준 학생은 전체를 온전히 유지한 상태에서 전체에서 부분을 취하는 이른바 분리하기(disembedding) 사고방식이 아직 개발되지 않았다.

분리하기는 분수를 전체 중의 부분으로 생각하기 위한 중요한 요소이다. 분리하기를 개발하기에 앞서 학생은 분수를 전체 내의 부분으로 생각한다. 그래서 1단계 학생은 전체 내의 부분 분수 스킴(Parts Within Wholes Fraction Scheme)을 개발하는 것에 한정되어 있다(Hackenberg, 2013; Steffe and Olive, 2010). 이러한 학생에게 분수는 부분의 상대적인 크기와 상관없고 교사가 볼 수 있는 포함 관계와 상관없이 그저 여러 부분 중에 1부분(혹은 여러 부분)이다. 분할된 전체를 부분 대 부분(part-to-part) 그리고 부분 대 전체(part-to-whole) 관계로 각각 보는 것은 분수 지식 수준을 판단하는 중요한 기준이며(Piaget et al., 1960), 1단계 학생은 충족하지 못하는 개념이다.

네 사람이 하나의 막대를 공평하게 나누는 상황에 대한 7학년인 코트니의 응답을 통해 분리하기가 부족한 한 가지 사례를 제시하겠다(Hackenberg, 2013). 코트니는 주어진 막대를 4개의 부분으로 나누었다. 부분들의 크기를 물어봤을 때, 그녀는 이들이 서로 같아야 한다고 대답하였다. 교사는 한 사람의 몫을 따로 그려보라고 하였고, 코트니는 원래 막대의 약 절반 정도의 폭이긴 했지만 한 사람의 몫을 그렸다(그림 5.1).

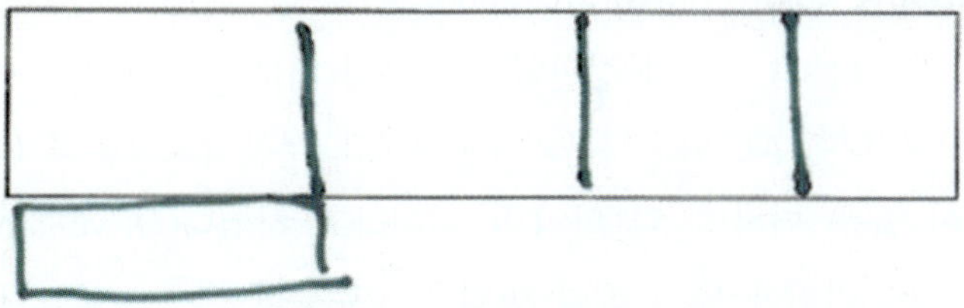

그림 5.1 막대 1개를 4명이 똑같이 나누었을 때의 1명의 몫에 대한 코트니의 그림

코트니에게 자신이 그린 부분의 분수 이름이 무엇인지 물어보니 3분의 1이라 하였다(Hackenberg, 2013). 나아가 "3조각이 남았어요"라며 자신이 1조각을 가져갔다는 것을 가리켰다. 이 문제에 대한 코트니의 대답은 그녀가 주어진 막대에서 따로 한 사람의 몫을 그림으로 나타냈을 때 그 부분과 비교해야 할 네 부분으로 이루어진 단위가 세 부분으로 바뀐 것처럼 행동했다는 점에서 분리하기의 부족을 보여준다. 즉, 그녀는 머릿속에서 막대에서 1부분을 잘라내고 이를 남은 3조각과 비교한 것으로 보이며, 그 부분을 분리하지 않은 것이다. 이러한 해석이 맞는지 확인하기 위해 교사는 막대가 4개의 부분으로 되어 있다고 말하면서 "이것이[따로 그린 부분]

4개의 부분 중에서 하나라고 말할 수 있을까요?"라고 묻자, 그녀는 아무 말도 하지 않았다. 다시 교사가 "아니면 잘 모르겠나요?"라고 묻자, 그녀는 "잘 모르겠습니다" 라고 하였다.

다른 예로, Olive와 Vomvoridi(2006)는 전체 내의 부분 분수 스킴만을 구성한 6학년 팀의 사례를 분석하였다. 당시에 팀의 단위 분수 개념의 특징은 단위 분수와 전체가 모두 동일하게 분할된 그림을 가리킨다는 것이었다. 즉, 6분의 1은 6개로 균등하게 분할된 부분들이고, 6분의 6은 균등하게 분할된 전체이다(그림 5.2).

그림 5.2 6분의 1(좌측)과 6분의 6(우측)에 대한 팀의 의미
(출처: Olive and Vomvoridi, 2006)

게다가, 팀은 부분의 크기가 서로 같아야 한다는 필요성을 느끼지 않았다. 그는 부분의 크기와 상관없이 그 개수로 단위 분수를 만든다고 하였다. 예를 들어, 똑같은 크기를 가진 4개의 7분의 1이 제시되었을 때, 팀은 이 전체를 '4분의 1'이라고 불렀을 것이다(Olive and Vomvoridi, 2006; 25).

이로 인해 팀은 부분의 크기와 상관없이 부분의 개수를 합하였다. 예를 들어, 2분의 1과 4분의 1을 더할 때, 팀은 2분의 1은 1개의 부분이고 4분의 1은 4개의 부분이기 때문에 이 둘을 더하면 5분의 1일 것이라고 하였다(Olive and Vomvoridi, 2006). 그림 5.3은 이러한 팀의 해결 방법을 보여준다.

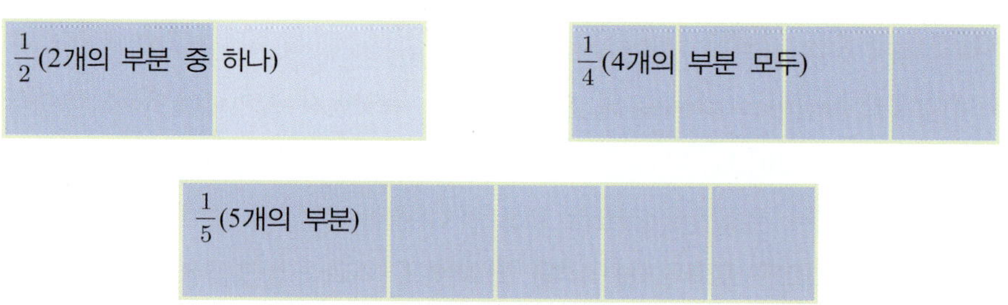

그림 5.3 2분의 1 더하기 4분의 1은 5분의 1이라는 팀의 생각에 대한 그림

이 예는 분수를 단순히 전체 내의 부분으로 구성하는 것은 심각한 한계가 있다는 것을 보여준다. 팀과 같은 학생들은 모든 부분이 시각적으로 주어지지 않은 상황에

서는 균등한 부분으로 나뉜 전체에서 하나의 부분을 단위 분수로 말하지 않으리라는 것을 강조한다. 달리 말해, 팀과 그와 같은 학생들에게 부분은 '독립되어'있지 않고, 모든 부분이 주어질 때만 그 의미가 있게 된다. 코트니, 팀, 그리고 그와 같은 학생들에게 부분은 부분 대 전체의 관계를 나타내지 않기 때문에, 특수한 분수를 그린 것에 대한 정당화는 부분의 개수를 기반으로 한다. 즉 1을 가져가고 난 후에 3개의 부분이 남았기 때문에 3분의 1이거나 [크기와 상관없이] 5개의 부분들이 그려졌기 때문에 5분의 1이다.

전체 중의 부분으로서의 분수

대조적으로 학생들이 분리하기를 사용하기 시작하면, 분수를 전체에서 분리된 1부분으로서 생각하는 것을 학습할 수 있고 전체 중의 부분 분수 스킴(Parts Out of Wholes Fraction Scheme)을 개발할 수 있다. 이러한 사고의 변화는 2단계로의 이행의 신호가 된다. 예를 들어, 전체 중의 부분 분수 스킴을 개발한 5학년 학생 그레이스에게 직사각형 케이크의 5분의 1을 그려보라고 하였더니, 그녀는 케이크를 5개의 균등한 부분으로 분할 한 후에, 전체에서 1부분을 분리하여 1대 5의 비교를 위해 부분과 전체를 비교하였다(그림 5.4).

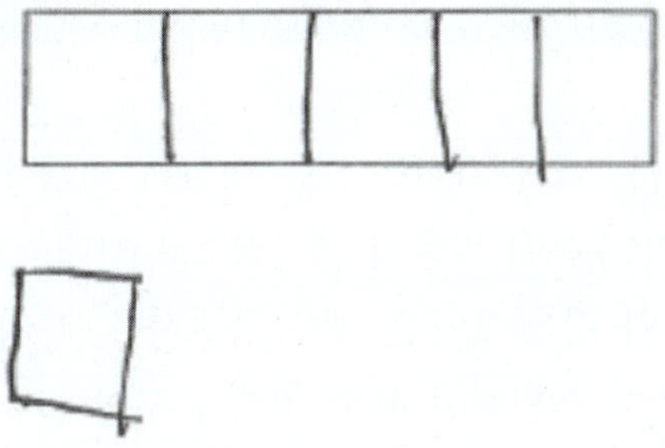

그림 5.4 주어진 케이크의 5분의 1을 나타낸 그레이스의 그림

그레이스는 더 많은 수의 부분에 대해서도 이와 같은 방법을 사용할 수 있을지 모른다. 예컨대, 그녀는 전체에서 3개의 부분을 분리하고 이를 전체와 비교하는 3 대 5의 비교를 할 수 있을지도 모른다(그림 5.5).

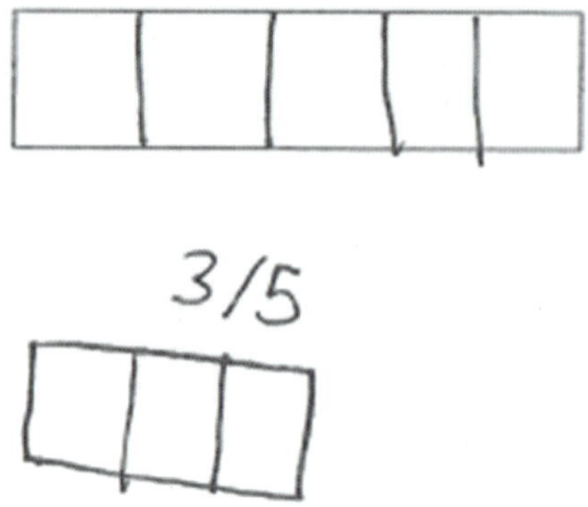

그림 5.5 다섯 부분에 대한 세 부분으로서 5분의 3

비록 이러한 사고방식과 활동이 명확한 진전을 나타내는 것이긴 하지만 단순히 전체 중의 부분으로서 분수를 생각하는 것은 탄탄한 분수 지식의 발달을 위해서는 부족하며, 단지 시작일 뿐이다. 특히 그레이스에게 1부분이 왜 $\frac{1}{5}$ 인지 설명하라고 한다면, 그녀는 5개로 똑같이 나눈 부분 중 하나라는 개념에 의존할 가능성이 크다. 그녀는 이 부분을 5번 반복하여 전체를 만들 수 있다는 개념은 아직 개발하지 못했을 것이다. 우리는 6장에서 이 점에 대해 상세히 설명하고 부분 대 전체 비교를 넘어 2단계 학생들을 진전시킬 방법에 대해 안내할 것이다.

전체 내의 부분 분수 스킴 학생들과 활동하기

전체 내의 부분으로만 분수를 생각하는 것은 상당히 제한적이기 때문에, "교사로서 어떻게 이러한 학생들의 수준에 맞추어 생산적으로 안내하고 분수 지식 향상을 위해 지원할 수 있을까?"와 같은 질문은 매우 중요하다. 우리 관점에서 분수 지식이 향상된다는 것은 학생들이 일반화된 분수 지식을 구성하는 데 중요한 역할을 하는 분리하기 조작을 구성하는 것이다. 우리는 학생들이 꼭 전체 내의 부분에서 전체 중의 부분의 스킴으로 이행해야 한다고 주장하지는 않는다. 전체 내의 부분 분수 스킴을 구성한 학생들이 6장에서 논의할 방식인 단위 분수 측정 스킴으로 이행할 수 있다. 이러한 목표를 위해서는 '균등 배분 문제', '단위 분수량을 그리기', '전체를 만들기 위해 단위 분수 반복하기' 활동이 특히 도움이 되는 것으로 밝혀져 왔다

(Hackenberg, 2013; Olive and Vomvoridi, 2006). 즉, 4장에서 논의한 3개의 문제 유형이 이와 매우 관련이 있다는 것이다! 사실 4장에서 우리는 조각내기의 처음 세 수준 학생을 다루었고, 1단계 학생은 세 번째 수준의 학생과 대응되기 때문에 그리 놀라운 일은 아니다. 여기서는 우리가 1단계 학생들의 반복하기 정신 활동을 강조하기 위해 세 번째 문제 유형을 설명하고자 한다. 또한 '단위 분수 간의 비교하기'라는 네 번째 문제 유형에 대해 논의하고자 한다. 1단계의 학생 몇몇은 균등 배분 문제 혹은 단위 분수 그리기 문제를 해결하는데 반복을 하지 않는다(Hackenberg, 2013). 이 경우 우리는 반복하기를 할 수 있는 다음과 같은 문제를 학생들에게 제공할 수 있다.

> '공평한 배분 찾기 문제': 여기 딸기 케이크(직사각형)와 이것을 잘라서 만든 여러 조각의 케이크가 있습니다(그림 5.6). (딸기 케이크 옆에는 이 케이크의 $\frac{1}{3}$, $\frac{1}{4}$, $\frac{1}{6}$, $\frac{1}{8}$ 조각이 나열되어 있다. 각 조각은 식탁 위에 놓여 있고 아무런 표식이 되어 있지 않으며 크기 순서로 정렬되어 있지 않다. 학생들이 조각의 방향을 헷갈리지 않도록 케이크의 한 변에 매우 가는 선이나 화살표를 평행하게 그리는 것이 도움이 될 수 있다.) 케이크는 6명의 사람들이 똑같이 나누어 먹어야 합니다.
>
> a) 이 중 어느 조각이 한 사람의 몫이 되나요?
>
> b) 이것이 공평한 몫인지 어떻게 알 수 있나요?

그림 5.6 '공평한 배분 찾기 문제'를 위한 수업 자료 (출처, Hackenberg, 2013)

1단계 학생은 비슷한 크기의 조각을 선택할 수도 있고, 심지어 정확한 조각을 찾는 학생도 있을지 모른다. 그러나 질문 b)에 답해야 할 때 학생은 자신이 선택한 조각을 막대 아래로 옮기지 않을지도 모른다. 예를 들어, 1단계의 7학년 학생 로라는 교사의 관점에서 $\frac{1}{6}$인 조각을 선택하였지만, 교사가 b)를 물었을 때, 로라는 4개의 다른 조각들까지 원래 케이크 막대에 모두 옮겨보았다(Hackenberg, 2013).

교사는 이어 로라에게 자신이 선택한 조각이 정확하게 한 사람의 몫인지 '케이크 막대'에 올려 확인해 보라고 하였다(Hackenberg, 2013). 로라는 자신이 선택한 케이크 조각을 막대에 올려 움직이면서 다른 위치로 이동하기 전에 그녀의 손가락을 이용하여 각각의 위치에 표시하였고, 그 결과 자신이 선택한 조각이 케이크 막대에 5개보다는 더 많이 들어가고 6개보다는 더 적게 들어간다는 것을 알았다. 로라가 선택한 케이크 조각이 정확하게 6번 들어가는 것을 상상해 보라고 했을 때, 로라는 그 부분을 '6분의 1'이라고 불렀다. 이러한 경험은 로라의 분수 반복하기의 시작을 알리는 신호가 되었다. 우리는 여기서 이전 4장에서 논의한 것처럼, '6개의 부분 중에서 하나'라는 용어를 계속해서 사용하는 것은 부분을 만드는 행위를 담고 있어서 조각내기 수준을 발달하는 과정에서도 매우 유용할 수 있다는 것을 주장한다.

이와 같은 문제와 더불어 Olive와 Vomvoridi(2006)는 (앞서 언급한 6학년 학생) 팀에게 전체 1단위를 제시하지 않은 채 단위 분수의 양만큼을 보여주고 반복하는 것이 도움이 되었다는 것을 알게 되었다. 팀에게 '6분의 6'과 '6분의 1'은 전체를 똑같이 6개의 부분으로 분할한 그림으로 같았다는 것에 주목하자. 즉, 팀은 6분의 1과 6분의 6을 구분하지 않고 각 부분의 크기가 서로 같다는 것을 인지하는지는 알 수 없지만 6개의 부분으로 구성된 것으로 보았었다. 이에 교사는 팀이 전체를 만들기 위해 단위 분수를 여러 번 반복할 수 있다는 것을 학습하도록 다음과 같은 여러 개의 단위 분수가 포함된 문제를 제기하였다.

'향신료 무게 문제'(Olive and Vomvoridi, 2006에서 참고함): 당신은 2개의 향신료 주머니를 갖고 있습니다. 하나의 주머니에는 계피 1그램을 10개로 똑같이 나눈 것 중 1개($\frac{1}{10}$)가 들어 있고, 다른 주머니에는 후춧가루 1그램을 5개로 나눈 것 중 1개($\frac{1}{5}$)가 들어 있습니다.

a) 1그램의 계피를 만들기 위해 계피 주머니는 몇 개가 필요한가요? 그림을 그려 해결해 보세요.

b) 1그램의 후춧가루를 만들기 위해 후춧가루 주머니는 몇 개가 필요한가요? 그림을 그려 해결해 보세요.

c) 계피 주머니 몇 개 혹은 주머니의 얼마만큼이 1개의 후춧가루 주머니와 동일한 무게를 갖게 되나요? 이를 어떻게 알 수 있나요?

d) 후춧가루 주머니 몇 개 혹은 주머니의 얼마만큼이 1개의 계피 주머니와 동일한 무게를 갖게 되나요? 이를 어떻게 알 수 있나요?

팀의 파트너는 a)를 풀었고, 교사는 팀이 b)를 해결할 수 있도록 하였다(Olive and Vomvoridi, 2006). 팀이 후춧가루 주머니 5개가 1그램을 만들 것이라는 생각을 하는데 꽤 많은 시간이 걸렸다. 처음에는 10개의 후춧가루 주머니로 1그램을 만든다고 생각했고 그 다음에는 2개의 가방일 것이라고 생각하였다. 교사는 그가 주머니 사이의 2 대 1 관계 때문에 계피 주머니 2개의 무게가 후춧가루 주머니 1개의 무게와 어떻게 같을 수 있는지 생각하고 있었다는 것을 알게 되었다. 즉, 팀은 d)에 대한 답을 생각하고 있었다. 이 문제를 생각하는 과정에서 팀은 5개의 후춧가루 주머니가 1그램을 만든다는 것을 깨달았다.

이 문제는 1단계 학생에게 유용한 네 번째 문제 유형인 단위 분수 비교하기 문제 상황으로 인도한다. 예컨대, 다음의 문제를 살펴보자.

단위 분수 비교하기: 캐러멜 가게의 주인은 긴 직사각형 모양의 쟁반에 액상 캐러멜을 붓고 단단하고 평평한 판으로 식혔습니다(그림 5.7). 캐러멜이 식으면 주인은 캐러멜 판을 여러 개의 똑같은 크기의 조각으로 나누어 가게의 진열장에 놓습니다. 두 친구 밍과 하비에르가 가게에 들어와 캐러멜을 1조각씩 골랐습니다. 밍은 $\frac{1}{5}$('5조각 중 하나') 캐러멜을 골랐고 하비에르는 $\frac{1}{8}$('8조각 중 하나') 캐러멜을 선택하였습니다.

a) 더 큰 캐러멜 조각을 선택한 친구는 누구인가요?

b) a)에서 제시한 답이 맞는지 어떻게 설명할 수 있나요?

c) 다른 방법으로 a)에 대한 자신의 답을 설명할 수 있나요?

그림 5.7 캐러멜 판

이 문제는 1단계 학생이 어떤 양이 나누어진 부분의 개수와 부분의 크기 사이의 역관계(즉, 분할하기에 초점을 맞춘 역관계)를 학습할 기회가 된다. 이러한 사고 유형은 b)를 위한 그럴듯한 설명이 되나, 질문 c)에서 다른 방법으로 설명하라고 묻게 되면서 교사는 학생에게 반복(iteration)을 생각할 가능성을 열어준다. 즉, '향신료 무게 문제'와 같은 단위 분수 비교 문제를 해결하게 되면서 학생은 전체를 만들기 위해 부분을 반복하는 횟수와 부분의 크기 사이의 역관계(inverse relationship)가 있다는 개념을 개발할 수 있다.

마지막으로 1단계 학생은 분수 막대를 통해서 많은 도움을 받을 수 있다(Olive and Vomvoridi, 2006). 예를 들어, 팀은 분수 곱셈 도입부에서 분수의 분수를 가져가기(예, $\frac{1}{3}$의 $\frac{1}{2}$을 찾아라) 위해 분수 막대를 사용하는 수업에서 도움을 받은 것으로 보인다. 그는 또한 분수 막대를 통해 같은 크기를 갖지만 서로 다른 개수의 부분으로 된 두 분수(예, $\frac{1}{4}$과 $\frac{5}{20}$)인 이른바 동량(commensurate) 분수를 만들고 시각화하는데 도움을 받았다. 우리는 10장과 11장에서 이러한 기회에 대해 다룰 것이다.

평가 과제 모음

평가 과제 모음 목록

평가 과제 5.1: 전체 내의 부분
평가 과제 5.2: 전체 중의 부분
평가 과제 5.3: 공평한 몫 찾기
평가 과제 5.4: 부분 반복하기(Biddlecomb, 2002에서 참고함)

평가 과제 5.1 전체 내의 부분

수업 재료 | 분수 막대와 필기도구, 분수 막대는 모두 서로 같은 길이이지만

3개에서 9개 사이의 다양한 개수로 똑같이 나누어져 있어야 한다(부록의 견본 참고).

활동 | 각각의 학생에게 분수 막대를 제공하고 2개의 부분을 색칠하라고 한다. 칠해진 두 부분이 전체 막대의 얼마만큼인지 물어보아라.

유의사항

- 이 활동은 학생들이 분수를 전체 내의 부분으로 적절하게 부를 수 있는지 평가하기 위해 사용할 수 있다. 비록 이러한 분수 개념은 매우 제한적이지만, 이는 더욱 세련된 방식으로 분수를 생각하기 위한 초석이 될 수 있다.
- 학생들은 비록 두 부분을 칠하였지만, 전체가 균등하게 분할된 부분의 개수가 다르므로 이들의 분수 이름은 다르다는 것을 깨달아야 한다.
- 분수를 적절하게 명명하지 않은 학생에게는 교사가 대신 알려줄 수 있지만 '~중의'라는 용어를 계속 사용하여라. 예를 들면, "전체를 만드는 5부분 중 2개의 칠해진 부분을 갖고 있어서 이를 $\frac{2}{5}$라고 적습니다"이고, 따라서, 표기법 $\frac{2}{5}$는 '5개의 균등한 부분 중 둘'이라는 것을 의미한다.
- 이 활동은 다른 개수로 색칠된 부분을 사용하여 반복할 수 있다. 학생들은 서로 다른 개수의 부분으로 이루어진 분수 막대를 갖게 될 것이기 때문에, 얼마나 많은 부분을 칠하고 이 부분을 어떻게 명명할 것인지 스스로 선택하게 한다.

평가 과제 5.2 전체 중의 부분

수업 재료 | 표식이 있는 분수 막대, 표식이 없는 분수 막대, 필기도구, 가위. 표식이 있는 분수 막대는 모두 같은 길이여야 하지만 3과 9 사이의 다양한 개수의 균등한 부분으로 표식이 되어야 한다.

활동 | 학생들에게 두 종류의 분수 막대를 모두 제공한다. 평가 과제 5.1을 기반으로 표식이 있는 막대에서 두 부분을 잘라내고 전체에서 그 부분의 이름이 무엇인지 묻는다.

유의사항

- 이 활동은 전체의 일부분이 잘려나가더라도 학생들이 부분-전체 관계를

유지할 수 있는지 평가하려는 의도가 있다.

- 학생들이 7개로 등분할된 막대를 사용한다고 하자. 몇몇 학생들은 그들이 잘라낸 두 부분을 더는 전체의 부분으로 보지 않기 때문에 "5분의 2" 혹은 "5와 비교하여 2"라고 부를 것이다. 즉, 학생들은 잘라낸 두 부분을 막대에서 남은 5개의 부분과 비교할 것이다. 다시 말해, 그들은 분리하기를 하지 않는다. 다음 절에서는 학생들의 분리하기 조작을 신장시키는 데 도움이 되는 수업 활동에 대해 안내할 것이다.

평가 과제 5.3 공평한 몫 찾기

수업 재료 | 하나의 샌드위치를 나타내는 카드보드지로 만든 직사각형과 이 샌드위치의 $\frac{1}{2}$ 샌드위치, $\frac{1}{3}$ 샌드위치, $\frac{1}{4}$ 샌드위치, $\frac{1}{5}$ 샌드위치, $\frac{1}{8}$ 샌드위치 등 여러 크기의 카드보드지 샌드위치. 학생들이 반복하는 부분의 방향을 헷갈리지 않도록 케이크 한 변에 매우 가는 선이나 화살표를 평행하게 그리는 것이 도움이 될 수 있다(그림 5.6 참고).

활동 | 학생들에게 주어진 직사각형을 샌드위치라고 말해 준 후에, 이를 5명이 나누어 먹으려고 한다고 알려준다. 5명이 똑같이 나누어 가질 때 1명이 갖는 크기를 보여주는 부분은 무엇인가? 학생들이 어떻게 답을 구하는가?

유의사항

- 확장 문제로 학생들에게 ($\frac{1}{6}$과 같이) 주어지지 않은 샌드위치 조각에 대해 생각해 보게 할 수 있다. 이 조각이 얼마나 크며 이를 어떻게 아는지 물어본다. 학생들이 주어진 어떤 부분보다는 더 작지만 다른 부분보다는 더 크다는 것을 아는지 확인할 수 있다.

평가 과제 5.4 부분 반복하기(Biddlecomb, 2002에서 참고함)

수업 재료 | 하나의 샌드위치를 나타내는 카드보드지로 만든 직사각형과 이 샌드위치로 만든 $\frac{1}{2}$ 샌드위치, $\frac{1}{3}$ 샌드위치, $\frac{1}{4}$ 샌드위치, $\frac{1}{5}$ 샌드위치, $\frac{1}{8}$ 샌드위치 등 다양한 크기의 샌드위치. 학생들이 반복하는 부분의 방향을 헷

갈리지 않도록 케이크 한 변에 매우 가는 선이나 화살표를 평행하게 그리는 것이 도움이 될 수 있다(그림 5.6 참고).

활동 | $\frac{1}{3}$과 같은 부분을 선택하고 학생들에게 이에 대한 분수 이름을 알려준다('3개로 똑같이 나누어진 부분 중 하나' 혹은 '3분의 1'을 사용할 수도 있음). 학생들에게 전체 샌드위치를 만들기 위해 이러한 부분이 몇 개가 필요한지 묻는다. 얼마나 많은 부분이 필요한지 어떻게 아는가? 다른 부분으로 이 활동을 반복하여라. 그리고 1부분(예를 들어 $\frac{1}{4}$ 샌드위치)을 선택하여 전체 샌드위치를 2개로 똑같이 나눈 부분 중 하나(혹은 '2분의 1')를 만들기 위해 그 부분이 몇 번 들어갈 수 있는지 묻는다. 또 어떻게 구하였는지 물어보아라.

유의사항

- 둘로 등분할된 샌드위치의 1조각을 만드는 질문에서 나중에는 $\frac{1}{5}$처럼 자연수 배만큼 반복해서 $\frac{1}{2}$조각의 샌드위치를 만들 수 없는 부분을 선택하는 것도 좋다. 이를 통해 학생들은 2분의 1을 만들기 위해 5분의 1을 어떻게 사용해야 하는지에 대한 논의를 위한 기회가 생길 수 있다. 조각내기 처음 세 수준 학생들은 이와 같은 문제를 어떻게 접근해야 할지 모를 것이다. 만약 학생이 "5분의 1조각을 2번 사용하고 5분의 1조각의 2분의 1만큼을 사용하면 돼요. 왜냐하면, 그렇게 하면 될 것으로 보여서요"라고 생각하고 있다면, 10장에서 다룰 $\frac{1}{5}$의 $\frac{1}{2}$을 구하는 것과 같이 단위 분수에서 단위 분수를 가져가는 문제 상황에 관해 얘기할 수 있는 길을 열어 줄 수 있다. 이는 또한 동량 분수(크기가 다른 부분으로 분할된 같은 크기의 분수들)를 논의할 수 있는 길을 열어준다. 예를 들어, 10분의 2는 $\frac{1}{5}$과 같은 크기이며, 10분의 5는 $\frac{1}{2}$과 같다. 우리는 11장에서 동량 분수를 다룬다.

수업 활동

수업 활동 목록

활동 5.1: 공평한가요?

활동 5.2: 작은 생물체의 소풍

활동 5.3: 주문 처리하기

활동 5.4: 단위 분수 비교하기

활동 5.5: 초코 막대의 단위 분수 찾기

활동 5.1 공평한가요?

학습 목표 | 학생들은 공평하게 나눈 양의 크기를 어림할 것이며, 이를 통해 잠재적으로 막대를 따라 '측정'하기 위해 1부분을 반복하는 것을 배울 것이다.

수업 방법 | 이 활동은 학급 전체가 게임으로 진행할 수 있다.

수업 재료 | 같은 크기의 분수 막대, 가위

수업 안내 | 교사는 학생들 각자(혹은 한 쌍의 학생들)에게 분수 막대를 1개씩 주고 학급 전체에 자신의 막대를 보여준다. 학생들에게 막대를 5명이 똑같이 나누어 가질 때의 한 사람의 막대의 크기를 어림하라고 한다. 이후 학생들 개별로(혹은 짝끼리) 교실 앞으로 나와서 그들이 어림한 양이 정확한지 확인해 보라고 한다.

응답, 변형, 확장

- 교사는 또한 학생들에게 10의 범위 내에서 더 많은 수의 사람이 막대를 똑같이 나누어 가지도록 하여 **수의 범위를 확장**할 수 있다. 10명의 사람이 나누어 갖도록 하는 상황은 학생들이 이후 분수의 **십진법화**를 학습하는 데 도움을 줄 수 있다.
- 교사는 학생들에게 다른 크기의 전체 막대를 제공하여 학생들이 동등한 몫의 크기는 전체의 크기에 달려있다는 것을 이해하기 시작하게 할 수 있다. 이러한 이해는 **수의 단위화**와 관련된다. 단위 분수의 크기는 전체 단위

의 크기에 달려있다.

활동 5.2 작은 생물체의 소풍

학습 목표 | 학생들은 전체와 전체의 반(절반)을 구성하는 단위 분수의 개수를 구할 것이며, 이를 통해 잠재적으로 막대를 따라 '측정'하기 위해 단위 분수를 반복하는 것을 배울 것이다.

수업 방법 | 교사의 안내와 함께 개별로 활동

수업 재료 | 종이, 필기도구, 빨대, 가위

수업 안내 | 학생들에게 개미가 개미 언덕에서 3분의 1미터 떨어진 초록 잎이 무성한 덤불로 소풍을 하러 가고 무당벌레는 집에서 6분의 1미터 떨어진 초록 잎이 무성한 덤불로 소풍을 하러 간다고 알려준다. 3분의 1미터를 나타내는 빨대 1개를 주며 이를 '개미 소풍'이라고 부른다. 개미 소풍 몇 개가 전체 1미터를 만드는가? 어떻게 알 수 있는가? 학생들에게 그림을 그려 보여 달라고 한다. '무당벌레 소풍'에 대해서도 동일한 질문을 하지만 이번에는 빨대를 주지 않는다. 개미 소풍과 무당벌레 소풍 중 어느 것이 더 긴지 물어본다. 개미 소풍 혹은 개미 소풍의 부분 몇 개가 무당벌레 소풍을 만드는지 묻는다. 무당벌레 소풍 혹은 무당벌레 소풍의 부분 몇 개가 개미 소풍을 만드는지 묻는다. 이후 학생들에게 개미 소풍을 나타내는 빨대를 이용하여 무당벌레 소풍을 정확하게 나타낼 수 있는 빨대를 만들라고 한다.

응답, 변형, 확장

- 이 활동은 '향신료 무게 문제'의 길이 버전이다. 길이를 사용하는 이유는 무게보다 길이가 학생들에게 더 직관적인 양이기 때문이다.
- 그러나 무게의 한 가지 장점은 미량의 차이는 관찰하기 어렵다는 것이다(시각적으로 무엇인가의 $\frac{1}{5}$그램과 $\frac{1}{10}$그램을 담고 있는 주머니를 구분하기 어렵다) 반대로 길이는 특정한 값과 단위의 범위 내에서 상대적인 크기를 관찰하기 쉽다. 이는 무당벌레 소풍을 나타내는 빨대를 주지 않은 한 가지 이유이다. 무게를 사용하고 빨대를 주지 않는 것이 교육적 환경에서 거리두기의 수단이 될 수 있다.

- 만약 학생들이 무당벌레 소풍 문제를 해결하기 어려워한다면 빨대 길이의 정확히 절반이 아닌 길이의 다른 도구(예, 아이스크림 막대)를 줄 수 있다. 정확히 절반인 도구를 준다면, 학생들은 전체와의 관계를 생각하지 않고 시각적으로 보이는 크기에 의존하여 문제를 해결하려고 할 것이다.
- 1단계 몇몇 학생은 두 소풍의 관계를 찾기 어려워할지도 모른다. 그들은 또한 무당벌레 소풍을 나타내는 빨대를 만들기 어려워할 것이다. 만약 그렇다면 그들을 너무 강압하지 말자. 즉, 학생들을 어떤 특정한 방식으로 사고하도록 강압하지 말고 학생들의 현재 수준에 대한 정보를 제공하는 형성 평가로 생각하자.
- 그림을 그리는 것은 학생들에게 **표기하기**에 참여할 기회를 줄 것이다. 예를 들어, 학생들은 비형식적인 표기를 사용하여 그림 옆에 다음과 같이 적을지도 모른다. '무당벌레 2마리 = 개미 1마리' 이러한 표기들은 이후 $2(\frac{1}{6}) = \frac{1}{3}$과 같은 **형식화**와 관련된다.

활동 5.3 주문 처리하기

학습 목표 | 학생들은 무게 맥락에서 전체 1과 전체의 반을 만드는 단위 분수의 개수를 구하는 활동을 할 것이다.

수업 방법 | 교사의 안내와 함께 둘씩 짝을 지어 참여한다.

수업 재료 | 종이, 필기도구, 양팔 접시저울 그림 혹은 실제 양팔 접시저울

수업 안내 | 학생들에게 부모님과 견과류, 마른 과일, 쌀, 콩과 같은 품목을 대량으로 판매하는 식료품점에 가 본 적이 있는지 물어본다. 손님들은 봉지를 가져와서 상자 안에 있는 물품을 담고 가격이 얼마인지 알기 위해 저울에 무게를 잰다. 학생들은 저울이 망가진 식료품점에서 일하는 점원들이다. 상점의 매니저가 점원들에게 품목들의 1파운드의 단위 분수 만큼씩 담을 수 있도록 하였다. 교사는 학생들에게 서로 다른 물품명과 그 물품의 무게를 재는 단위 분수를 알려준다. 예를 들어, 한 모둠의 한 학생에게는 '강낭콩, $\frac{1}{5}$ 파운드'라고 알려주고 다른 학생에게는 '현미, $\frac{1}{10}$ 파운드'라고 알려준다. 이 날 아침 상점에 온 손님들은 모두 1파운드의 물품을 사고 싶어 한다. 학생들에게 그림을 그려 전체 1파운드를 만들기 위해 얼마나 많은 물품이 필요한

지 구하고 서로의 답을 설명하라고 한다. 또한, 학생들에게 모둠 안에서 각자 맡은 물품을 파는 데 필요한 봉지의 개수를 비교하도록 하고 서로 다른 개수인 이유를 설명하도록 한다.

응답, 변형, 확장

- 이는 무게를 사용한 '향신료 무게 문제'의 다른 버전이다. 활동 5.2에서 제시한 대로 무게를 사용하는 것은 **교육적 환경에서 거리두기**의 수단이 될 수 있다.
- 모둠 내 학생들이 서로 자연수 배만큼인 분수를 갖는 한, 교사는 '향신료 무게 문제'에서 사용한 유사한 문제도 제시할 수 있다.

활동 5.4 단위 분수 비교하기

학습 목표 I 학생들은 단위 분수에 대한 크기 관계를 공부할 것이다.

수업 방법 I 교사의 안내와 함께 둘씩 짝을 지어 참여한다.

수업 재료 I 분수 막대(모두 동일한 길이), 필기도구, 가위, 작은 화이트보드와 마커펜(학생 개별로 하나의 화이트보드)

수업 안내 I 한 쌍의 학생들 각자에게 임의의 단위 분수를 제시해 준다. 예를 들어, 1명의 학생에게는 $\frac{1}{4}$을 다른 학생에게는 $\frac{1}{6}$을 제시한다. 학생들은 서로에게 자신이 가진 분수가 무엇인지 말하고, 각자 누구의 분수가 더 큰지 추측하고 그 결과를 화이트보드에 적는다. 그리고 각자 분수 막대를 이용하여 자신이 맡은 단위 분수를 만들어야 한다. 예를 들어, 한 학생은 막대 전체를 똑같이 4개의 부분으로 접어서 한 부분을 잘라낼 수 있다. 학생들에게 그들의 막대를 비교하고 그들이 만든 것이 무엇인지 논의하라고 한다. 그리고 발견한 것이 무엇이며, 발견한 것에 대한 이유와 그들이 초기에 추측한 것에 대해 다시 생각해 보도록 한다.

응답, 변형, 확장

- 이 활동은 정확한 추측을 하였거나 처음 추측을 바꾸더라도 그 이유에 대한 타당한 설명을 제시한 학생들에게 점수를 주는 방식으로 게임이 진행

될 수 있다.

- 학생들은 단위 분수가 나타내는 등분할된 부분의 개수와 부분의 크기가 서로 상호 관계가 있다는 것을 깨닫기 시작해야 한다. 마찬가지로 교사는 이 활동을, 학생이 단위 분수의 분모가 클수록 더 작은 분수인 이유를 이해하기 시작한다는 점에서 **일반화**를 돕는데 사용할 수 있다.

활동 5.5 초코 막대의 단위 분수 찾기

학습 목표 | 학생들은 단위 분수를 만들기 위해 그들의 자연수 지식과 분할하기 지식을 결합할 것이다.

수업 방법 | 교사의 안내와 함께 개별로 활동한다.

수업 재료 | 단위 막대를 포함하여 3-막대, 4-막대, 5-막대, 6-막대, 8-막대, 10-막대, 12-막대로 각각 등분할된 초코 막대 집합이 그려진 종이. 막대 각각은 등분할 되어 있어야 한다.

수업 안내 | 교사는 학생들에게 여러 종류의 초코 막대에 대한 단위 분수 이름을 부를 것이라고 알려준다. 학생들은 자신들의 종이에 있는 막대 중 분수에 대응하는 막대를 찾거나 거기에 없다면 그려야 한다. 예를 들어, 교사는 학생들에게 '6-막대를 2개로 등분할한 부분 중 하나 혹은 6-막대의 2분의 1'을 찾으라고 할 수 있다. 학생들은 그 막대를 찾거나 그리고, 자신들이 찾았거나 그린 막대가 6-막대를 2개로 등분할한 부분 중 하나인 이유를 설명한다. 그리고 학급 전체는 자신들의 응답에 대해 논의할 수 있다. 교사는 다음으로 학생들에게 '6-막대를 3개로 등분할한 부분 중 하나 혹은 6-막대의 3분의 1'을 찾거나 그리라고 한다.

응답, 변형, 확장

- 이 과제는 자연수 길이에 대한 단위 분수만큼의 양을 찾는 것으로 연결된 수(활동 4.4 참고) 개념을 기반으로 한다.
- 학생들이 진전함에 따라 교사는 **수의 범위를 확장하여** 더 많은 부분으로 구성된 초코 막대를 사용할 수 있다.

06

2단계 학생 가르치기: 단위 분수로 측정하기

영역 개관

학생들은 전체 중의 부분 분수 스킴을 통해 더 나은 분수 지식을 개발할 수 있게 된다. 많은 학생은 학창 시절 내내 부분–전체 개념에 의존하며 더 정교화된 지식을 개발하지 못하고 이는 결국 학습할 수 있는 기회를 제한하게 된다(Olive and Vomvoridi, 2006). 이는 $\frac{7}{5}$과 같은 가분수를 불편하게 생각하고 반사적으로 이를 대분수(1과 $\frac{2}{5}$) 혹은 소수(1.4)로 변형하는 어른들에게도 나타난다. 무엇보다도, 5개 중의 7개는 말이 안 된다!

미국의 교과서는 부분–전체 개념을 강조한 나머지 다른 개념들을 배제하고 결국 학생들의 교육을 저해한다(Watanabe, 2007). 이는 동아시아의 교과서(Li et al., 2009; Watanabe, 2007; Yang et al., 2010)와 미국의 공통 핵심 주 규준(2010)과 배치되는 것이다.

공통 핵심 주 수학 규준(CCSSM)은 미국의 교육자들에게 빠르면 3학년부터 수직선에 분수를 나타내는 활동을 포함하여 측정 개념으로의 분수를 발달시킬 것을 강조한다.

> CCSS.MATH.CONTENT.3.NF.A.2 분수를 수직선 위의 수로 이해한다. 수직선에 분수를 표현한다.

그러나 수직선은 명확한 측정 단위를 통해서만 학생들에게 이해될 수 있는 모델이다. 수직선 위의 자연수의 경우 측정 단위가 1이다. 4장과 5장의 평가 과제와 수업 활동은 수직선을 사용하기 전 학생의 연결된 수 개념 개발에 도움을 줄 수 있다(평가 과제 4.4, 활동 4.4, 활동 5.5 참고). 연결된 수를 만드는 것(즉, 하나의 연속 단위를 여러 번 반복하여 만든 여러 연속 단위의 계열을 만드는 것)은 1을 측정 단위로 생각하는 시초가 될 수 있다.

수직선에 분수를 나타내기 위해서 우리는 단위 분수 $\frac{1}{5}$과 같은 새로운 측정 단위가 필요하다. 이런 의미에서 우리는 단위 분수(unit fractions)를 분수 단위(fractional units)로 생각할 수 있다. 이는 전체와 상대적인 크기 혹은 양이면서, 비단위 분수를 측정하기 위해 사용될 수 있다. 이는 또한 '학생들은 일반적으로 분수를 단위 분수로 만들어진 것으로 생각한다'는 것을 내용 성취 기준으로 포함시킨

CCSSM과 일치한다.

이 장은 분수 단위 혹은 측정 단위로서의 단위 분수에 집중한다. 학생들이 이와 같은 단위 분수 개념을 개발하고 나면 이들은 단위 분수를 사용하여 측정하는 과정을 통해 비단위 분수를 재개념화할 수 있다. 이러한 새로운 개념은 학생들이 분수를 어떻게 생각하는지에 대한 시사점을 제공한다. 5개로 똑같이 나누어진 부분 중 3과 같은 비단위 분수를 생각할 때, 분수 단위를 개발한 학생들은 부분-전체 관계보다는 크기 관계에 따른 전체의 5분의 3으로 생각하기 시작할 수 있다.

단위 분수와 전체

학생들은 $\frac{1}{5}$과 같은 단위 분수가 다섯 부분으로 등분할된 전체에서 1부분이라는 것을 알기 위해 전체 중의 부분 분수 스킴을 사용할 수 있다. 나아가, 그들은 전체에서 $\frac{1}{5}$을 꺼내고 이 $\frac{1}{5}$부분을 5번 연결하는 방식으로 전체를 만들기 위해 분리하기와 반복하기(5장에서 다룸) 정신 활동에 의존할 수 있다. 그림 6.1에서 제시된 바와 같이, 이 활동은 일종의 가역성을 담고 있다. 즉, 학생들은 전체를 다섯 부분으로 등분할하고 이 중 하나를 꺼내어 $\frac{1}{5}$을 만들고(그림 6.1의 상단에서 하단), 반대로 그들은 $\frac{1}{5}$부분을 5번 반복하여 전체를 만들 수 있다(그림 6.1의 하단에서 상단). 단위 분수를 분수 단위, 즉 측정 단위로서 개념화하기 위해서 학생들은 이러한 경험을 해야 한다.

그림 6.1 전체를 분할하고 단위 분수를 반복하기

이러한 활동은 단위 분수 부분과 전체 사이의 곱셈적 관계를 확립하는 것을 돕는다. 이 경우, 전체는 단위 분수 부분의 5배이다. 단위 분수 부분과 전체의 두 수준 단위 조정을 필요로 하는 5 대 1 관계가 있다. 우리는 이처럼 단위 분수를 활용하는 것을 **단위 분수 측정 스킴**(Measurement Scheme for Unit Fractions)이라고 부른다. 이 스킴은 부분 단위 분수 스킴(Partitive Unit Fraction Scheme)이라고 불리기도 한다(Steffe, 2002 참고).

단위 분수 측정 스킴

가역적 스킴으로서 단위 분수 측정 스킴은 양방향으로 작동한다. 이 스킴을 개발한 학생들은 이를 주어진 전체에서 단위 분수를 만들기 위해 사용하고, 또한 주어진 단위 분수를 이용하여 전체를 만들기 위해서도 사용한다. 분할하기와 분리하기 정신 활동을 수반하는 전체 중의 부분 분수 스킴을 넘어서 단위 분수 측정 스킴은 반복하기를 포함한다. 이는 2장과 3장에서 언급한 등분할하기(equi-partitioning)와도 밀접하게 관련된다.

전체의 역할

분수는 어떤 특정한 전체에 대해서만 의미를 지니며, 측정 스킴에서 그 크기 관계는 곱셈적 관계이다. 그러한 관계와 상관없이 학생들은 $\frac{1}{7}$이 $\frac{1}{6}$보다 크다고 생각할 수 있다. 전체 중의 부분 스킴은 구성하였지만 어떠한 측정 스킴도 구성하지 않은 미국의 6학년 학생 아이작의 사례를 살펴보자. 그는 전체에 대한 진분수를 만들 수 있었지만, 분수의 크기를 비교해 보라고 했을 때 심지어 단위 분수에 대해서도 놀라운 답변을 하였다.

$\frac{1}{7}$과 $\frac{1}{6}$을 비교해 보라고 했을 때, 아이작은 $\frac{1}{7}$이 더 크다고 답했다. 그의 답을 정당화하라고 하자, 그는 그림 6.2의 그림을 그렸다. 그는 $\frac{1}{6}$ 혹은 $\frac{1}{7}$을 해석할 때

기준이 되는 전체를 생각하지 않았던 것으로 보인다. 그 결과 그는 각각의 6분의 1부분을 7분의 1부분과 동일한 크기로 그렸다. 그의 분수에 대한 개념은 크기 혹은 전체에 대한 관계보다는 조각의 수에 기반한 것으로 보였다. 그는 7조각이 6조각보다 더 긴 길이를 만들기 때문에 $\frac{1}{7}$이 $\frac{1}{6}$보다 더 크다고 하였다. 사실상, 만약 $\frac{1}{7}$이 더 긴 전체에서 오고 $\frac{1}{6}$이 더 짧은 전체에서 왔다면 $\frac{1}{7}$이 $\frac{1}{6}$보다 더 클 수 있다. 분수 크기 비교에서 암묵적으로 내포하고 있는 것은 비교하는 두 분수가 동일한 크기의 전체에서 나왔다는 것이다.

그림 6.2 아이작의 $\frac{1}{6}$과 $\frac{1}{7}$ 비교 (출처: Norton & Boyce, 2013)

아이작의 또 다른 사례에서는 단순히 전체를 그리는 것이 이 문제를 해결하지 않는다는 것을 보여준다. 교사는 아이작에게 피자의 8분의 1조각과 피자의 4분의 1조각 중 어느 것이 더 큰지 물어보았다. 그는 그림 6.3의 그림처럼 전체를 여덟 부분으로 분할하고 이 중 네 부분에 색칠하였다. 이 그림은 $\frac{1}{8}$이 더 크다는(여덟 부분은 네 부분보다 더 많다는) 그의 개념을 보여준다. 게다가 그는 칠해진 네 부분이 피자 전체의 절반이라는 것을 깨닫고 이를 기반으로 때때로 $\frac{1}{4}$과 $\frac{1}{2}$은 같다고 주장하였다. 이러한 문제를 해결하기 위한 유일한 방법은 단위 분수와 전체를 동시에 생각하면서 문제를 해결하는 것이다.

그림 6.3 아이작의 $\frac{1}{4}$과 $\frac{1}{8}$ 비교 (출처: Norton & Boyce, 2013)

단위 분수와 전체의 상호 관계

이 장 이후에 안내할 수업 활동과 같은 경험을 통해 아이작은 점차 단위 분수와 전체를 조정하기 시작했다. 동시에, 그는 전체의 부분의 수와 각 부분의 크기 간의 상호 관계를 알아차린 것으로 보였다(예, "[전체에 더 많이 들어갈 수 있도록] 더 작은 조각으로 만들어야 해요"). 그는 단위 분수를 전체를 이루는 단위 분수의 개수로 생각했었는데, 전체의 크기를 고정하지 않아 단위 분수의 크기를 일관성 있게 판단할 수 없었다. 조각의 개수와 고정된 전체를 결합하기 시작했을 때, 그는 그 조각의 크기와 전체의 크기를 조정하고 단위 분수 간의 크기를 비교하기 시작했다.

전체에서 조각의 개수와 조각의 크기와의 상호 관계를 이해하는 것은 단위 분수와 전체의 두 단위 조정을 기반으로 한다. 이는 결국 다른 분수를 측정하는데 사용할 수 있는 분수 단위로서 단위 분수 개념을 형성하는 데 도움을 준다. 부분-전체 개념은 부분으로서의 분수 개념을 담고 있지만 이처럼 분수를 생각하는 것은 양(크기 혹은 측정)으로서 분수의 의미를 담고 있으므로 Gould(2012)는 이 개념을 '양 분수(quantity fractions)'라고 하였다.

비단위 분수의 측정

단위 분수를 분수 단위로 생각할 수 있을 때, 학생들은 이를 사용하여 비단위 분수를 측정하기 시작한다. 예를 들어, $\frac{3}{5}$은 5조각으로 등분할된 전체에서 분리된 3조각이 아닌 $\frac{1}{5}$단위 3개로 구성된 양이다(그림 6.4). 그러나 우리가 다음 두 장에서 다루겠지만 학생들이 전체를 넘어 $\frac{7}{5}$과 같은 가분수를 만들기 위해서 단위 분수를 반복할 때 문제 상황은 더욱 복잡해진다.

그림 6.4 3개의 $\frac{1}{5}$로서 $\frac{3}{5}$

양으로서 분수 비교하기

단위 분수의 배로서 진분수는 양적인 의미를 가지기 시작하고, 학생들은 진분수의 크기를 비교하기 시작할 수 있다. 분수 단위가 동일한 경우, 진분수끼리의 비교는 매우 간단하다(예, $\frac{4}{5}$는 $\frac{1}{5}$단위를 4번 측정한 데 반해 $\frac{3}{5}$은 동일한 단위를 3번 측정하기 때문에 $\frac{4}{5}$는 $\frac{3}{5}$보다 크다). 분수 단위를 개념화한 학생들은 측정 결과의 개수는 같으나 측정하는 분수 단위가 서로 다를 때에도 진분수를 비교할 수 있을지도 모른다(예, $\frac{1}{4}$단위가 $\frac{1}{5}$단위보다 더 크기 때문에 $\frac{3}{4}$은 $\frac{3}{5}$보다 크다). 물론, 학생들은 규칙을 사용하여 이들 간의 비교 방법을 배울 수 있지만(예, 분자가 같을 경우, 분모가 더 작은 분수가 더 큰 분수이다), 이제 학생들은 이러한 규칙의 의미를 개발할 수 있다. 그들은 심지어 이러한 의미를 기반으로 그들 스스로 규칙을 개발할 수도 있다.

규칙에 이러한 의미가 동반되지 않는다면 학생들은 부적절한 방법으로 규칙들을 일반화할 수도 있다. 예를 들어, $\frac{3}{5}$과 $\frac{4}{7}$의 비교 문제에서 학생들은 $\frac{4}{7}$의 분자가 더 크기 때문에 더 크다고 생각할지 모른다. 반대로, $\frac{5}{6}$의 분모가 더 크기 때문에 $\frac{3}{5}$보다 작다고 생각할지도 모른다. 물론, 학생들은 이런 종류의 비교 문제를 위한 새로운 규칙을 학습할 수 있다. 예를 들어, 교차 곱셈(cross multiplying)을 통해 5×5가 6×3보다 크기 때문에 $\frac{5}{6}$가 $\frac{3}{5}$보다 더 크다(그림 6.5). 그러나 수학을 한다는 것은 규칙 암기가 아니다. 이는 문제를 해결하기 위해 의미 있게 개념을 적용하고 새로운 개념을 생성하는 것을 수반한다.

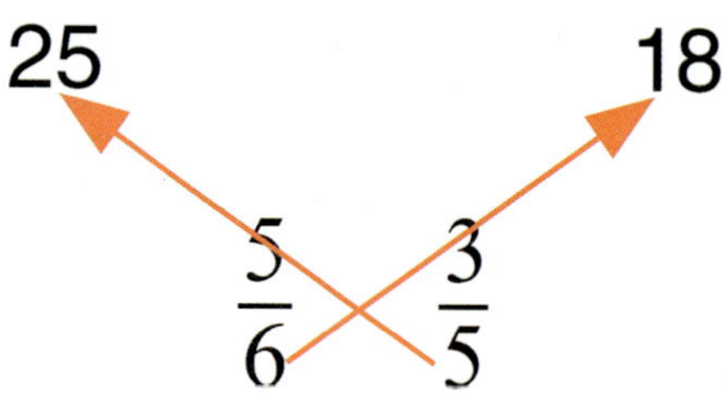

그림 6.5 교차 곱셈

학생들은 분수 비교에 대한 새로운 지식을 생성하기 위해 단위 분수 측정 스킴에 의존할 수 있다. 앞서 다룬 $\frac{5}{6}$와 $\frac{3}{5}$의 경우를 살펴보자. 이 두 분수가 동일한 전체에서의 양(크기)이라는 것을 이해하면 학생들은 이들의 보수(complement)를 생각할지도 모른다. $\frac{5}{6}$는 전체를 완성하기 위해 $\frac{1}{6}$이 더 필요하고 $\frac{3}{5}$은 전체를 완성하기 위해 $\frac{2}{5}$가 더 필요하다. $\frac{1}{6}$이 $\frac{2}{5}$보다 작기 때문에, $\frac{5}{6}$가 $\frac{3}{5}$보다 전체에 더 가까워야 한다. 그래서 $\frac{5}{6}$가 $\frac{3}{5}$보다 커야 한다(그림 6.6).

그림 6.6 $\frac{5}{6}$와 $\frac{3}{5}$ 비교하기

동량 분수

Steffe(2004)를 따라 우리는 동일한 크기의 분수를 동치 분수(equivalent fractions) 대신에 동량 분수(commensurate fractions)라 부를 것이다. 동량은 두 분수가 동일한 양을 갖는다는 의미이고 '동치'는 동치류(equivalence class)를 의미하는 형식적인 용어로서 더 많은 의미를 내포한다고 보기 때문이다.

학생들이 분수를 크기, 측정, 혹은 양으로 생각하기 시작할 때, 동량 분수를 이해하는 것은 중요하다. 부분-전체 개념에서의 $\frac{3}{12}$과 $\frac{1}{4}$은 다른 분수일 수 있지만, 측정으로서, 이 두 수는 같다. $\frac{3}{12}$과 $\frac{1}{4}$은 같은 분수의 다른 이름일 뿐이다. 이 관계를 이해하는 것은 분수 단위 $\frac{1}{12}$과 $\frac{1}{4}$ 사이에 3대 1 관계가 있다는 것, 즉 전체에서 각 4분의 1 안에 12분의 3이 있음을 볼 수 있는지에 달려있다. 분수 단위 간의 조정을 학습한 학생들은 이러한 방식을 이용해서 분수 덧셈과 분수 곱셈뿐만 아니라 분수 비교를 이해할 수 있다. 나아가 이러한 단위 간의 조정은 전체를 함께 고려해야 해서 세 수준 단위 조정을 필요로 한다. 2단계에서 조작하는 학생들은 세 번째 수준의 단위를 실제 활동을 통해서만 조정할 수 있다. 11장에서 우리는 동량 분수를 조작하는 2단계와 3단계 학생들의 서로 다른 방법들을 살펴볼 것이다.

단위 분수의 측정 개념 평가하기

우리는 2단계 학생들이 분수 비교를 포함하여 분수를 이해하는데 상당한 진전을 보일 수 있다고 주장해왔다. 여기서는 2단계 안에서의 개념적 발달 단계를 구분하기 위한 평가 과제를 제공한다. 그리고 이러한 발달을 지원하기 위한 수업 활동을 설명하겠다.

측정 개념을 평가하기 위한 과제들은 전체에 상대적인 크기로서의 분수 개념에 집중한다. 분할된 전체에서 단위 분수를 분리하는 것을 넘어서 이러한 과제들은 학생들이 단위 분수를 반복하는 활동을 할 수 있도록 한다. 예를 들어, 5분의 1조각이 주어졌을 때, 학생들은 이 조각을 5번 반복하여 전체를 만들 수 있다는 것을 이해해야 한다. 평가 과제를 실행할 때 교사들은 다음을 주요하게 고려해야 한다.

- 학생이 분수를 전체 중의 부분으로만 이해하는가? 아니면 분수를 양으로도 이해하는가?
- 학생이 전체에서 단위 분수를 만들 수 있는가? 반대로 주어진 단위 분수에서 전체를 만들 수 있는가?
- 학생은 전체의 부분의 수와 각 부분의 크기와의 상호 관계를 이해하는가?
- 학생은 비단위 분수를 측정하기 위해서 분수 단위로서 단위 분수를 사용할 수 있는가?
- 학생은 자신의 측정 개념을 단위 분수에서 비단위 분수로 일반화할 수 있는가?

측정으로서의 분수 수업

측정으로 단위 분수를 이해하는 것은 분할하기와 반복하기의 가역성을 기반으로 한다. 특히, 학생들은 전체를 분할하여 단위 분수를 만들 수 있어야 하고 이를 반복하여 전체를 재생산할 수 있어야 한다. 다양한 분수를 이용하여 이러한 활동을 하면서 학생들은 전체의 등분할된 부분의 수와 각 부분의 크기 사이의 상호 관계를 포함한 상대적인 크기로서 단위 분수와 전체를 이해하기 시작한다.

교사가 학생들의 단위 분수 조작 방식을 이해할 때 교사는 학생들이 측정으로서 더욱 탄탄한 단위 분수 개념을 개발할 수 있도록 의도적으로 도울 수 있다. 교사는 학생들의 이러한 분수 개념 발달을 위해 단위 분수를 이용한 비단위 분수 만들기를 포함하여 새로운 방법과 목적을 갖고 단위 분수의 반복하기를 실행할 수 있는 수업 활동을 할 수 있다. 예를 들어, 학생들은 단위 분수 $\frac{1}{5}$을 3번 반복하여 $\frac{1}{5}$에서 $\frac{3}{5}$을 만들 수 있다. 이러한 과제는 학생들이 활동을 통해 세 번째 수준의 단위를 조정할 수 있도록 한다.

측정으로 단위 분수를 이해하는 것은 분수에 의미 있는 조작을 가능하게 한다. 그러나 단위 분수와 전체 사이의 두 수준 조정을 넘어 덧셈과 곱셈과 같은 두 분수를 조정하는 산술 연산은 세 번째 수준에서의 단위 조정이 필요하다. 2단계 학생들은 단지 두 수준 단위를 주어진 자원으로 사용할 수 있기에 실제 활동을 통해 이 세 번째 수준의 단위를 조정해야 한다. 따라서 2단계 학생들의 분수 덧셈과 곱셈의 이해를 돕기 위한 수업 활동은 종종 교구를 포함한다. 이는 10장과 11장에서 논의할 것이다.

평가 과제 모음

평가 과제 모음 목록

평가 과제 6.1 단위 분수 이름 짓기

수업 재료 | 분수 막대(얇고 긴 직사각형 모양의 종이 막대, 부록 참고)

활동 | 학생들에게 막대를 2개의 부분으로 똑같이 접도록 한다. 그리고 전체에 대한 1부분의 크기를 설명하라고 한다. 3, 4, 5, 6 등분할된 부분에 대해서도 동일한 활동을 한다.

유의사항

- 이 과제의 목적은 학생들이 등분할된 부분을 만들고 전체에 상대적인 크기로 이 중 1부분의 이름을 적절히 말할 수 있는지 평가하는 것이다.
- 만약 학생들이 얼마나 많은 부분이 전체를 만드는지 알아보고 부분의 이름을 짓는다면 이는 단위 분수 측정 개념을 보여주는 것이다(예, "이 부분은 전체에 4번 들어가기 때문에 4분의 1입니다").

평가 과제 6.2 전체에서 단위 분수 만들기

수업 재료 | 카드보드지로 만든 다양한 직사각형과 동일한 크기의 복제본 여러 장, 표시하기 위한 필기도구, 막대를 자르기 위한 가위, 주사위 한 쌍

활동 | 학생들 각자 나무(판) 한 조각을 나타내는 직사각형 2개의 복사본을 선택한다. 교사는 학생들이 잘라야 하는 나무(판)의 단위 분수를 결정하기 위해 주사위를 던진다. 예를 들어, 두 주사위의 합이 7이면 학생들은 전체 나무판의 7분의 1만큼을 잘라야 한다. 즉 학급 안의 모든 학생은 동일한 단위 분수를 만들지만 동일한 크기 조각은 아닐 수 있다. 학생들은 1번만 자를 수 있고 잘라낸 조각을 나머지 한 장의 복제본과 함께 교사에게 보여준다.

유의사항

- 이 과제는 4장의 평가 과제 4.2와 유사하다. 여기서는 학생들의 단위 분수 측정 스킴 발달의 진전을 판단하기 위한 평가 과제로 사용한다. 또한, 주사위 2개를 사용하여 더 큰 범위의 단위 분수를 다루게 된다.
- 학생들의 초기 응답이 부적절하더라도 2단계 학생들은 그들이 잘라낸 조각이 너무 크거나 작은지 판단하기 위해 반복하기 조작을 사용할 수 있어야 한다.
- 더욱 정확한 조각으로 잘라낸다는 것은 이 학생들이 단위 분수 측정 스킴을 잘 구성하였다는 것을 보여주는 징표일 수 있다.

평가 과제 6.3 단위 분수에서 전체 만들기

수업 재료 | 퀴즈네어 막대[1] (부록 참고)

활동 | 학생들에게 빨간 막대(두 단위 길이)를 보여주고 이 막대가 전체의 3분의 1이라고 알려준다. 어떤 막대가 전체인지 알려달라고 한다. "빨간 막대가 전체의 5분의 1일 때 전체를 찾으세요", "하얀 막대가 전체의 7분의 1일 때, 전체를 찾으세요"와 유사한 질문을 할 수 있다.

유의사항

- 분수 단위로 단위 분수를 이해하는 학생들은 $\frac{1}{n}$보다 n배 더 긴 막대를 찾아 전체 막대를 찾을 수 있을 것이다. 주어진 과제에서 전체 막대는 차례대로 어두운 초록 막대, 주황 막대, 검은 막대이다.
- 학생들이 전체 막대를 만들기 위해 n개의 $\frac{1}{n}$막대를 한 줄로 세운다면, $\frac{1}{n}$ 막대 하나만 사용하여 전체를 만들라고 한다. 이는 학생이 n부분을 만드는 것보다 주어진 단위 막대를 반복하는데 집중하도록 할지도 모른다.

평가 과제 6.4 단위 분수에서 비단위 분수 만들기

수업 재료 | 퀴즈네어 막대

활동 | 학생들에게 연한 초록 막대(3단위 길이)를 보여주고 이 막대가 $\frac{1}{3}$이라고 알려준다. 학생들에게 $\frac{2}{3}$막대를 찾으라고 한다. "빨간 막대가 $\frac{1}{5}$일 때, $\frac{3}{5}$ 막대는 무엇인가요?", "하얀 막대가 $\frac{1}{8}$이라면, $\frac{3}{8}$ 막대는 무엇인가요?"와 같은 질문을 할 수 있다.

---

1) 역자 주. 원서의 fraction rods를 퀴즈네어 막대로 번역함. 원서에서도 fraction rods가 퀴즈네어 막대로도 알려졌다고 기술됨. 또한, 퀴즈네어 막대에는 1-단위 길이로 나누어진 표식이 있는 막대와 표식이 없는 막대 두 종류가 있는데, 전자의 경우 퀴즈네어 연결 막대라고 불린다. 원서에서는 이 둘을 구분하지 않고 사용하지만 역자는 과제에서의 막대가 퀴즈네어 연결 막대라고 분명히 판단되는 경우에는 '퀴즈네어 연결 막대'라고 기술함.

유의사항

- 이러한 과제는 주어진 단위 분수를 반복하여 전체를 만들지 않고 비단위 분수를 만든다는 점을 제외하고는 평가 과제 6.3과 유사하다.
- 측정 스킴을 구성한 학생들은 단위 분수 막대 하나만으로 비단위 분수를 만들 수 있어야 한다.

수업 활동

수업 활동 목록

활동 6.1: 단위 분수 비교하기

활동 6.2: 나의 분수를 추측해봐 (측정으로서의 분수)

활동 6.3: 왼쪽, 오른쪽, 혹은 정확한 위치 (수직선에 분수 나타내기)

활동 6.4: 같지만 다른(동량 분수)

활동 6.1 단위 분수 비교하기

학습 목표 I 학생들은 단위 분수의 크기를 비교할 수 있다.

수업 방법 I 학급 전체가 함께할 수 있는 게임

수업 재료 I 분수 막대(모두 같은 길이, 부록 참고), 연필, 가위, 한 쌍의 주사위

수업 안내 I 학생들은 분수 막대를 이용하여 단위 분수를 만들고 각자 만든 단위 분수의 크기를 비교한다. 매 차례 학생들은 분수의 분모 부분을 결정하기 위해 한 쌍의 주사위를 던질 것이다. 학생들은 연필과 가위를 이용하여 분수를 만든다. 예를 들어, 학생이 던진 주사위가 9가 나왔다면 그는 막대에 9개로 똑같이 나누어진 부분을 표시하고 이 중 하나를 잘라낼 수 있다. 교사는 학생들이 분수 이름을 짓고 주변 친구들이 만든 분수와 크기를 비교해 볼 것을 장려한다. 교사는 학생들에게 "가장 큰 분수를 가졌다고 생각하는 학생은 누구이며 왜 그런가요?", "가장 작은 분수는 누가 갖고 있나요?", "$\frac{1}{7}$은 누가 갖고 있고 $\frac{1}{10}$은 누가 갖고 있나요? 이 둘을 어떻게 비교할 수 있나요?", "이 중 더 큰 분수는 무엇이고 더 작은 분수는 무엇인지 자기 생

각을 말해 볼 수 있는 학생 있나요?"와 같은 질문을 할 수 있다.

응답, 변형, 확장

- 이 활동은 학생들이 분모의 크기와 단위 분수의 크기 사이의 상호 관계를 이해하기 시작했어야 한다는 점에서 활동 5.4와 유사하다. 2단계 학생들을 위해 이 과제를 다음의 방법으로 더 확장할 수 있다.
- 교사는 학생들에게 2개의 단위 분수를 만들도록 하여 **수의 범위를 확장**할 수 있다. 예를 들어, 학생이 던진 주사위 한 쌍이 7이 나왔다면, 이들은 $\frac{1}{7}$ 대신 $\frac{2}{7}$를 만들어야 한다.
- 이 게임은 분수의 분자와 분모 모두를 주사위를 통해 결정하여 더욱더 확장할 수 있다. 학생 각각이 한 쌍의 주사위를 1번씩 던져서 더 작은 숫자가 분자가 되고 더 큰 숫자가 분모가 되도록 할 수 있다.
- 이러한 확장은 학생들이 분수를 **수로서 구조화**하도록 도울 수 있다. 예를 들어, $\frac{2}{5}$는 단지 5개 중에서 2개가 아닌 2개의 $\frac{1}{5}$로 구조화할 수 있다.

활동 6.2 나의 분수를 추측해봐(측정으로서의 분수)

학습 목표 | 학생들은 특정한 크기를 갖는 분수를 만들기 위해 분할하기와 반복하기 활동을 결합할 수 있다.

수업 방법 | 학급 전체에게 게임을 안내하고 모둠별로 게임을 실행한다.

수업 재료 | 퀴즈네어 막대(부록 참고)

수업 안내 | 한 학생이 몰래 막대를 하나 선택하고 뒤에 숨긴다. 그리고 이 학생은 다른 막대를 사용하여 모둠 내 다른 학생들에게 자신이 숨긴 막대에 대한 힌트를 준다. 다른 학생들은 숨겨진 막대의 크기를 맞추어야 한다. 예를 들어, 첫 번째 학생이 갈색 막대를 선택하고 자신의 뒤에 숨기고 다른 학생들에게 빨간 막대를 보여주며 "이 막대는 내가 선택한 막대의 4분의 1만큼이야"라고 할 수 있다.

응답, 변형, 확장

- 학생들이 주는 힌트를 통해 크기로서 분수에 관한 생각이 어느 정도로 정

교화 되었는지 알 수 있다. 학생들이 제시하는 힌트에 따라 이 게임의 난이도는 결정될 수 있다.

- 이 게임과 관련하여 2개의 교육용 앱이 있고 모두 아이튠즈를 통해 무료로 사용할 수 있다. 모두 CandyFactory라고 불린다. 더 오래된 버전은 아이폰, 아이팟 터치와 아이패드에서 사용할 수 있고, 새로운 버전은 아이패드에서만 사용할 수 있다. 이 앱의 사용 방법은 http://ltrg.centers.vt.edu와 Norton et al. (2014)에서 찾아볼 수 있다.
- 이 활동은 '$\frac{1}{b}$ 크기의 a부분에 의해 만들어진 양'으로 비단위 분수 $\frac{a}{b}$를 이해할 것을 강조하는 공통 핵심 주 규준 3.NF.1[2)]와 같은 규준을 성취하는데 활용될 수 있다. 이는 또한 4학년 학생들을 위한 규준인 $\frac{1}{b}$의 배로서 a/b를 이해하도록 하는 4.NF.4[3)]와도 일치한다.

활동 6.3 왼쪽, 오른쪽, 혹은 정확한 위치(수직선에 분수 나타내기)

학습 목표 | 학생들은 수직선 위의 0과 1 사이의 진분수를 나타낼 것이다.
수업 방법 | 교사가 수업 중간중간에 실행해야 하는 짧은 전체 학급 활동
수업 재료 | 화이트보드와 마커펜
수업 안내 | 교사는 칠판에 (매번 길이를 다르게 하여) 선분을 그리고 0과 1을 표시한다. 학생들은 0과 1 사이의 분수를 골라서 한 사람씩 수직선에 그 위치를 나타낸다. 학급 전체는 수직선 위의 각 표시에 대해 위치가 너무 왼쪽에 있는지 너무 오른쪽에 있는지 혹은 정확한 위치에 있는지 '왼쪽', '오른쪽', '정확한 위치' 3개 중 하나를 골라야 한다. 학생들은 자신들의 선택에 관해 설명할 기회를 얻는다. 이미 수직선에 표시된 분수는 다른 학생들이 다시 선택할 수 없다.

응답, 변형, 확장

- 교사는 학업 성취도 수준이 낮은 학생들이 $\frac{1}{2}$과 $\frac{1}{4}$과 같이 간단한 수치를 표시할 수 있도록 한다.

2) 역자 주. 3학년 수와 연산 분수 영역 첫 번째 규준.
3) 역자 주. 4학년 수와 연산 분수 영역 네 번째 규준.

- 학업 성취도 수준이 더 높은 학생들에게는 “1과 가까운 분수를 누가 말해 줄 수 있나요?”와 같은 질문을 할 수 있다.
- 이 목적은 공통 핵심 주 규준 3.NF.2[4]와 같이 학생들이 수직선 위의 수로서 분수를 다룰 수 있도록 하는 것과 일치한다.
- 나아가 수직선에 분수 나타내기는 학생들의 수의 구조화를 도울 수 있다.

활동 6.4 다르지만 같은 (동량 분수)

학습 목표 | 학생들은 주어진 단위 분수와 크기가 같은 다양한 분수를 만드는 방법을 배울 것이다.

수업 방법 | 교사의 안내와 함께 학생들 개별로 활동

수업 재료 | 분수 막대(모두 같은 길이), 색상 마커펜, 가위, 테이프

수업 안내 | 교사가 단위 분수 하나를 정하여 제시한다. 학생들은 교사가 말한 그 단위 분수를 만들고 잘라낼 것이다. 학생들은 다른 한 장의 분수 막대(전체)와 함께 잘라낸 분수를 갖고 있어야 한다. 교사는 학생들에게 마커펜을 이용하여 잘라낸 분수 막대와 전체 막대를 분할하며 그들이 만들 수 있는 한 많은 동량 분수의 이름을 찾으라고 할 것이다. 학생들은 마커펜으로 자신들이 찾은 동량 분수의 이름을 적고 다른 색상의 펜으로 또 다른 동량 분수를 만들 것이다.

응답, 변형, 확장

- 이 목표는 학생들에게 시각적 모델을 사용하여 동치 분수를 찾는 것을 요구하는 공통 핵심 주 규준 3.NF.3[5]과 4.NF.1[6]과 일치한다.
- 단위 분수 외 다른 분수에 관한 동량 분수를 만드는 과제는 11장에서 논의한다.

4) 역자 주. 3학년 수와 연산 분수 영역 두 번째 규준.
5) 역자 주. 3학년 수와 연산 분수 영역 세 번째 규준.
6) 역자 주. 4학년 수와 연산 분수 영역 첫 번째 규준.

07

2단계 학생 가르치기:
가역적 추론

영역 개관

6장에서 논의한 대로 학생들은 단위 분수 측정 스킴의 개발을 통해 분수를 크기로 개념화하기 시작할 수 있으며, 이는 단위 분수를 측정의 한 단위로 사용하는 것을 의미한다. 이러한 스킴을 가진 학생은 단위 분수를 이용하여 전체를 만들고 전체를 이용하여 단위 분수를 만들 수 있게 되는데 그런 점에서 이 스킴에는 가역성이 내재되어 있다. 예를 들어, 학생들은 자신의 단위 분수 측정 스킴을 이용하여 주어진 전체를 5개의 균등한 조각으로 분할하여 5분의 1을 만들 수 있고 주어진 5분의 1조각을 5번 반복하여 전체를 재생산할 수 있다(그림 7.1).

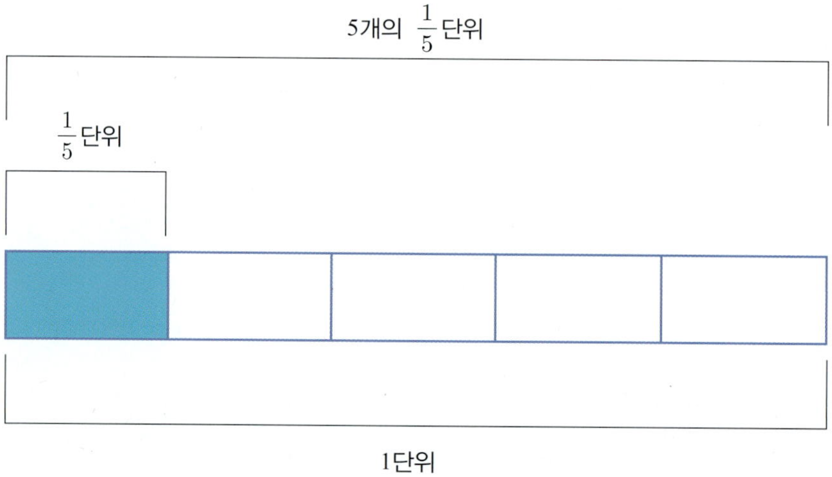

그림 7.1 가역성과 단위 분수 측정 스킴(Boyce와 Norton, 2016 참고)

분할하기와 반복하기 정신 활동은 단위 분수 측정 스킴의 가역성의 기반이 된다. 그러나 학생들은 처음에는 이러한 행동을 순서대로 이행해야 한다. 앞서 제시한 예에서 전체는 부분으로 분할될 수 있고, 이 중 하나의 부분은 전체를 다시 복원하기 위해 5번 반복될 수 있다. 학생들이 완전한 가역성을 개발하기 위해서는 이 활동들을 역으로 예상하고 이를 동전의 양면처럼 동시에 생각할 필요가 있다. 이러한 동시성은 학생들이 분수에 대한 추론을 역으로 생각할 수 있도록 하는 **스플리팅**(splitting)이라고 하는 하나의 정신 활동을 생성한다(Hackenberg, 2010; Steffe, 2002).

스플리팅 조작

스플리팅은 분할하기와 반복하기의 두 가지 정신 활동(조작)을 하나의 조작으로 합친 것이다(Norton, 2008; Steffe, 2002; Wilkins and Norton, 2011). 스플릿을 할 수 있는 학생들은 하나의 활동이 다른 활동의 결과를 원상태로 돌리는 것을 확인하기 위해 반복이나 분할을 할 필요가 없다. 이러한 이유로 그들은 그림 7.2와 같은 과제를 해결할 수 있다. 무엇인가 보다 n배 더 크다는 것은 반복하기의 성격을 띠지만, 학생들은 분할하기를 통해 문제를 해결해야 하며, 또한 학생들은 그 분할의 결과가 문제에 암시된 반복하기 활동의 처음 상태로 돌아가는 것임을 예상할 수 있어야 한다. 이런 의미에서 분할하기와 반복하기라는 2개의 기본 조작은 하나의 결합된 상위 조작이 된다.

아래 막대는 다른 막대의 길이의 3배이다. 다른 막대를 그려 보아라.

아래 피자는 네가 가진 피자 조각의 5배이다. 너의 피자 조각을 그려 보아라.

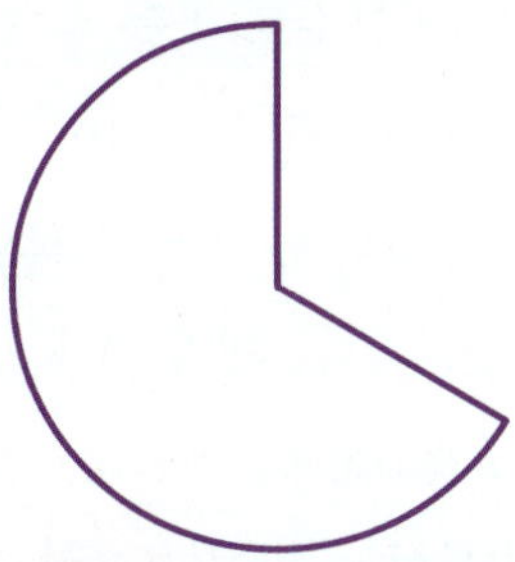

그림 7.2 스플리팅 과제

스플리팅 과제에 대한 학생 응답들

스프리팅을 하지 않는 학생들은 빈번하게 스플리팅 과제를 반복하기 과제로 해석한다. 주어진 부분을 반복의 역 활동으로 분할하지 않고 반복을 시도할지 모른다. 예를 들어, 그림 7.3의 학생 응답을 살펴보자. 이 학생은 문제에서 주어진 막대를 포함하여 3번 더 반복하였다가, 이를 수정하여 총 3번의 반복된 막대를 그린 것으로 보인다. 이 학생은 주어진 막대를 어떤 다른 막대를 3배 반복한 결과로 해석하지 않았다. 이와 같이 반복을 반대로 하는 것, 즉 주어진 막대를 세 부분으로 등분할하여 다른 막대를 만드는 것은 스플리팅의 정신 활동이 필요하다.

아래 막대는 다른 막대의 길이의 3배이다. 다른 막대를 그려 보아라.

그림 7.3 스플리팅 과제에 대한 학생 응답 (Wilkins and Norton, 2011에서 발췌함)

진분수에 대한 가역적 추론

단위 분수 측정 스킴을 구성한 학생은 단위 분수를 측정 단위로 사용할 수 있음을, 즉 단위 분수를 반복하여 비단위 진분수로 만들 수 있음을 상기하자. 예를 들어, $\frac{3}{5}$은 전체를 5개의 부분으로 등분할한 것의 결과인 $\frac{1}{5}$을 3번 반복한 것이다. 스플리팅이 가능한 학생들은 주어진 진분수를 전체로 복원하기 위해 반복하기와 분할하기의 두 조작을 전체에서 진분수를 만들 때와 반대 방식으로 사용해야 함을 예상할 수 있다(Hackenberg, 2010). $\frac{3}{5}$을 전체로 만드는 것은 $\frac{3}{5}$을 세 부분으로 등분할한 후 이 중 한 부분을 5번 반복하는 것이다(그림 7.4).

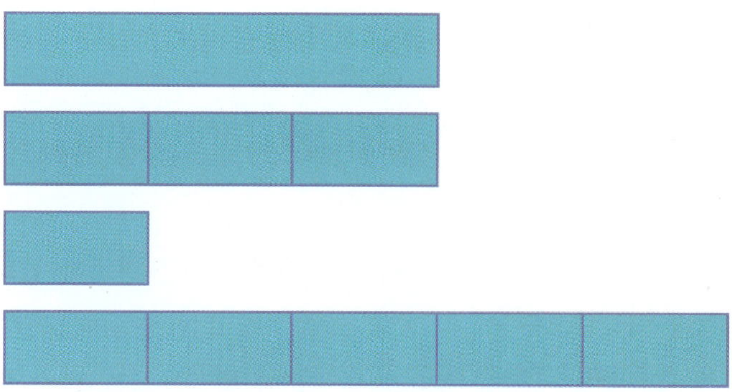

그림 7.4 진분수를 가역하기

이러한 가역적 추론을 하기 위해 학생들은 진분수, 단위 분수, 전체의 세 수준 단위를 조정해야 한다(그림 7.5). 그러나 진분수가 전체의 일부이기 때문에, 전체 안에서 활동을 하며 학생들은 세 수준 단위를 조정할 수 있다(Hackenberg, 2007). 즉, 2단계 학생들이 스플릿을 할 수 있을 때 진분수를 가역하기 시작할 수 있다.

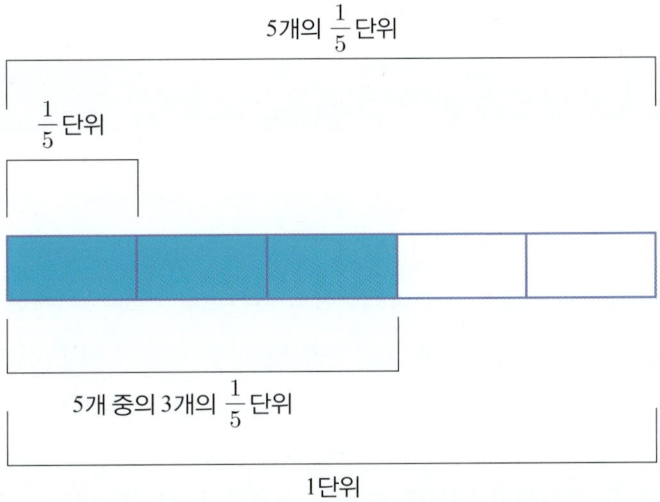

그림 7.5 진분수를 가역하는데 포함되는 세 수준 단위 (출처: Boyce and Norton, 2016)

활동을 통하여 세 수준 단위 조정하기

2단계 학생들은 2개의 단위 수준을 주어진 것으로 활용하고 활동을 통해 세 번째 수준의 단위를 사용할 수 있다(2장과 3장 참고). 분수를 가역하는데 있어 학생들은 진분수를 두 수준의 단위로 생각한다. 예컨대, $\frac{3}{7}$은 3개의 $\frac{1}{7}$ 단위이다. 스플리팅을 통해 $\frac{1}{7}$을 만들고 난 후에 학생들은 $\frac{1}{7}$을 7번 반복하거나 3개의 $\frac{1}{7}$에 4개의 $\frac{1}{7}$을 더하여 세 번째 수준의 단위인 전체를 만들 수 있게 된다. 가분수을 가역하는 것은 가분수가 전체를 넘어서는 수이기 때문에 학생들에게 더 많은 것을 필요로 한다(Hackenberg, 2007). 예를 들어, 학생이 $\frac{9}{7}$에서 전체를 만들고자 한다면 그 학생은 가분수 안의 전체를 놓치지 않고 그 두 단위를 구분하고 있어야 한다. 아니면 $\frac{9}{7}$를 아홉 부분으로 등분할하고 전체의 $\frac{9}{9}$를 만들었다고 생각하거나 이를 일곱 부분으로 잘못 분할할 수 있다. 달리 말해 이러한 과제를 일관성 있고 의미 있게 해결하기 위해 학생은 가분수, 전체, 단위 분수의 세 수준의 단위들을 동시에 조정해야 한다. 이는 3단계 학생들의 조건이며 8장의 초점이다.

가역적 사고 평가

6장에서 논의하였듯이, 2단계 학생들은 분수를 측정 혹은 크기로 개념화하기 위하여 분할하기와 반복하기의 두 정신 활동을 조정할 수 있다. 나아가 이 학생들은 크기로서의 분수에 대한 사고를 가역할 수 있는 스플리팅 조작을 구성할 수 있다. 즉, 이들은 주어진 전체에 대해 그것의 진분수를 만들 수 있고 주어진 진분수에서 전체를 복원할 수 있다. 그러나 이와 같은 조작은 학생들이 3개의 단위 수준을 동시에 조정(3단계 학생)할 수 있을 때까지는 가분수로 확장되지 않는다. 스플리팅이 가역적 추론의 주요한 조작이기 때문에 교사는 학생들이 이러한 조작을 구성하였는지 평가할 수 있어야 한다. 그림 7.2는 이러한 평가를 위한 적절한 과제이다. 이러한 과제를 실행하는 동안 교사는 다음의 주요 사항을 고려해야 한다.

- 학생들은 반복하기와 분할하기의 역관계를 미리 예상하는가? 혹은 활동을 통해 이 두 조작을 조정하는가?
- 학생들은 활동을 통해 세 수준의 단위를 조정할 수 있는가? 구체적으로, 학생들은 진분수를 단위 분수와 전체 단위와 연결할 수 있는가?
- 학생들은 진분수에서 전체 그리고 전체에서 진분수를 만들 수 있는가?

가역적 추론 교육

스플리팅 조작을 구성한다는 것은 학생들의 분할하기와 반복하기 조작의 재조직(reorganization)을 수반한다. 이러한 재조직은 교사가 직접 가르친다고 하여 습득될 수 없는 내부적이고 잠재 의식적인 절차이다. 오히려 연구 결과에 따르면 학생들은 분할하기와 반복하기의 조정 경험을 통해 이러한 능력을 구성하게 되면서(6장의 초점) 시간이 지남에 따라 재조직으로 이어진다(Norton and Wilkins, 2013). 즉, 스플리팅을 개발시킬 수 있는 교육은 없다. 그러나 교사가 자신의 학생이 스플릿을 할 수 있음을 알게 되었을 때, 그 학생의 가역적 추론의 발달을 지원할 수 있는 여러 수업 활동이 가능해진다.

앞서 논의하였듯이, 스프릿을 할 수 있는 학생은 주어진 진분수 부분에서 전체를 복원하는 과제를 해결하기 시작할 수 있다. 더 일반적으로 스플리팅은 곱셈적 추론의 신장을 위한 새로운 가능성을 열어준다. 이 장의 평가 과제들은 학생들의 스플리팅 조작 구성과 분수에 대한 가역적 추론 활동 참여 능력을 평가하기 위해 고안되었다. 수업 활동은 그들의 스플리팅 조작을 기반으로 가역적 추론을 향상시키는 것을 목적으로 한다.

평가 과제 모음

평가 과제 모음 목록

평가 과제 7.1: 스플리팅
평가 과제 7.2: 퀴즈네어 연결 막대로 진분수 가역하기
평가 과제 7.3: 분수 막대로 진분수 가역하기
평가 과제 7.4: 가역적 곱셈 추론

평가 과제 7.1 스플리팅

수업 재료 | 분수 막대(5개의 길고 얇은 직사각형 모양의 종이 막대, 모두 같은 크기), 테이프, 가위, 필기도구

활동 | 학생들에게 분수 막대를 준다. 이 중 한 가지 막대를 가리키며 그 막대는 토미코라는 학생의 것이라고 알려준다. 토미코의 막대는 라파엘(다른 학생)의 막대의 5배라고 한다. 학생들에게 (토미코의 막대를 나타내는) 막대 복사본을 이용하여 라파엘의 막대를 만들라고 한다.

유의사항

- 이 과제에서 사용하는 언어는 학생들에게 친숙하지 않을 수 있으므로 교사는 학생들에게 **주어진** 막대(토미코의 막대)가 학생들이 만들어야 하는 (라파엘의) 막대 크기의 5배임을 강조해야 할 수도 있다.
- 스플릿하는 학생들은 다섯 부분으로 등분할된 막대 중 한 부분을 자르는 것을 상상하며 정확한 크기의 조각을 시각화할 수 있을 것이다. 그들은 잘라내기 전에 먼저 막대에 표시하고 싶어 할지도 모른다.
- 과제를 해결하기 위해 테이프가 필요한 것은 아니지만 평가를 위해 제공되어야 한다. 테이프 없이 가위만 제공된다면 학생들은 자신들이 만들어야 하는 막대의 길이가 주어진 막대보다 짧다는 것을 알 수 있게 된다(즉, 문제 해결의 힌트가 된다).
- 스플릿을 하지 않는 학생 대부분은 주어진 막대 길이의 5배인 막대를 만들 것이다. 이들은 주어진 막대 복사본 5개를 테이프로 서로 붙여 연결할지 모른다.
- 교사는 학생들에게 그들의 응답을 정당화하라고 해야 한다. 예를 들어, "학생이 만든 것은 무엇이며 그것이 내가 만들라고 한 것인지 어떻게 알 수 있나요?" 혹은 "토미코의 막대가 라파엘의 막대의 5배인지 보여줄 수 있나요?"와 같은 질문을 할 수 있다.
- 이 과제는 5 이외의 다른 수로 바꾸어 제시할 수 있다. 그러나 학생들이 어떤 막대를 절반과 2배로 만드는 것은 다른 수로 일반화되기 쉽지 않으므로 2로 변형하는 것은 지양한다.

평가 과제 7.2 퀴즈네어 연결 막대로 진분수 가역하기

수업 재료 | 퀴즈네어 연결 막대(부록의 견본 참고).

활동 | 학생들에게 어두운 초록색의 막대(6단위 길이)를 보여주고 이 막대가 전체의 7분의 3이라고 알려준다. 학생들에게 전체의 길이를 구하라고 한다. 퀴즈네어 연결 막대로 나타내어질 수 있는 단위 분수가 있는 한 다른 분수로 과제를 변형하여 제시할 수 있다.

유의사항

- 이러한 과제에서 전체는 가장 긴 막대(주황 막대)보다 클 수 있다. 따라서 학생들은 전체가 얼만지 보여주기 위해 막대들을 결합해야 할지도 모른다.
- 이 과제를 해결하기 위해서 학생들은 $\frac{3}{7}$을 3개의 $\frac{1}{7}$부분으로 스플릿해야 한다. 이들은 또한 활동을 통해 주어진 막대, 단위 분수, 전체의 세 수준의 단위를 조정해야 한다.
- 이 과제를 위한 다른 좋은 분수는 $\frac{1}{2}$에 가까운 비단위 분수인 $\frac{5}{8}$와 $\frac{4}{9}$이다.
- 앞에서 제시한 과제들과 마찬가지로 교사는 학생들에게 "학생이 만든 것은 무엇이며 그것이 내가 만들라고 한 것인지 어떻게 알 수 있나요?"라고 물어 그들의 응답을 정당화할 수 있도록 해야 한다.

평가 과제 7.3 분수 막대로 진분수 가역하기

수업 재료 | 분수 막대(모두 같은 길이), 테이프, 가위, 필기도구

활동 | 학생들에게 아무런 표시가 없는 분수 막대를 주고 이 막대가 전체의 $\frac{3}{7}$이라고 알려준다. 학생들에게 전체를 만들라고 한다. 다른 진분수로 과제를 변형하여 제시할 수 있다.

유의사항

- 이 과제는 평가 과제 7.2와 유사한 방식으로 학생들에게 제시되어야 한다. 그러나 이 과제는 학생 자신이 만든 막대가 맞는지 확인하는데 도움이 되는 퀴즈네어 연결 막대가 함께 제시되지 않기 때문에 평가 과제 7.2보다 어렵다. 즉, 학생들은 어떠한 크기도 될 수 있는 길이의 막대를 만들어야 한다.

평가 과제 7.4 가역적 곱셈 추론

수업 재료 | 연필과 종이

활동 | 다음과 같은 문제를 제기한다. "24온스는 스테파니가 마신 소다 양의 8배입니다. 그녀가 마신 소다의 양은 얼마이며 이를 그림으로 보여주세요"

유의사항

- 이 과제는 두 번째 수가 첫 번째 수를 나머지 없이 나누는 조건에서 다양한 맥락과 여러 다른 수로 제시될 수 있다.
- 교사는 학생 그림의 정확도를 평가해야 한다. 학생들이 만든 막대들의 길이가 문제에 주어진 두 수의 크기에 대략 비례하는가? 학생들은 8배를 그림으로 어떻게 나타내었는지 보여줄 수 있는가?
- 2단계 학생들은 수치적으로 문제를 해결할 수 있지만, 문제에서의 관계를 그림으로 나타내기 어려워하는 경우가 종종 있다. 또한, 이들은 이 관계를 혼동하여 생각하기도 한다. 예컨대, 학생들은 1부분이 8온스인 세 부분으로 등분할된 24온스를 그린다.
- 교사는 또한 학생들에게 그들의 응답을 정당화하라고 요청할 수 있다. 학생들은 주어진 두 수의 상대적인 크기를 고려하는가? 학생은 단위를 식별할 수 있는가? 학생들은 필요한 막대를 만들기 위해 그 단위를 사용하는가?

수업 활동

수업 활동 목록

활동 7.1: 2개의 숨겨진 단위
활동 7.2: 나의 수, 너의 수
활동 7.3: 나의 분수, 너의 분수
활동 7.4: 부분 스플리팅하기
활동 7.5: 곱셈 추론 가역하기

활동 7.1 2개의 숨겨진 단위

학습 목표 | 학생들은 주어진 비단위 분수에 대한 2개의 단위(단위 분수와 전체)에 주목하여 분할하기와 반복하기 활동을 조정할 것이다. 또한, 학생들

은 진분수에 대한 가역적 추론을 할 수 있게 된다(주어진 진분수에서 전체 만들기).

수업 방법 | 학급 전체에게 게임 방법을 안내하고 소집단으로 활동

수업 재료 | 퀴즈네어 연결 막대(부록의 견본 참고), '전체'와 '단위 분수'라고 적힌 2개의 봉투

수업 안내 | 한 학생이 모둠원 몰래 2개의 막대를 선택하고 짧은 막대가 긴 막대의 얼마인지 분수를 결정한다. 그리고 그 분수에 대한 단위 분수 막대를 찾는다. 전체 막대를 '전체'라고 적힌 봉투에 넣고 '단위 분수'라고 적힌 봉투에 찾은 단위 분수 막대를 넣는다. 그리고 다른 학생들에게 짧은 막대를 보여주고 그에 대한 이름(전체에 대한 비단위, 진분수)을 알려준다. 마지막으로, 다른 학생들에게 두 봉투에 들어있는 막대를 알아내라고 한다. 예를 들어, 학생들은 주황 막대와 주황 막대의 $\frac{3}{5}$인 어두운 초록 막대를 선택할 수 있다. 그리고 그들은 붉은 막대가 $\frac{1}{5}$이라고 할 수 있다. 그들은 '전체'라고 적힌 봉투에 주황 막대를 넣고 '단위 분수'라고 적힌 봉투에 붉은 막대를 넣는다. 그리고 그들은 다른 학생들에게 어두운 초록 막대를 $\frac{3}{5}$이라 하고 전체와 단위 분수를 알아내라고 한다.

응답, 변형, 확장

- 학생들에게 단위 분수를 선택하도록 하고 전체만을 감추도록 하여 이 활동의 난이도를 낮출 수 있다.
- 분할된 부분이 표시된 퀴즈네어 연결 막대 대신에 분할된 부분이 표시되어 있지 않은 분수 막대를 사용하여 문제의 난이도를 높일 수 있다. 단위를 감춘 학생들은 자와 가위를 이용하여 3개의 막대를 만들어야 한다. 분수 막대는 어느 크기의 부분으로도 등분할될 수 있다는 점에서 연속량을 다루고 있기 때문에 이 활동이 더 어렵다. 퀴즈네어 연결 막대를 통해 학생들은 자연수 이산량(예, 붉은 막대는 12이다)과 연결할 수 있다.
- 교사는 또한 학생들에게 가분수를 선택하도록 하여 문제의 난이도를 높일 수 있다.

활동 7.2 나의 수, 너의 수

학습 목표 | 학생들은 자연수에 대한 가역적 추론을 하기 위해 스플리팅을 할 수 있게 된다. 그들은 주어진 길이를 1단위의 부분으로 스플릿하고 필요한 길이를 만들기 위해 이 단위 중 하나를 반복하여 주어진 자연수 길이에 상관없이 어떠한 자연수 길이도 만들 수 있게 된다.

수업 방법 | 한 쌍의 학생들을 위한 활동

수업 재료 | 표시가 없는 분수 막대(부록의 견본 참고), 연필, 가위, 테이프, 자

수업 안내 | 한 학생이 자연수 길이를 선택하고 자를 이용하여 그 길이를 나타내는 (아무런 표시가 없는) 종이 막대를 만든다. 다른 학생에게 자를 사용하지 않고 어떠한 크기를 갖는 막대를 만들라고 한다. 예를 들어, 첫 번째 학생이 11센티미터 길이의 막대를 만들고 두 번째 학생에게 8센티미터 길이의 막대를 만들라고 할 수 있다. 두 번째 학생은 (자를 사용하지 않고) 주어진 막대, 연필, 가위를 사용하여 막대를 만들어야 한다. 한 쌍의 학생들은 자를 사용하여 새로운 막대의 정확도를 알아볼 수 있다.

응답, 변형, 확장

- 이 활동은 자연수에 대한 가역적 추론의 사용을 필요로 한다. 학생들은 자신들의 스플리팅 조작에 의지하여 주어진 막대에서 1단위를 만들 수 있다.
- 어떠한 두 자연수도 이 활동에서 사용될 수 있지만 두 수는 서로 배수가 아닌 것이 좋다. 그렇지 않으면, 학생들은 그 과제를 해결하기 위해 스플릿을 하거나 반복을 할 필요가 없을 수 있다.

활동 7.3 나의 분수, 너의 분수

학습 목표 | 학생들은 새로운 분수를 만들기 위해 가역적 추론을 할 수 있게 된다. 학생들은 주어진 진분수를 전체로 다시 복원하고 이로부터 다른 분수를 만들면서 어떠한 진분수가 주어지더라도 이를 다른 진분수로 만들 수 있게 된다.

수업 방법 | 한 쌍의 학생들을 위한 활동

수업 재료 | 분수 막대, 연필, 가위, 테이프

수업 안내 | 한 학생이 분수를 선택하고 분수 막대를 이용하여 그 분수를 만든다. 이 학생이 분수를 만드는 과정에서 어떠한 표식도 하지 않도록 주의시킨다. 두 번째 학생에게 다른 분수를 만들라고 한다. 예를 들어, 첫 번째 학생은 전체의 $\frac{3}{4}$ 막대를 만들고 두 번째 학생에게 이를 이용하여 전체의 $\frac{2}{3}$에 해당하는 막대를 만들라고 한다. 두 번째 학생은 그 막대를 만들고 자신의 응답을 정당화해야 한다. 첫 번째 학생은 두 번째 학생이 옳은 분수 막대를 만들었는지 동의해야 한다.

응답, 변형, 확장

- 이 활동은 학생들의 분수에 대한 가역적 추론을 필요로 한다. 학생들은 일반적으로 새로운 분수를 만들기 위해서 주어진 막대를 전체로 복원해야 한다.
- 어떠한 진분수도 선택할 수 있으나 첫 번째 분수로 단위 분수를 선택하는 것은 피하는 것이 좋다. 그렇지 않으면, 학생들은 스플리팅을 사용하지 않을 수 있다.

활동 7.4 부분 스플리팅하기

학습 목표 | 학생들은 주어진 단위 분수를 사용하여 더 작은 단위 분수를 만들 수 있게 된다. 이는 부분을 스플리팅하고 전체에 상대적인 분수 크기를 규명하는 것을 필요로 한다.

수업 방법 | 한 쌍의 학생들을 위한 활동

수업 재료 | 아무런 표시가 없는 분수 막대, 연필, 가위

수업 안내 | 한 쌍의 학생 각각은 분수 막대를 똑같은 부분으로 분할하고 이 중 하나를 잘라내어 단위 분수를 만든다(예, 막대를 다섯 부분으로 등분할하고 $\frac{1}{5}$을 만들기 위해 이 중 하나를 잘라낸다). 그리고 한 학생이 몰래 동일한 방법으로 그 단위 분수의 단위 분수를 만든다(예, $\frac{1}{5}$ 조각의 $\frac{1}{3}$). 그 학

생은 새로운 조각의 분수 이름을 짓고($\frac{1}{15}$) 두 번째 학생에게 (새로운 조각을 보여주지는 않고) 그 이름을 알려준다. 두 번째 학생은 원래 막대의 1부분 ($\frac{1}{5}$)을 이용하여 새로운 조각 ($\frac{1}{15}$)을 만들어야 한다. 학생들은 그들이 만든 조각들의 크기를 비교할 수 있게 된다.

응답, 변형, 확장

- 학생들은 활동 7.3과 같이 이 과제를 해결할 수 있지만, 어떤 특정한 단위 분수를 만들기 위해 전체를 만들 필요가 없다는 것을 깨닫기 시작해야 한다.

활동 7.5 곱셈 추론 가역하기

학습 목표 | 학생들은 가역적 곱셈 추론을 수반하는 과제를 해결하기 위해서 스플리팅을 할 수 있게 된다.

수업 방법 | 개별적으로 해결하게 하기 위한 학급 활동

수업 재료 | 연필과 종이

수업 안내 | 다음과 같은 문제를 제기한다. "42달러는 샘이 가진 돈의 $\frac{3}{7}$이다. 샘이 가진 돈은 얼마인가?" 학생들에게 그들의 답을 표현하기 위해 그림을 그리라고 한다.

응답, 변형, 확장

- 이 과제는 진분수를 포함했다는 것을 제외하고 평가 과제 7.5와 같다. 학생들은 전체를 3개의 똑같은 부분으로 스플리팅하여 합성 단위(42달러)의 $\frac{1}{7}$을 구해야 한다. 그리고 학생들은 그 $\frac{1}{7}$부분의 전체를 구하기 위해 활동을 통해 세 번째 수준의 단위를 조정해야 한다. 이러한 활동들은 더 진전된 형태의 가역적 곱셈 추론을 수반한다(Hackenberg, 2010).
- 진분수의 분모가 합성 단위의 약수(예, 3은 42를 나눔)인 조건에서 이 과제에서 사용된 맥락과 수는 변형될 수 있다. 학생들이 문제에서 주어진 자연수(예, 42)를 어떠한 수로 등분할해야 하는지 결정할 수 있도록 진분수

의 분모와 분자는 모두 주어진 자연수를 나누는 것이 가장 좋다(예, 42는 3과 7로 모두 나누어진다).

- 교사는 정답이 자연수로 떨어지지 않도록 수를 선택할 수 있다. 예를 들어, "37달러는 샘이 가진 돈의 $\frac{2}{5}$일 때, 샘은 얼마를 갖고 있는가?"와 같은 문제로 확장할 수 있다.
- 꼭 돈이 맥락인 문제로 제시할 필요는 없다. 예를 들어, "42피트는 문에서 놀이터까지의 거리의 $\frac{3}{7}$이다. 문에서 놀이터까지의 거리는 얼마인가?"와 같이 변형하여 제시할 수 있다. 이러한 거리 맥락 문제는 학생들이 길이 혹은 넓이 그림을 사용하여 관계를 나타내도록 할 수 있다. 길이 혹은 넓이 그림은 돈 맥락의 문제 상황을 모델링할 때도 사용될 수 있고 위의 수업 활동에도 종종 도움이 된다.
- 이와 같은 방식으로 곱셈 추론을 가역하는 것을 배우지 않은 학생들은 42달러의 $\frac{3}{7}$을 구하려고 할지도 모른다. 이러한 학생들에게는 단위 분수(예, $\frac{1}{7}$)를 사용하고 더 작은 합성 단위(예, 10달러 혹은 21달러)를 사용하여 문제의 난이도를 낮출 수 있다.
- 이러한 활동들은 자연수와 분수의 곱셈에 대한 공통 핵심 주 규준 5.NF.4[1] 규준을 지원하는데 사용될 수 있다.
- 이러한 활동들은 또한 학생들이 단순한 전체보다는 합성 단위의 분수를 생각해 보게 함으로써 **복잡화**를 지원한다.

1) 역자 주. 5학년 수와 연산 분수 영역 네 번째 규준.

08

3단계 학생 가르치기: 수로서의 분수

영역 개관

3단계 학생들은 세 수준의 단위를 조정한 구조를 주어진 자원으로 활용할 수 있다. 이미 3장에서 논의하였듯이 3단계 학생들은 문제를 해결하기 전에 수를 세 수준의 단위로 구조화된 것으로 '이해할 수' 있다. 이 학생들이 35를 7의 5단위(5 units of 7)로 바로 안다는 것은 아니지만, 35(혹은 어떠한 수)가 이처럼 구조화된다는 것을 예상할 수 있다. 선행연구에서는 학생들이 세 수준의 단위를 결합할 수 있는 능력을 갖추게 되며 분수를 단위 분수의 배로 생각할 수 있게 된다고 하였다(Hackenberg, 2007; Steffe and Olive, 2010). 예를 들어, 이러한 학생들에게 $\frac{3}{7}$은 $\frac{1}{7}$의 3배이며 $\frac{7}{5}$은 $\frac{1}{5}$의 7배이다. 6장에서 언급하였듯이 부분-전체의 의미로 $\frac{7}{5}$은 말이 안 되기 때문에 이러한 분수의 의미는 중요하다. 나아가 단위 분수의 배로 분수를 생각할 때 학생들에게 분수는 '수 그 자체'가 된다(Hackenberg, 2007). 어떠한 분수가 단위 분수의 배일 때, 학생들은 사실상 개념적 의미를 기반으로 한 분수에 대한 모든 산술 연산을 할 수 있게 된다(Steffe and Olive, 2010).

이 장에서는 3단계 학생들이 어떻게 분수를 개념화하며 교사는 어떻게 학생들이 분수를 생각하는지 평가하고 이처럼 분수를 생각하도록 장려할 수 있는지, 그리고 3단계 학생들의 분수 개념을 더욱 견고하게 하도록 어떻게 도울 수 있는지에 집중하여 논의할 것이다. 9장에서 우리는 3단계 학생들과 관련된 다섯 번째 조각내기 수준을 다루고 10, 11, 12장에서는 2, 3단계 학생들의 분수 산술 연산을 다룰 것이다.

반복 분수 스킴: 수로서의 분수

어떠한 분수를 단위 분수의 배로 생각하는 것을 **반복 분수 스킴**(Iterative Fraction Scheme)이라고 명명한다. 이 스킴을 가진 학생은 가분수를 포함한 어떠한 분수도 단위 분수를 반복하여 의미 있게 만들 수 있다. 이 학생은 $\frac{7}{5}$과 같은 분수를 '$\frac{1}{5}\times 7$' 그리고 '1단위 ($\frac{5}{5}$)와 1단위의 $\frac{2}{5}$'로 생각한다.

이처럼 생각하기 위해 학생은 $\frac{7}{5}$을 ($\frac{1}{5}$이라는 단위가) 7개로 이루어진 단위로 볼 수 있어야 한다. 그러나 이 중 어떠한 $\frac{1}{5}$도 모든 것이 만들어지는 출발점인 전체 1을 만들기 위해 반복될 수 있어야 한다(그림 8.1). 즉, 학생들은 단위 분수(아래 예에서의 $\frac{1}{5}$), 단위 분수가 파생된 전체(아래에서 $\frac{5}{5}$), 분수 그 자체(아래에서 $\frac{7}{5}$)의 세 수준의 단위를 조정해야 한다. 이처럼 서로 관련된 세 수준의 단위를 놓치지 않고 기억하면서 학생들은 $\frac{7}{5}$을 $\frac{1}{5}\times 7$ 그리고 1과 $\frac{2}{5}$의 두 가지의 의미로 생각할 수 있게 된다.

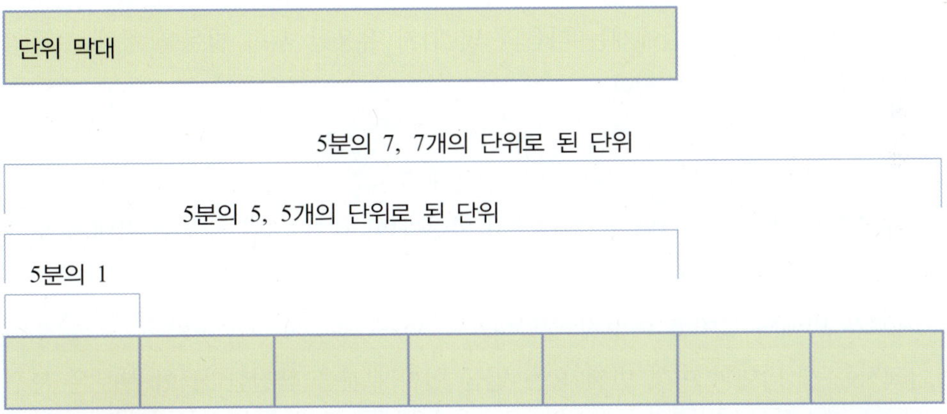

그림 8.1 $\frac{7}{5}$을 $\frac{1}{5}\times 7$ 그리고 1과 $\frac{2}{5}$로 생각하는데 수반되는 세 수준의 단위

반복 분수 스킴 평가하기

연구자는 다음과 같은 과제를 통해 학생들의 반복 분수 스킴의 개발 여부를 평가할 수 있다.

> '5분의 7 그리기 문제': 다음의 직사각형은 사탕 막대를 나타낸다. 이 막대의 5분의 7인 다른 막대가 있다. 다른 막대를 그리시오.

3단계 학생들은 이 문제를 도전적이고 자신들에게 익숙하지 않은 형태의 문제로 생각할 수 있고, 학생 대부분은 이러한 문제를 경험해 본 적이 없을 것이다. 세 수준의 단위를 조정할 수 있는 학생 대부분은 그림 8.2와 같이 그리고 원래 막대의 복제본과 원래 막대의 5분의 1막대 2개로 구성된 막대를 그렸다고 설명할 것이다.

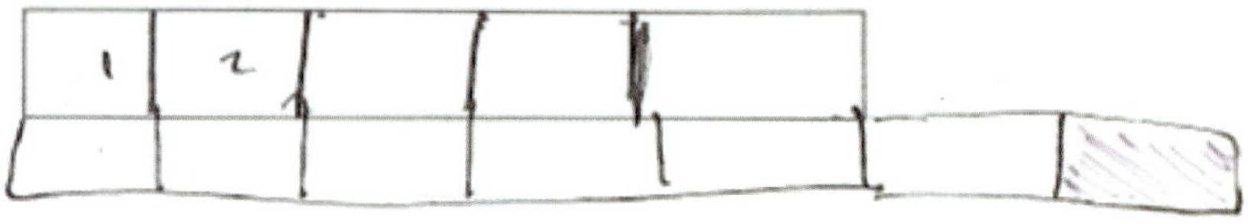

그림 8.2 '5분의 7 그리기 문제'에 대한 3단계 학생의 전형적인 응답

위와 같이 그린 학생들에게는 다음의 몇 가지 유용한 후속 발문을 통해 그들의 생각을 더 잘 이해할 수 있다.

a. 네가 그린 막대를 분수로 나타내면 어떻게 되니?
b. [새로운 막대에 모든 부분을 나타내지 않았다면] 네가 그린 새로운 막대에 모든 부분을 표시할 수 있겠니?
c. 새로운 막대의 길이를 어떻게 알았니?
d. [교사는 새 막대의 여섯 번째 혹은 일곱 번째 부분을 색칠한다] 이 부분은 분수로 어떻게 표현할까?
e. 5분의 1을 색칠하여라. [어떠한 막대에 칠해야 하는지 물어보는 학생들이 있을 것이고, 이에 대해 교사는 "어디든 괜찮아"라고 할 수 있다.]

$\frac{7}{5}$을 막 그린 학생에게 질문 a)는 반복적일 수 있다. 그러나 반복 분수 스킴이 부족한 학생들은 막대를 그린 후에 자신들이 그린 막대를 $\frac{7}{7}$이라고 부르는 경우가 빈번한데, 이는 이 학생들이 전체를 넘어 단위 분수를 반복하는 과정에서 전체를 기억하지 않기 때문이다(Tzur, 1999). 즉, 학생들은 더 긴 새로운 전체 막대를 만든 것이다.

반복 분수 스킴을 개발한 학생들은 부분을 그리고 이를 나열하는데 신중할 것이다. 예를 들어, 그림 8.2에서 새로운 막대의 처음 5개 부분은 원래 막대의 5개 부분과 꽤 가깝게 배치되어 있다. 이는 이 학생이 원래 막대의 부분을 새로운 막대의 부분과 같게 생각했다는 하나의 지표이다. 즉, 이 부분들 모두 같은 크기이며 서로 교환이 가능하다. c)에 대해 반복 분수 스킴을 개발한 학생들은 $\frac{7}{5}$이 전체 막대와

5분의 1막대 2개가 추가된 것이라 전체 막대를 그리고 그 막대의 5분의 1을 2개 더 그렸다고 설명한다.

질문 d)는 이들이 7개의 부분을 어떻게 보는지 파악하는 데 도움이 된다. 몇몇 학생들은 (심지어 3단계 학생들조차) 일곱 부분으로 등분할된 막대를 그린 후에 각각의 부분을 7분의 1 막대라고 생각할 수가 있기 때문이다. 1부분이 원래 막대의 5분의 1이며 새로운 막대의 7분의 1이라고 하는 학생은 서로 다른 기준 단위에 대해 두 가지 이름을 갖는다는 것을 아는 것이고 이 또한 3단계 학생의 특징이다. 다음 절에 설명한 대로 질문 e)는 d)를 대체할 수 있다. 한편, 학생이 질문 d)에 대해 '7분의 1'이라고 한다면, 교사는 그 학생의 사고를 더 자세히 이해하기 위해 질문 e)를 통해 그림의 어디에 5분의 1이 있다고 생각하는지 물어볼 수 있다.

반복 분수 스킴 신장시키기: 마법의 사탕 막대

이 책의 저자 중 1명은 '5분의 7 그리기 문제'를 어려워한 2명의 6학년 학생 브리짓과 데보라를 면담하였다(Hackenberg, 2007). 두 학생은 그림 8.2와 유사하게 두 막대는 그렸지만, 막대의 부분을 나타내지 않았다. 그들은 각각 원래 막대와 동일한 크기의 막대에 2개의 부분을 추가한 만큼을 나타내는 막대를 그렸다고 하였다. 부분을 나타내 보라고 하자, 학생들은 상단 막대를 다섯 부분으로 하단 막대를 일곱 부분으로 나타냈지만, 위아래 부분의 크기가 서로 일치하지 않았다(그림 8.3).

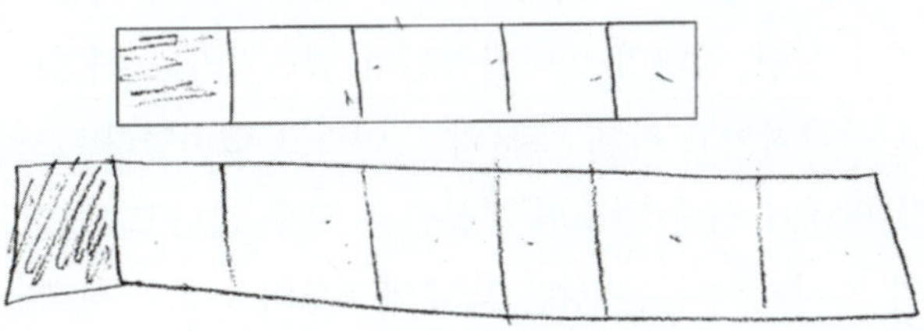

그림 8.3 '5분의 7 그리기 문제'에 대한 브리짓의 초기 그림 (출처: Hackenberg, 2007)

교사는 그 학생들에게 '5분의 1'을 칠하라고 하였다. 일부러 어느 막대인지 구체적으로 제시하지 않았다. 또 학생들이 어디에 칠해야 하는지 물어보았을 때 교사는

"어디든"이라고 답하였다. 그들은 각각 5-부분[1] 막대의 첫 번째 부분을 색칠하였다. 그러자 교사는 "그럼 아래에 있는 사탕 막대의 각 조각은 무엇이라고 부를 수 있을까?"라고 물었다. 두 학생 모두 그 조각들은 7개의 부분들로 되었기 때문에 7분의 1이 된다고 하였다. 하단 막대의 하나의 부분을 칠하게 하고 그 부분이 상단 막대의 얼마만큼인지를 물어보자, 두 학생 모두 "이런!"이라고 하며 잠시 생각하다가 모르겠다고 대답하였다.

교사는 두 학생 모두 최소한 단위 분수 측정 스킴(6장)을 개발하였다고 평가하였고, 전체 내에서는 단위 분수의 반복을 통해 새로운 분수를 만들 수 있을 것으로 생각하였다. 이에 그는 학생들 각자에게 새로운 막대 복제본으로 시작하라고 하였다. 그는 학생들에게 이 막대에서 하나의 조각을 가져가더라도 바로 다시 채워지기 때문에 '마법의' 사탕 막대라 부른다고 알려주었다. 교사가 이러한 마법의 막대라는 아이디어를 고안한 것은 학생들이 막대를 등분할한 후에 얻게 되는 부분의 개수만큼만(예, 다섯 부분만) 가져가기보다는 원하는 만큼 많은 조각의 막대를 가져갈 수 있게 하기 위해서였다.

교사는 두 학생에게 주어진 막대의 5분의 3을 나타내는 막대를 그려보라고 하였다. 학생 각각은 원래 막대를 5개의 부분으로 등분할하고 이 중 3개의 부분을 추가하여 다른 막대를 아래에 덧붙여 그렸다. 5분의 3막대를 그렸는지 어떻게 확신하는지 묻자 학생들은 각각 3개의 부분을 가리켰다(그림 8.4 중간 막대). 교사가 그 막대의 1부분을 칠하고 두 학생에게 이 부분이 상단 막대의 얼마만큼인지 알려달라고 하였더니, 두 학생 모두 주저 없이 상단 막대의 5분의 1이라고 답하였다. 그러자 교사는 학생들에게 이 부분이 7개로 구성된 막대를 만들라고 하였다. 브리짓의 그림은 다음과 같다(그림 8.4 하단). 교사는 학생들 각자에게 이 막대의 첫 번째 부분을 색칠하고 이 막대가 상단 막대의 얼마만큼인지 알려달라고 하였다. 학생들은 교사의 말대로 하였고 즉각적이고 작게 "5분의 1"이라고 답하였다. 브리짓은 하단 막대의 부분들과 중간 막대와 상단 막대의 부분들은 모두 같다고 하였다. 또한, 두 학생 모두 하단 막대의 마지막 부분은 상단 막대의 5분의 1이고 새로운 막대를 "5분의 7"이라고 하였다.

---

1) 역자 주. 5-part bar는 5개의 부분으로 똑같이 나누어진 막대를 줄여서 표현하는 방법이다. 역자는 이를 '5-부분 막대'로 번역하여 사용한다.

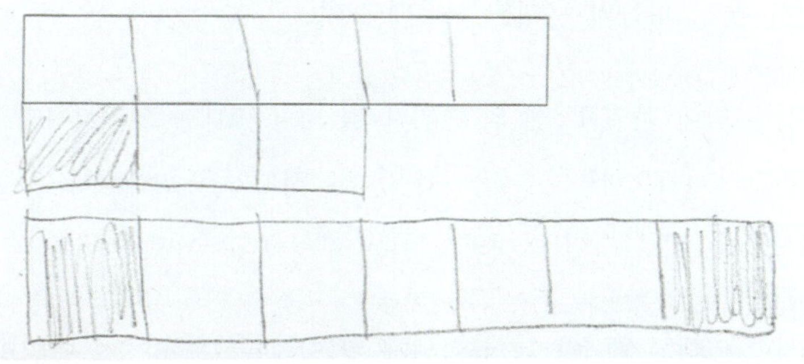

그림 8.4 주어진 막대의 5분의 3과 5분의 7을 나타낸 브리짓의 그림 (출처: Hackenberg, 2007)

이후 이 중 한 학생은 당시 3단계이고 다른 학생은 2단계로 밝혀졌다. 3단계였던 학생은 2단계 학생과는 다르게 한 학기 동안 반복 분수 스킴의 사용을 보여주기 시작하였다. 이러한 관찰은 수로서의 분수 개념을 개발하는 데 있어 3단계 학생이 되는 것의 중요성을 보여준다(Hackenberg, 2007; Steffe and Olive, 2010).

반복 분수 스킴 신장시키기: 분수 비교와 더 긴 막대 그리기

반복 분수 스킴을 개발하기 위한 다른 방법은 1과 가까운(아주 조금 작거나 아주 조금 큰) 분수끼리의 다양한 분수 비교 문제를 제시하는 것이다. 예컨대, 학생들은 '짝과 함께 분수 비교 게임'을 할 수 있다. 교사는 한 쌍의 짝에 서로가 알 수 없도록 임의의 분수를 각각 주거나 보여준다. 학생들은 각자 짝과 함께 정한 공통 '단위' 막대를 사용하여 교사가 제시한 분수를 그리고 덮개(예, 종이 한 장)로 막대를 숨긴다. 학생들은 (그림을 보지 않고) 서로에게 자신들의 분수를 말하고 어느 분수가 더 큰지 결정한다. 추측이 끝난 후에 학생들은 덮개를 치우고 서로의 그림을 비교하며 (1) 그림이 정확한지 (2) 추측이 정확한지 판단한다. 전체에서 같은 수의 단위 분수만큼 작은 분수들(예, $\frac{7}{8}$ 대 $\frac{8}{9}$, $\frac{9}{11}$ 대 $\frac{11}{13}$)과 전체보다 하나의 단위 분수가 더 큰 분수들(예, $\frac{4}{3}$ 대 $\frac{5}{4}$, $\frac{11}{10}$ 대 $\frac{8}{7}$)이 활용될 수 있다. 이 게임에 대한 상세한 설명은 이 장의 후반부에 제시되어 있다.

또한, 주어진 막대보다 더 긴 막대를 그려보게 하는 다양한 문제 활동에 참여하

게 하는 것이 좋다. 다음의 문제를 생각해 보자:

'더 긴 사탕 막대 문제 1': 너의 단위가 될 사탕 막대를 그려보아라. 그 단위의 복제본을 그려 $\frac{8}{8}$로 만들고 이를 $\frac{8}{8}$-막대로 하자. $\frac{8}{8}$-막대보다 $\frac{2}{9}$ 더 긴 막대를 그려보아라. 네가 그린 막대의 길이는 무엇이니? 어떻게 이를 알 수 있니?

'더 긴 사탕 막대 문제 2': 너의 단위가 될 막대를 그려라. 그 단위의 복제본을 그려 $\frac{11}{11}$로 만들고 이를 $\frac{11}{11}$-막대라고 하자. 13분의 1을 사용하여 $\frac{11}{11}$-막대보다 조금 더 긴 막대를 그려보자. 네가 그린 막대의 길이는 무엇이니? 어떻게 이를 알 수 있니?

위의 문제들을 해결하기 위해 학생들은 목표가 되는 분수의 몇 개가 전체($\frac{9}{9}$ 혹은 $\frac{13}{13}$)를 만들고 그 막대를 넘어서는지 생각해야 한다. '더 긴 사탕 막대 문제 1'에서 학생들은 $\frac{9}{9}$와 관련된 하나의 단위로 11개의 부분을 생각하고 이에 더하여 $\frac{9}{9}$를 하나의 단위로 생각하지 않는다면 이 막대를 '11분의 11' 막대라고 부를지도 모른다. '더 긴 사탕 막대 문제 2'에서 학생들은 이 문제가 여러 개의 답을 갖는지(그럴 수 있음) 의문을 갖고 '조금 더 길다'의 의미에 대해 즉각적이고 흥미로운 논의에 참여할 수 있다.

이 절에서 논의한 문제들과 함께 분할하기와 반복하기를 수반하는 여러 과제에 학생들을 참여시키며 그들의 반복 분수 스킴을 신장시킬 수 있다. 앞의 장들에서 제시한 과제들과 9, 10, 11, 12장의 과제들 또한 도움이 될 것이다.

수로서의 분수 개념을 견고하게 하는 과제들

반복 분수 스킴을 개발한 학생들이 단위 분수의 여러 배로 분수를 생각하고 이에 수반되는 단위들의 조정을 강화할 방법은 여러 가지가 있다. 아래에 2개의 예를 포함하여, 9장과 10장에 추가로 더 많은 예를 제시하였다.

분수 계열 만들기(Making a Fraction Number Sequence): 주어진 사탕 막대를 전체(the unit)라고 생각합니다. 전체의 $\frac{1}{5}$을 만들고 이를 $\frac{1}{5}$-막대라고 부르기로 합니다. 이제 $\frac{2}{5}$-막대를 만들어 보세요. 계속해서 5분의 1에 대한 분수 막대를 최소한 $\frac{11}{5}$까지 순서대로 만들어 보세요. 이러한 순서를 분수 계열이라고 부릅니다. [논의 과정에서 교사는 다음의 질문을 할 수 있다.]

a) 5분의 1의 분수 계열에는 몇 개의 분수가 있나요?
b) 분수 계열과 자연수 계열의 유사점은 무엇인가요? 자연수 계열과의 차이점은 무엇인가요?
c) 몇 개의 분수 계열이 있나요?

여러 서로 다른 '분수 가족'(예, 3분의 1족, 4분의 1족, 9분의 1족, 12분의 1족)에 대한 분수 계열을 만들어 보게 하는 것은 자연수와 같이 분수도 무한정하다는 것을 볼 수 있어 중요하다. 그러나 분수 계열에는 자연수이기도 한 특수한 분수가 포함되어 이러한 수가 자주 나타난다는 점에서 자연수 계열과 다르다.

학생들이 분수를 수로 개념화하는 것을 견고하게 할 수 있는 또 다른 방법은 전체보다 상당히 큰 분수를 갖고 '짝과 함께 분수 비교 게임'에 참여하게 하는 것이다. 예를 들어, 짝과 함께 서로 $\frac{21}{5}$과 $\frac{17}{4}$을 비교하도록 할 수 있다. 이러한 비교를 위해 학생들은 $\frac{21}{5}$ 내 $\frac{5}{5}$와 $\frac{17}{4}$ 내 $\frac{4}{4}$의 개수를 각각 파악해야 한다. 두 수 모두 전체 단위($\frac{5}{5}$와 $\frac{4}{4}$)가 각각 4번 들어가기 때문에, 각각의 수에는 하나의 단위 분수가 추가로 남게 되고, $\frac{1}{4}$이 $\frac{1}{5}$보다 크기 때문에 $\frac{17}{4}$이 더 커야 한다. 이와 같은 비교에 학생들이 능숙해지면, 수에 포함된 단위의 수를 늘리거나 부분의 크기를 줄이거나 자연수 단위를 넘어서는 단위 분수의 수를 늘려 문제의 난이도를 올릴 수 있다. 예컨대, $\frac{125}{11}$와 $\frac{103}{9}$을 비교해보자. 이는 꽤 어려울 수 있는 문제이다. 이 장의 마지막에 제시된 활동을 통해 이와 같은 게임을 상세하게 설명하겠다.

평가 과제 모음

평가 과제 모음 목록

평가 과제 8.1 '큰' 분수 그리기

수업 재료 | 동일한 크기의 직사각형이 그려진 여러 장의 종이

활동 | 학생들에게 종이에 그려진 직사각형이 영양바라고 알려준다. 또한, 이 막대의 5분의 7 크기인 다른 영양바(막대)가 있다고 알려준다 [분수 기호를 적어 주지 말고 구두로만 알려 준다] 학생들이 다른 막대를 그릴 수 있는가? 학생들이 다른 막대를 그리는 동안 자신들이 만든 막대가 첫 번째 막대의 5분의 7인지 어떻게 알 수 있는지 그 방법을 묻는다. 이 장에서 앞서 제시한 '5분의 7 그리기 문제'에 대한 다음 4개의 후속 질문은 여기서도 유용하게 활용될 수 있다.

a) [학생들이 새로운 막대에 모든 부분을 나타내지 않았다면] 새로운 막대에 모든 부분을 나타낼 수 있나요?
b) 새로운 막대의 길이를 어떻게 알았나요?
c) [교사가 새로운 막대의 여섯 번째 혹은 일곱 번째 부분을 색칠하며] 이 부분을 분수로 뭐라고 할까요?
d) 5분의 1을 색칠하세요. [학생들은 종종 어느 막대에 칠해야 하는지 물을 것이고, 교사는 이에 "어느 막대에나 상관없어요"라고 알려줄 수 있다.]

유의사항

- 반복 분수 스킴을 개발하지 않은 학생들은 이 문제에 대해 다양한 응답

을 제시할 것이다. 몇몇 학생은 다섯 부분 중에서 일곱 부분을 그리는 것은 말이 안 되기 때문에 할 수 없는 과제라고 할 것이다. 이 경우, 평가 과제 8.4를 통해 '마법의' 사탕 막대가 이 상황을 완화할 수 있는지 시도해 볼 수 있다.

- 몇몇 학생은 일곱 부분과 다섯 부분을 조정하기 위해 $\frac{5}{7}$를 그릴 것이다. 이 경우, 교사는 학생들에게 그들의 막대가 $\frac{7}{5}$인지 반복하여 물어볼 수 있다. 우리는 또한 학생들이 문제에서 주어진 7과 5를 막대에 함께 나타내려는 시도로 막대의 75%를 그린 학생들도 관찰하였다.
- 몇몇 학생은 조금 더 길거나 꽤 긴 (혹은 조금 더 짧거나 꽤 짧은) 막대를 그린 이유를 설명하지 못할 수 있다. 이 학생들의 경우 교사가 너무 압박하지 말고 활동 8.1로 이행하는 것도 좋다.
- 이 과제를 성공적으로 해결한 학생들에게는 평가 과제 8.2를 시도해 보도록 한다.

평가 과제 8.2 전체보다 큰 분수에서 전체 그리기

수업 재료 | 동일한 크기의 직사각형이 그려진 여러 장의 종이(평가 과제 8.1에서 사용한 막대의 길이와는 다르게 함)

활동 | 학생들에게 종이에 그려진 직사각형이 영양바라고 알려준다. 학생들에게 이 막대가 다른 영양바 막대의 7분의 9라고 알려준다[분수 기호를 적어주지 말고 구두로만 알려 준다]. 학생들은 다른 막대를 그릴 수 있는가? 학생들이 다른 막대를 그릴 때, 다음의 후속 질문을 하여라:

a) [학생들이 새로운 막대에 모든 부분을 나타내지 않았다면] 새로운 막대에 모든 부분을 나타낼 수 있을까요?

b) 새로운 막대의 길이를 어떻게 알았나요?

유의사항

- 학생들이 평가 과제 8.1을 해결하였다 하더라도 이 과제는 해결하지 못할 수 있다. 즉, 이 과제는 7장에서 설명한 것과 유사하게 학생들이 자신의

추론을 반대로 생각해야 한다. 이 과제를 해결하기 위해 학생은 주어진 막대를 다른 막대의 $\frac{1}{7}$의 9배로 볼 수 있어야 한다. 그래서 막대를 아홉 부분으로 등분할하면 다른 막대의 $\frac{1}{7}$을 알게 되고 이를 7번 반복하여 전체 막대를 만들 수 있게 된다. 만약 학생들이 이 과제를 성공적으로 해결하지 못하였다면, 이 학생들이 수로서 분수를 만드는 데 수반되는 여러 다른 수준의 단위 간의 조정을 얼마나 잘해왔는지 다시 의심해 봐야 한다.

- 만약 학생들이 이 과제를 성공적으로 해결한다면, 8장에서 설명한 대로 이 학생들은 수로서 분수를 만드는 데 포함되는 여러 다른 수준의 단위들을 조정한다고 볼 수 있다.

평가 과제 8.3 대분수 그리기

수업 재료 | 빈 종이

활동 | 학생들에게 $4\frac{7}{9}$과 같은 대분수를 그리라고 한다. 학생들이 그림을 그린 후에, 그림에 관해 설명하도록 한다.

유의사항

- 학생들은 4와 $\frac{7}{9}$을 서로 무관하게 그릴지도 모른다. 예컨대 학생들은 4개의 원을 그리고 9개의 부분으로 분할된 막대를 그려 이 중 7개의 부분을 칠할 수 있다. 이는 학생들이 9분의 1을 4를 만드는 전체와 무관하게 본다는 것을 잘 나타내는 지표이다. 이와 같은 응답은 학생들이 8장에서 설명한 대로 수로서 분수를 만드는 데 포함되는 서로 다른 수준의 단위를 조정하지 않는다는 지표이다. "나는 네가 여기에 4개의 원을 그렸다는 것을 알겠어. 그런데 이 직사각형이 나타내는 것은 무엇이니?"와 같은 후속 질문을 할 수 있다.

평가 과제 8.4 마법의 사탕 막대

수업 재료 | 동일한 크기의 직사각형이 그려진 여러 장의 종이

활동 | 아래에 그려진 사탕 막대는 '마법'의 힘을 가지고 있다. 즉 네가 1조

각을 꺼내도 바로 다시 그 조각이 채워진다. 이 마법의 사탕 막대를 사용하여 이 막대의 5분의 7인 막대를 만들어라. 새로운 막대를 그려도 된다.

유의사항

- 앞서 논의한 바와 같이 이 문제는 전체가 5개의 부분으로 되어 있어 7개의 부분을 만들기에 충분한 사탕이 없다고 생각하는 학생들의 걱정을 덜어 줄 수 있다.

평가 과제 8.5 더 긴 과일 막대 그리기

수업 재료 | 동일한 직사각형이 그려진 여러 장의 종이와 5개의 부분으로 등분할된 동일한 직사각형 복제본 1개

활동 | 여기 과일 막대와 이 막대의 복제본이 있다. 복제본은 다섯 부분으로 등분할되어 있고, 우리는 이를 $\frac{5}{5}$-막대라고 부를 것이다. $\frac{5}{5}$-막대보다 $\frac{1}{7}$ 더 긴 막대를 그려보아라. 네가 그린 막대의 길이는 무엇이니? 어떻게 알았니?

유의사항

- 평가 과제 8.5는 평가 과제 8.1을 해결하지 못한 학생들에게 사용될 수 있다. 그러나 이 과제는 평가 과제 8.1보다 더 복잡한 문제라서 평가 과제 8.1을 힘들어하는 학생들은 이 문제를 어려워할 수 있다.

평가 과제 8.6 어느 것이 더 큰가요?

수업 재료 | 동일한 크기의 직사각형이 그려진 여러 장의 종이

활동 | $\frac{4}{3}$와 $\frac{5}{4}$ 같이 학생들에게 1보다 큰 2개의 분수를 제시한다. 학생들에게 어느 것이 더 큰지 추측해 보고 그 이유를 묻는다. 학생들은 이 두 분수를 주어진 직사각형에 그리고 비교해야 한다.

유의사항

- 평가 과제 8.6은 평가 과제 8.1을 해결한 학생들에게만 제공되어야 한다.

- JavaBars 소프트웨어를 활용하는 것이 도움이 될 것이다 (math.coe.uga.edu/olive/welcome.html 참고).

수업 활동

수업 활동 목록

활동 8.1 마법의 사탕 막대

학습 목표 | 이 활동은 단위 분수 측정 스킴을 개발한 학생들이 반복 분수 스킴을 구성할 수 있도록 돕는 것을 목표로 한다.

수업 방법 | 둘씩 짝을 지어 게임에 참여

수업 재료 | 동일한 크기의 아무런 표시가 없는 분수 막대(부록 참고), 연필, 가위, 테이프

수업 안내 | 학생들에게 '마법의 사탕 막대' 1개와 이를 여러 장 복사한 복제본을 준다(아무런 표시가 없는 분수 막대). 한 학생은 손님이 되고, 다른 학생은 가게 주인이 된다. 손님은 자신이 원하는 어떠한 크기의 사탕 막대도 요구할 수 있고, 가게 주인은 마법의 사탕 막대 복제본을 이용하여 이를 만들어 주어야 한다. 예를 들어, 손님이 마법의 사탕 막대의 $\frac{6}{5}$을 주문하였다면, 가게 주인은 마법의 사탕 복제본을 5개의 균등한 부분으로 분할하여 이 중 한 부분을 잘라내어 총 여섯 부분을 만들어, 이를 서로 테이프로 붙여 연결할 수 있다. 손님은 자신의 주문이 제대로 되었는지 판단해야 한다. 학생들은 주문이 1번씩 완료될 때마다 역할을 바꾸어야 한다.

응답, 변형, 확장

- 손님들은 처음에 진분수를 주문할 수 있지만 가게 주인이 더 어려운 주문

을 받을 준비가 되었다고 생각되면 가분수를 주문하여 수의 범위를 확장할 수 있다.

- 공통 핵심 주 규준 4.NF.4[2]처럼 이 활동은 학생들이 가분수를 포함하여 분수를 단위 분수의 배로 이해하는 데 도움이 될 수 있다.

활동 8.2 분수 비교 게임

학습 목표 | 학생들은 분수의 크기를 비교하는 방법을 배울 것이다.

수업 방법 | 둘씩 짝을 지어 게임에 참여

수업 재료 | 1개의 분수 막대, 주사위, 종이와 연필

수업 안내 | 학생들에게 게임을 하는 동안 기준이 되는 전체(referent whole)가 될 1개의 분수 막대를 제공한다. 학생 각각은 한 쌍의 주사위를 던져서 나온 두 수를 이용하여 분수를 만든다. 이때 더 작은 수가 분자가 된다. 학생들은 전체의 크기(주어진 분수 막대)에 비례하여 제각기 자신들의 분수를 그리고 다른 종이로 이를 가린다. 그리고 서로에게 자신들의 분수를 말하고 (그림을 보지 않고) 어느 분수가 더 큰지 결정한다. 추측을 마친 후에, 덮개를 빼고 그림을 비교하며 자신들이 그린 (1) 그림과 (2) 추측이 모두 정확한지 확인한다.

응답, 변형, 확장

- 덮개는 학생들이 분수의 크기를 눈으로 직접 보지 않고 상상하기 시작할 수 있도록 교육적 환경과 거리두기로 활용될 수 있다.
- 학생들은 제각기 사용할 분수의 크기를 결정하기 위해 주사위를 2번 던져서 수의 범위를 확장할 수 있다. 예를 들어, 학생이 (한 쌍의 주사위를 던져) 7과 11을 얻었다면, 이 학생의 분수는 $\frac{7}{11}$이 된다.
- 이후 (가급적 활동 8.3과 활동 8.4를 해결한 후에) 학생들은 가분수를 비교하기 위해 더 큰 수를 분자로 사용할 수 있다.
- 이 활동은 학생들이 공통 핵심 주 규준 4.NF.2[3]의 이분자와 이분모 분수

2) 역자 주. 4학년 수와 연산 분수 영역 네 번째 규준.

3) 역자 주. 4학년 수와 연산 분수 영역 두 번째 규준.

를 비교하는 규준을 성취하는 데 도움이 될 수 있다.

- 활동 6.1이 단위 분수끼리의 비교하기 활동이었다면, 활동 8.2는 비단위 분수를 포함(가분수까지 포함)하여 비교하기를 **복잡화**하였다.

활동 8.3 더 긴 과일 막대 그리기

학습 목표 | 학생들은 가분수를 만들며 전체 단위와 단위 분수를 유연하게 조정하여 사용하는 것을 학습하게 될 것이다.

수업 방법 | 전체 학급 활동

수업 재료 | 표식이 있는 분수 막대와 표식이 없는 분수 막대(부록 참고), 연필, 가위, 테이프

수업 안내 | 교사는 학생 각자에게 $\frac{8}{8}$-막대(여덟 부분으로 등분할된 분수 막대)를 제공한다. 교사는 학생들에게 $\frac{8}{8}$-막대보다 $\frac{2}{9}$ 더 긴 막대를 만들라고 한다. 그리고 교사는 "네가 그린 막대의 길이는 얼마인가? 어떻게 아니?"와 같은 후속 질문을 한다.

응답, 변형, 확장

- 이와 같은 유형의 문제를 해결하기 위해 학생들은 얼마만큼의 목표 분수가 전체 단위를 만드는지 생각해야 한다. 예컨대, $\frac{9}{9}$가 전체를 만들기 때문에 $\frac{8}{8}$보다 $\frac{2}{9}$ 더 긴 분수는 $\frac{11}{9}$이다.
- 학생들에게 위의 과제를 변형하여 $\frac{8}{8}$-막대보다 '조금 더 긴' 막대를 만들고 이름을 물어볼 수 있다. $\frac{9}{8}$를 만드는 일부 학생도 있겠지만, 학생들은 $\frac{10}{9}$ 혹은 $\frac{12}{11}$와 같이 가능한 답들이 여러 개 있다는 것을 깨달아야 한다.
- 교사는 또한 학생들에게 $\frac{8}{8}$ 외의 다른 표식이 된 분수 막대를 제공하여 과제를 변형할 수 있다.

활동 8.4 분수 계열 만들기

학습 목표 | 학생들은 단위 분수를 반복하여 진분수와 가분수를 만들 것이

고, 이는 학생들이 분수를 수직선 위의 수로 이해하는 데 도움을 줄 것이다.

수업 방법 | 전체 학급 활동

수업 재료 | 표식이 없는 분수 막대, 종이, 연필

수업 안내 | 교사는 학생 각자에게 기준이 되는 전체 단위(referent whole unit)가 될 분수 막대를 제공한다. 그리고 교사는 학생들에게 그 단위의 $\frac{1}{5}$을 그리게 하고 이를 $\frac{1}{5}$-막대라고 부르게 한다. 학생들에게 이를 이용하여 $\frac{2}{5}$-막대, $\frac{3}{5}$-막대 등 $\frac{12}{5}$까지 여러 막대를 만들도록 한다. 이와 같은 막대 배열을 분수 계열이라고 부른다. 교사는 학생들에게 그들이 만든 분수 계열에 대해 다음의 질문을 할 수 있다.

1) 5분의 1에 대한 분수 계열에는 몇 개의 수가 있나요?
2) 이 분수 계열과 자연수 계열과의 유사점은 무엇인가요? 이와 자연수 계열과의 차이점은 무엇인가요?
3) 얼마나 많은 분수 계열이 있나요?

응답, 변형, 확장

- 학생들은 분수 계열 각각이 무한한 분수를 갖는 무한히 많은 수의 분수 계열이라는 것을 깨닫기 시작해야 한다. 이러한 깨달음은 **수의 구조화**를 수반한다.
- 교사는 3분의 1과 7분의 1과 같은 다른 분수 계열 활동을 이어서 해야 한다.
- 이 활동은 학생들이 분수를 수직선 위의 수로 이해하는 데 도움을 줄 수 있는데, 이 개념은 여러 학년 급에 걸쳐진 규준들과 관련된다(예, 공통 핵심 주 규준 3.NF.2[4]와 6.NS.6[5]).

4) 역자 주. 3학년 수와 연산 분수 영역 두 번째 규준.

5) 역자 주. 6학년 수 체계 영역 여섯 번째 규준.

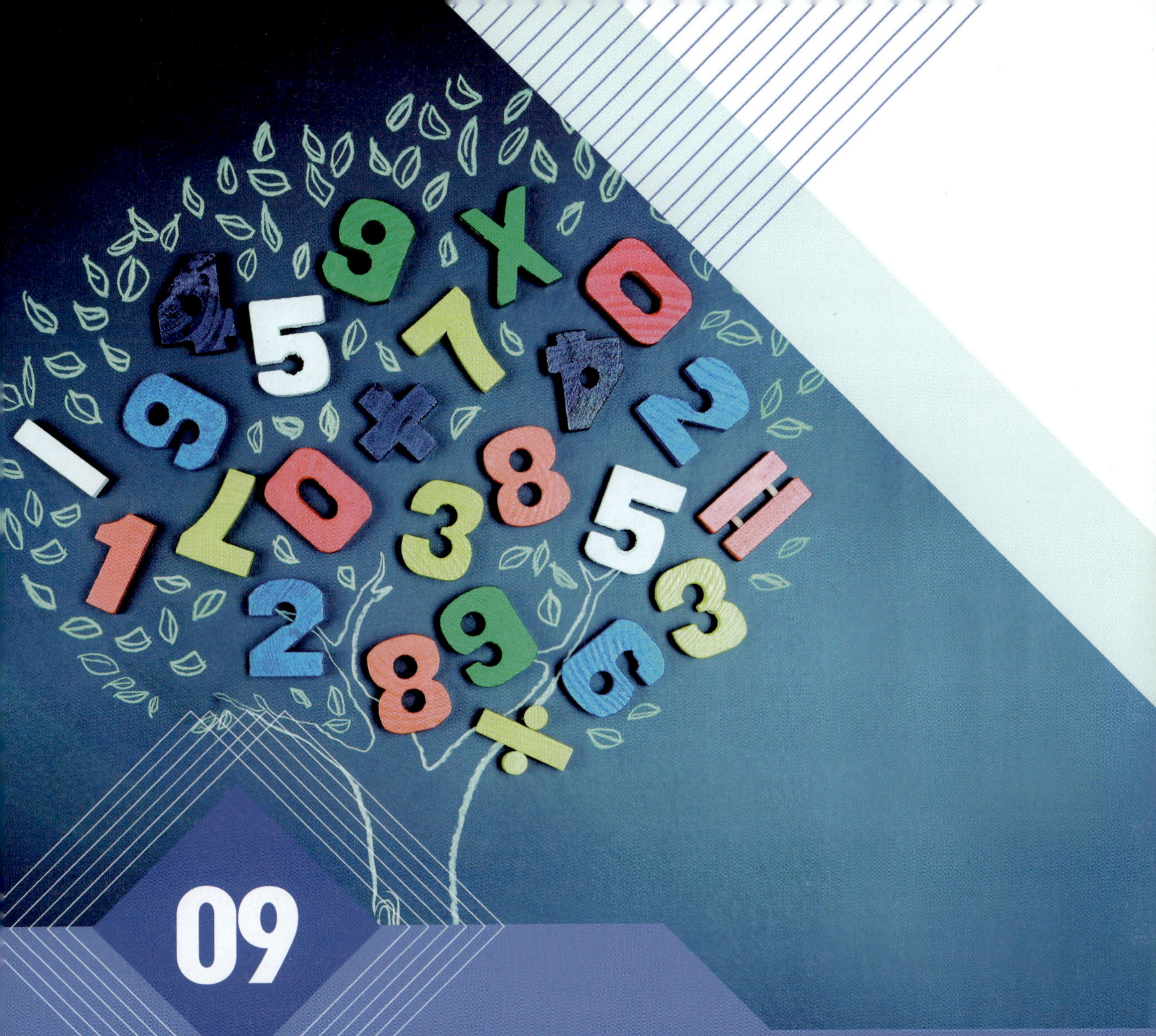

09

2와 3단계 학생 가르치기: 여러 개의 균등 배분

영역 개관

여러 종류의 물건 1개를 공평하게 나눈 후, 그 다음 단계는 여러 개의 똑같은 혹은 같지 않은 물건을 균등하게 나누는 것이다. 예를 들어, 2개의 동일한 영양바를 3명이 똑같이 나누어 먹는 문제는 많은 초등학교 학생들에게 어려운 문제이지만, 한 사람의 몫을 영양바 1개와 2개 각각을 기준으로 생각해 볼 기회를 준다. 다양한 수준의 난이도를 갖는 균등 배분 문제(예, Empson and Levi, 2011)는 학생들이 몫의 크기와 그러한 몫을 이루는 부분들 그리고 분수 언어와 표기법에 대한 추론 능력을 신장하도록 돕는다. 우리는 학생들이 이러한 문제에서 진전을 보이기 위해서는 최소한 조각내기 세 번째 수준이어야 한다고 생각한다. 이 장에서 다룰 내용은 다음과 같다.

(1) 3단계 학생들과 대응하는 조각내기 다섯 번째 수준을 설명하기 위해서 여러 개의 물건을 균등 배분하는 상급 수준의 문제에 대한 상급 수준의 해법에 대한 논의
(2) 문제의 다양한 난이도를 설명하기 위해 덜 어려운 문제부터 더 어려운 문제까지 여러 개를 균등 배분하는 일련의 문제에 대한 소개와 이에 대한 학생들의 해결 방법에 대한 논의

여러 개의 균등 배분과 조각내기 5수준(3단계 학생들)

카레나는 다음의 문제를 해결한다.

'5개의 에너지바 문제': 똑같은 에너지바(직사각형) 5개를 7명의 친구가 공평하게 나누어 먹습니다. 어떻게 공평하게 나누었는지 보여주세요. 친구 1명의 몫을 따로 그려보세요.

1) 에너지바 1개와 비교할 때 친구 1명의 몫은 얼마만큼인가요? 설명하여 보세요.

2) 친구 1명의 몫은 모든 에너지바의 얼마만큼인가요? 자신의 답을 정당화하세요.

3) 자신이 그린 양이 균등한 몫인지 다른 사람에게 어떻게 확신시켜줄 수 있나요? 설명하여 보세요.

이 문제를 해결하기 위해 카레나는 직사각형 각각을 일곱 부분으로 등분할하였다. 그리고 5개의 막대 각각의 첫 번째 부분을 색칠하였다(그림 9.1 상단). 그녀는 한 사람의 몫으로 이 5개의 부분을 연결하여 그렸다(그림 9.1 하단). 그녀는 자신의 해결 방법을 다음과 같이 설명하였다. “공평하게 나누기 위해 저는 막대 각각을 똑같이 7개로 나누었습니다. 그러면 한 사람은 각 부분에서 1개의 부분을 갖게 됩니다. 이를 모두 합치면 이것이 한 사람의 몫이 됩니다.”

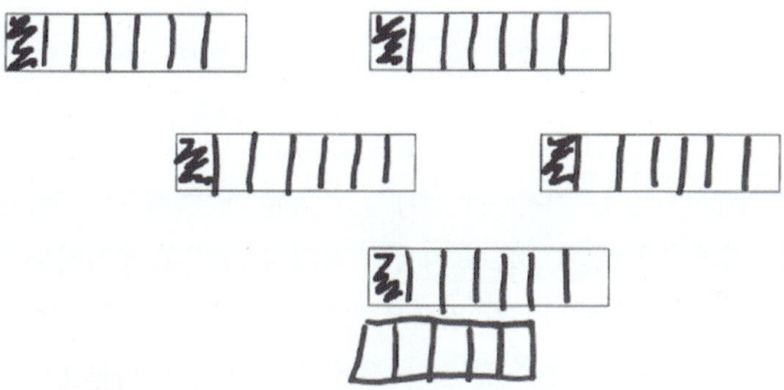

그림 9.1 ‘5개의 에너지바 문제’에 대한 카레나의 해결 방법

그녀는 이어서 “한 사람의 몫은 에너지바 1개에 대해서 5개의 7분의 1로 구성되었기 때문에 7분의 5입니다. 막대 각각을 7개의 똑같은 부분으로 나누었기 때문에 부분의 크기는 모두 7분의 1입니다”라고 설명하였다.

“하지만 7명의 친구들이 모든 막대를 나누어 갖는 것이기 때문에 한 사람의 몫은 모든 막대에 대해서는 7분의 1입니다. 공평하게 나누어 갖는다면, 한 사람의 몫은 7분의 1이어야 합니다. 또한, 전체 서른다섯 부분에서 다섯 부분은 전체의 7분의 1과 같습니다.”

자신이 균등한 몫을 만들었다는 것을 정당화하기 위해 카레나는 “제가 그린 그림에서 한 사람의 몫은 균등한 몫입니다. 왜냐하면, 다섯 부분으로 이루어진 한 사람의 몫을 7번 반복하면 전체 막대인 서른다섯 부분이 되기 때문입니다”라고 하였다.

카레나의 방법은 조각내기 5수준이며 가장 상급 수준의 학생을 대표한다(Steffe and Olive, 2010). 우리는 그 수준이 나타내는 것이 무엇이며 이와 같은 사고와 행동 방식에서 중요하게 이해해야 하는 것이 무엇인지 설명하기 위해서 이 해결 방법을 제시한다. 특히, 우리는 카레나의 사고에서 분배 추론, 다양한 단위 수준과 반복하기 활용의 세 가지 중요한 특징을 강조한다.

첫째, 카레나의 사고에서 중요한 특징은 그녀가 **분배 추론**(distributive reasoning)에 참여했다는 것이다. 그녀는 5개의 막대를 7명의 친구가 공평하게 나누어 갖는 것을 목표로 5개의 막대 각각을 7명의 친구로 나누었다. 이를 나눗셈으로 나타낸다면, 다음과 같을 것이다.

$$
\begin{aligned}
5 \div 7 &= (1+1+1+1+1) \div 7 \\
&= (1 \div 7) + (1 \div 7) + (1 \div 7) + (1 \div 7) + (1 \div 7) \\
&= \frac{1}{7} + \frac{1}{7} + \frac{1}{7} + \frac{1}{7} + \frac{1}{7} = \frac{5}{7}
\end{aligned}
$$

이 표기는 일종의 분배 법칙이 사용되었음을 강조하여 보여준 것이지만(나눗셈에 대한 분배 법칙에서 제수는 피제수에 분배될 수 있지만, 피제수는 제수에 분배될 수 없다), 우리는 카레나가 이와 같은 표기법을 적을 수 있다고 주장하는 것이 아니다. 다만 교사로서 막대 전체를 나누기 위해서 각각을 나눈 절차, 즉 그녀가 분배한 방법을 더 잘 이해하기 위해서 이처럼 적을 수 있다는 것이다. 다른 방법으로, 다음의 표기는 막대 각각에서 7분의 1만큼을 가져가서, 즉 막대 5개의 7분의 1만큼을 가져가는 것을 강조하여 보여준다.

$$
\begin{aligned}
5 \times \frac{1}{7} &= (1+1+1+1+1) \times \frac{1}{7} \\
&= (1 \times \frac{1}{7}) + (1 \times \frac{1}{7}) + (1 \times \frac{1}{7}) + (1 \times \frac{1}{7}) + (1 \times \frac{1}{7}) \\
&= \frac{1}{7} + \frac{1}{7} + \frac{1}{7} + \frac{1}{7} + \frac{1}{7} = \frac{5}{7}
\end{aligned}
$$

이러한 표기는 5의 $\frac{1}{7}$이 1의 $\frac{5}{7}$와 같아서 한 사람의 몫은 막대 하나의 $\frac{5}{7}$라는 개념을 설명해 준다. 이러한 자연수의 분수(예, 5의 $\frac{1}{7}$)에 대한 중요한 개념은 일반화될 수 있다. 예를 들어, 내가 17의 $\frac{1}{32}$을 구하고 싶다면, 17을 구성하는 각각의

1에서의 $\frac{1}{32}$ 혹은 $\frac{1}{32}$의 17배이기 때문에 결과는 $\frac{17}{32}$이어야 한다. 즉, 우리는 17의 $\frac{1}{32}$을 가져가는데 포함되는 분배 추론을 다음과 같이 생략하거나 줄일 수 있다.

$$17 \times \frac{1}{32} = (17 \times 1) \times \frac{1}{32} = 17 \times (1 \times \frac{1}{32}) = \frac{17}{32}$$

이러한 생각은 곱셈에 대한 결합 법칙의 사용을 보여주며 우리는 이를 **결합 추론**(associative reasoning)이라고 부른다. (물론, 이러한 표기는 또한 곱셈에 대한 항등원의 성질을 보여준다.) 다시 말하지만 우리는 아동이 이와 같은 표기법을 사용한다는 것을 제안하려는 것이 아니다. 효율적으로 분배 추론을 반영한 표기법을 줄일 수 있는 것이 얼마나 가능한지 교사들에게 보여주려는 것이 목적이다. 10장에서 논의한 대로 분배 추론과 결합 추론은 분수 곱셈에 대한 스킴을 개발하기 위해 중요하다(Hackenberg and Tillema, 2009; Steffe and Olive, 2010; Tillema and Hackenberg, 2011). 나아가, 두 추론 방식은 자연수를 포함하여 여러 수학 영역에서 유용하다.

카레나의 사고에서 두 번째 중요한 특징은 그녀가 한 사람의 몫인 5-부분 막대를 막대 전체를 기준으로 바라본 두 가지 다른 방식에 있다. 그녀는 자신이 모든 막대를 7명이 똑같이 나누어 갖는다면 한 사람의 몫은 $\frac{1}{7}$라는 것을 알았다. 즉 그녀는 양에 상관없이 주어진 양을 어떤 수로 공평하게 나누었을 때의 한 사람의 몫은 그 양의 단위 분수라는 개념을 개발하였다는 것을 보여준다. 게다가, 그녀는 $\frac{5}{35}$와 $\frac{1}{7}$이 어떻게 같은지에 대한 개념을 갖고 있었다. 우리는 11장에서 같은 크기 분수에 대한 다른 이름(동량 분수)과 관련된 문제를 다룰 것이다.

카레나의 사고에서 세 번째로 중요한 특징은 그녀가 자신이 만든 한 사람의 몫이 전체 막대의 $\frac{1}{7}$이어야 하는지를 설명하기 위해 한 사람의 몫을 반복하였다는 것이다. 즉, 그녀는 한 사람의 몫이 어떠한 양의 단위 분수만큼이라면 그 몫은 전체 양을 만들기 위해 자연수 배만큼 반복될 수 있다는 개념을 개발하였다. 5-부분 막대를 7번 반복하여 모든 에너지바인 서른다섯 부분을 만들 수 있으므로, 한 사람의 몫은 막대 전체의 $\frac{1}{7}$이어야 한다.

여러 개의 균등 배분: 반복적인 2등분 전략

많은 초등학교 학생들은 '5개의 에너지바 문제' 혹은 여러 개를 균등하게 배분해야 하는 문제에 대해 카레나처럼 해결하지 않는다(Empson and Levi, 2011; Hackenberg and Lee, in press; Lamon, 1996; Steffe and Olive, 2010). 이에 이 절에서는 여러 개를 균등 배분하는 문제 상황에 관한 학생들의 다양한 해결 방법들을 소개하고자 한다. 학생들에게 '5개의 에너지바 문제'보다 쉬운 균등 배분 문제는 분배 혹은 결합 추론을 사용하지 않아도 되는 문제이다. 예를 들어, 막대 2개를 4명이, 막대 3개를 4명이, 막대 7개를 8명이 각각 공평하게 나누어 갖는 상황을 생각해 보자. 이러한 문제는 모두 2등분, 4등분, 8등분의 '반복적인 2등분'을 사용하여 해결될 수 있기에 분배 추론을 사용하지 않아도 된다.

예컨대, 한 학생이 3개의 에너지바를 4명에게 공평하게 나누어 주려고 한다. 이 학생은 에너지바 각각을 2등분하여 학생 1명에게 2분의 1씩 줄 수 있다. 그리고 마지막 남은 2개의 2분의 1을 다시 각각 2등분하여 4등분으로 만든다. 한 사람에게 그 막대의 4분의 1씩 준다(그림 9.2).

그림 9.2 2등분과 4등분을 사용하여 막대 3개를 4명이 공평하게 배분하기

따라서 한 사람의 몫은 막대 1개의 2분의 1과 막대 1개의 4분의 1이 된다. 학생들은 이처럼 자신들이 문제 해결을 위해 사용한 추론을 기반으로 '막대 1개의 4분의 1이 2개면 막대 1개의 2분의 1과 같다'와 같은 아이디어를 개발할 수도 있지만, 한 사람의 몫을 하나의 분수로 표현하지 못할 수 있다.

여러 개의 균등 배분: 전체 막대를 먼저 배분하고 남은 단일 막대를 분할하거나 반복적인 2등분하기

학생들이 전체 막대를 먼저 1개씩 나누어 주고 남은 단일 막대를 필요한 만큼의 부분으로 나누어 배분하는 문제 상황은 '5개의 에너지바 문제'보다 더 쉽다. 예를 들어, 4개의 막대를 3명이, 6개의 막대를 5명이, 9개의 막대를 4명이 각각 공평하게 나누어 갖는 상황을 생각해 보자. 학생들은 전체 막대를 하나씩 나누어 주고 남은 단일 막대만을 분할하면 되기에 이러한 균등 배분 문제는 이를 해결하기 위해 분배 추론을 사용하지 않아도 된다.

예컨대, 한 학생이 4개의 막대를 3명에게 공평하게 나누어 주려고 한다. 한 사람에게 막대를 하나씩 주고 나면 하나의 막대만 남을 것이다(그림 9.3).

그림 9.3 4개의 막대를 3명이 공평하게 나누기

이 학생은 남은 막대 1개를 3개의 균등한 부분으로 나눌 수 있다. 즉 한 사람의 몫은 막대 1개와 이 막대의 3분의 1이 된다. 하지만 이 학생에게 이 양이 3분의 4는 아닐 수 있음에 주의해야 한다. 예컨대, 이와 다른 문제 상황에서 학생들에게 대분수 $1\frac{1}{3}$을 그리라고 한다면, 학생들은 1과 $\frac{1}{3}$을 전체 막대와 하나의 부분이 칠해진 세 부분으로 등분할된 막대로 나타낼 수 있다. 즉 전체와 3등분된 막대는 서로 관련되지 않을지도 모른다(8장 참고).

학생들이 전체 막대를 먼저 배분하고 나머지 막대들을 나누기 위해 2등분과 4등분 전략을 사용하는 것도 같은 범주로 포함한다. 6개의 막대를 4명이 7개의 막대를 4명이 15개의 막대를 8명이 공평하게 나누어 갖는 상황 등이 그 예가 될 수 있다.

여러 개의 균등 배분: 더 어려운 문제에 대한 브리콜라주 해결책

'5개의 에너지바 문제'와 유사한 난이도의 문제는 2개의 막대를 3명, 3개의 막대를 5명, 7개의 막대를 10명이 나누어 갖는 유형의 문제이다. 이러한 유형의 문제에서는 막대의 개수와 사람의 수, 즉 두 수 사이에는 (1을 제외한) 어떠한 공통 인수가 없는 서로소이다. 게다가 2등분, 4등분, 8등분 전략을 반복하여 사용하여도 이러한 유형의 문제는 해결할 수 없을 것이다. 이러한 전략으로 문제를 해결하기 시작하더라도 어느 순간에는 하나 이상의 막대를 다른 수로 나눌 필요가 생긴다(예, 3등분, 5등분, 7등분). 이러한 문제는 분배 추론의 사용을 신장시킬 수 있다.

그러나 학생들은 이러한 문제를 해결하기 위해 브리콜라주(Bricolage) 해결책이라고 하는 방법을 사용할 수 있다. 불어로, 브리콜라주란 단어는 하나의 제품을 만들기 위해 손에 잡히는 다양한 물건을 서투르게 만지작거리는 것을 뜻한다. 예컨대, 미술에서 브리콜라주 조각은 시행착오로 장난스럽게 만들어진 물건을 말한다. 교육에서 이 용어는 더욱 직접적인 분석 과정과는 반대로 시도, 실험, 놀이를 포함하는 문제 해결 과정을 말해 왔다(Turkle and Papert, 1992). 우리는 학생이 여러 개를 균등 배분하는 문제를 해결하기 위해서 2등분하기와 2가 아닌 다른 수로 나누기와 같은 자신에게 가용한 '도구'를 사용하지만, 자신이 몇 개로 나누어야 할지 결정하기 위해 자신이 행한 분할 활동과 발생한 부분들을 배분하며 그때그때 그 효과를 확인하며 문제를 해결하는 것을 브리콜라주 해결책이라고 부른다. 예를 들어, '5개의 에너지바 문제'를 생각해 보자. 학생은 각각의 막대를 먼저 2등분하여 10개의 2분의 1 막대를 만들 수 있다(그림 9.4).

그림 9.4 각각의 막대를 2등분하고 10개의 2분의 1에서 7개를 사용하기

이 학생은 한 사람에게 막대를 2분의 1씩 주고 3개의 2분의 1막대가 남았다. 이후 각각의 2분의 1막대를 3등분하여 총 9개의 작은 부분으로 만든다(2분의 1의 3분의 1, 혹은 6분의 1, 하지만 이 학생이 이를 꼭 안다고 할 수는 없다). 한 사람에게 이 작은 부분을 하나씩 주고 나면 2개의 작은 부분이 남는다(그림 9.5).

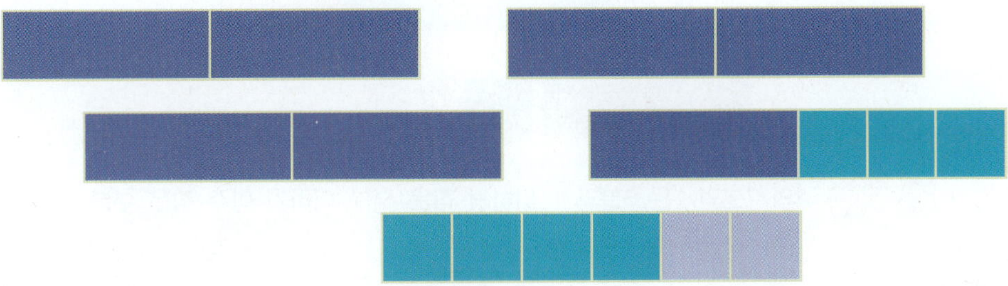

그림 9.5 남은 3개의 2분의 1을 각각 3등분(작은 부분)하고, 9개의 작은 부분 중 7개를 사용하기

이후 학생은 각각의 작은 부분을 4개의 부분으로 나누어 총 8개의 아주 작은(mini) 부분을 만든다(6분의 1의 4분의 1 혹은 24분의 1, 그러나 다시 말하지만, 이 학생은 이를 알지 못할 것이다). 학생은 한 사람에게 아주 작은 부분을 하나씩 나누어 주고 하나의 아주 작은 부분을 남기게 된다(그림 9.6).

그림 9.6 남은 2개의 작은 부분을 4등분(아주 작은 부분)하고 8개의 아주 작은 부분에서 7개 사용하기

이후 학생은 1조각의 아주 작은 부분을 7개의 아주아주 작은 부분(teeny parts)으로 균등하게 분할하고 한 사람에게 아주아주 작은 부분을 하나씩 준다(24분의 1의 7분의 1, 혹은 $\frac{1}{168}$!). 따라서 한 사람의 몫은 막대 하나의 절반, 작은 부분, 아주 작은 부분, 그리고 아주아주 작은 부분이 된다 (그림 9.7).

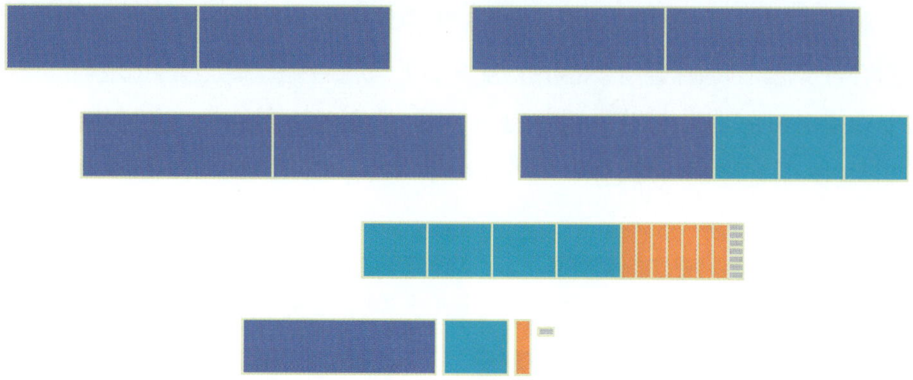

그림 9.7 5의 7분의 1은 2분의 1 더하기 작은 부분 더하기 아주 작은 부분 더하기 아주아주 작은 부분

이 학생이 이 문제에 대한 한 사람의 몫을 하나의 분수로 나타내지는 않을 것이다. 그러나 한 사람의 몫을 만드는 데는 성공하였다!

여러 개의 균등 배분: 곱셈과 나눗셈을 수반하는 해결책

일부 학생들은 자연수 곱셈과 나눗셈을 사용하여 '5개의 에너지바 문제'와 같은 문제를 해결한다. 이러한 해결 방법은 브리콜라주 해결책은 아니지만, 카레나가 사용한 분배 추론을 수반하는 해결책도 아니다.

예컨대, '5개의 에너지바 문제'를 다시 생각해 보자. 일부 학생들은 이 문제를 해결하기 위해 막대 5개를 7로 나눌 수 있도록 만들 수 있는 막대 5개의 총 부분의 개수를 구하는 것이 필요하다고 생각할 수 있다. 이에 학생들은 7로 나눌 수 있는 5의 배수를 생각하기 시작한다. 이와 같은 해결 방법을 사용하기 시작하는 학생들은 총 10개의 부분을 만들기 위해서 막대 각각을 두 부분으로 등분할하려 할 수 있다. 하지만 10은 7로 나누어떨어지지 않는다. 이후 이들은 총 열다섯 부분을 만들기 위해 막대 각각을 3개의 균등한 부분으로 분할하려고 할 수 있다. 그러나 15는 7로 나누어떨어지지 않는다. 그러다 어느 순간 총 서른다섯 부분을 만들면 7로 나누어떨어질 것이고 그러기 위해서는 막대 각각을 일곱 부분으로 나누어야 한다고 깨닫게 될 수 있다. 이에 학생들은 총 서른다섯 부분을 만들기 위해 막대 각각을 일곱 부분으로 분할하고 한 사람의 몫인 다섯 부분을 구하기 위해 전체를 7로 나눈다. 이와 같은 학생의 해결책은 카레나의 그림(그림 9.1)과 크게 달라 보이지 않을 수 있지만, 두 학생의 사고가 서로 달랐기 때문에 이는 서로 다르다.

이와 같은 유형의 해결책은 다음과 같이 일반화할 수 있다. 학생들은 두 수의 곱이 문제 해결에 사용 가능한 총 부분의 개수를 제공한다는 것을 알 수 있고, 그들은 두 수의 최소공배수가 그중에서 가장 작은 총 부분의 개수를 제공하리라는 것조차 이해할 수 있을지 모른다. 그러나 이와 같은 해결 방법에서는 학생들이 꼭 분수 부분을 인지하며 문제를 해결했다고 볼 수 없다. 즉, 이 학생들은 문제를 해결하는 과정에서 명확하게 분수 크기를 갖는 부분을 생각하지 않았기 때문에 막대 하나 혹은 막대 전체에 대한 한 사람의 분수 몫을 생각하는 것은 이 학생들에게 다른 문제 상황일 수 있다. 반대로 '5개의 에너지바 문제'에 대해 카레나는 명확하고 효율적인 방법으로 분수 부분을 인지하며 문제를 해결하였다.

다음 평가 과제 모음의 목적은 이 장에서 앞서 설명한 문제 해결 유형별 학생들의 이해를 평가하는 것이다. 교사는 이러한 평가 과제를 통해 여러 개를 공평하게 나누는 데 있어서 학생들의 문제 해결의 정교화 수준을 판단할 수 있다. 이후 우리는 정교화 수준을 더욱 신장시키기 위해 설계된 수업 활동들을 공유할 것이다. 평가 과제와 수업 활동은 4개의 다른 맥락에서 발생한다. 통나무처럼 긴 모양의 쿠키 반죽 덩어리 나누기, 과일 막대 과자 나누기, 기다란 샌드위치 나누기, 서로 다른 크기의 케이크 나누기.

평가 과제 모음

평가 과제 모음 목록

평가 과제 9.1: 통나무처럼 긴 모양의 쿠키 반죽 덩어리 3개를 4명의 제빵사가 공평하게 나누어 갖기

평가 과제 9.2: 과일 막대 과자 6개를 5명의 친구가 공평하게 나누어 갖기

평가 과제 9.3: 기다란 샌드위치 5개를 7명의 친구가 공평하게 나누어 갖기

평가 과제 9.4: 서로 다른 케이크 3개를 5명의 친구가 공평하게 나누어 갖기

평가 과제 9.1 통나무처럼 긴 모양의 쿠키 반죽 덩어리 3개를 4명의 제빵사가 공평하게 나누어 갖기

수업 재료 | 정렬되어 있지 않은 3개의 동일한 직사각형이 그려진 종이 여러 장(그림 9.8)

그림 9.8 3개의 쿠키 반죽 덩어리의 예

활동 | 학생들에게 다음과 같은 이야기를 들려준다. "빵집에서 제빵사들이 반죽을 잘라서 쿠키를 만들기 위해 통나무처럼 긴 모양의 쿠키 반죽 덩어리를 만든다. 오늘 아침에는 3개의 긴 쿠키 반죽 덩어리를 만들었고, 4명의 제빵사가 이를 갖고 쿠키를 만들려고 한다. 4명의 제빵사 각자 공평한 양의 쿠키 반죽을 갖고 쿠키를 만들기 위해서 어떻게 공평하게 나누어 가질 수 있는지 보여주어라." 학생들이 공평하게 나누기 위해 반죽에 표시하면, 교사는 다음과 같은 후속 질문을 할 수 있다.

1) 1명의 제빵사를 위한 몫을 따로 그려줄 수 있나요?
2) 1명의 제빵사는 얼마만큼을 갖게 되나요? 그 양을 분수로 말해줄 수 있나요?
3) 쿠키 반죽 덩어리 1개에 대한 제빵사 1명이 갖게 되는 반죽의 크기는 무엇인가요? 어떻게 알 수 있나요?
4) 쿠키 반죽 덩어리 전체에 대해 제빵사 1명이 갖게 되는 반죽의 크기는 무엇인가요? 어떻게 알 수 있나요?

유의사항

- 1)을 묻는 이유는 학생들이 다른 양(예, 하나의 반죽 덩어리, 모든 쿠키 반죽 덩어리)에 대한 한 사람의 몫을 식별할 수 있게 하기 위해서이다. 그러나 분리하기 조작을 구성하지 못한 1단계 학생들은 이를 실행 가능한 요구라고 생각하지 않을 수 있다(4장과 5장 참고).
- 2)를 묻는 이유는 학생들이 초기에 한 사람의 몫을 어떻게 보는지 그들의 생각을 드러낼 기회를 주기 위해서이다. 2단계 학생들은 대체로 전체에 대한 한 사람의 몫은 분수로 생각하나 반죽 덩어리 1개에 대해서는 생각하지 않거나 반대로 반죽 덩어리 1개에 대한 한 사람의 몫은 분수로 생각하나 전체에 대해서는 생각하지 않는다. 따라서 최소한 처음에는 학생들이 어느 양을 기준으로 한 사람의 몫을 구한 것인지 구체적으로 질문하지 않아도 된다. 두 번째 질문은 학생들이 첫 번째 질문에 대한 답을 분수로 말하지 않을 경우를 대비하여 준비한 것이다.
- 3)을 묻는 이유는 학생들이 반죽 덩어리 1개에 대한 (자신들이 따로 그린) 한 사람의 몫을 구체적으로 비교하도록 하기 위해서다. 만약 학생들이 이 질문을 이해하지 못한다면, 다음과 같이 재진술할 수 있다. “1명의 제빵사가 네게 다음과 같이 말했다고 해보자. ‘저기요. 저는 반죽 덩어리 모두를 갖게 되나요? 아니면 반죽 덩어리 1개보다 조금 더 갖게 되나요? 혹은 반죽 덩어리 1개보다 조금 덜 갖게 되나요?’ ” 이와 같은 발문은 학생들이 하나의 반죽을 기준으로 한 사람의 몫을 비교하는 데 주목할 수 있도록 한다. 조각내기 다섯 번째 수준의 학생들은 3)에 대한 가능한 정당화로 다음과 같이 답할 것이다. “저는 한 사람의 몫이 3개의 4분의 1, 즉 3조각이 각각 반죽 하나의 $\frac{1}{4}$로 만들어졌으므로 한 사람의 몫은 반죽 하나의 $\frac{3}{4}$이라는 것을 알아요.” 반복적인 2등분 전략을 사용하는 학생들은 “2분의 1과 4분의 1” 혹은 “2분의 1과 더 작은 부분”과 같은 응답을 할지 모른다.
- 4)를 묻는 이유는 학생들이 반죽 덩어리 전체에 대한 (자신들이 따로 그린) 한 사람의 몫을 구체적으로 비교하도록 하기 위해서다. 조각내기 5수준 학생들의 4)에 대한 가능한 정당화는 “저는 반죽 전체를 4명이 나누었

기 때문에 한 사람의 몫이 $\frac{1}{4}$이라는 것을 알아요" 혹은 "제가 한 사람의 몫을 4번 반복하면 반죽 전체인 12부분이 되기 때문에 한 사람이 몫이 $\frac{1}{4}$이라는 것을 알아요" 등으로 나타낼 수 있다. 아직 조각내기 5수준을 개발하지 못한 학생들은 4)에 대한 자신들의 답을 설명하기 어려워할 수 있다.

- 중요한 점은 3)과 4)의 질문에 대해 적절한 이유와 함께 응답한 학생들은 조각내기 5수준일 가능성이 크다는 것이다. 이를 확인하기 위해서는 5개의 품목을 7명이 나누어 갖는 문제가 평가 과제 9.1보다 더 어려우므로 평가 과제 9.3을 이어서 물어보는 것이 가장 좋다.
- 조각내기 5수준의 일부 학생은 이 장에서 카레나가 보여준 방식과 같은 분배 추론을 보여주지 않을 수 있다. 한 가지 이유는 $3 \times 4 = 12$와 같은 곱셈적 관계는 일부 학생들에게 꽤 익숙하여 이들이 분배 추론에 참여할 필요가 없기 때문이다(Lee and Aydeniz, 2015). 이와 같은 이유로 평가 과제 9.3과 같이 덜 익숙한 곱셈적 관계가 포함된 문제를 제시할 필요가 있다.
- 한 사람의 몫이 반죽 덩어리 1개보다 작은 2등분 반복하기 전략을 사용하게끔 다음과 같은 수 조합의 문제로 변형하여 제시할 수 있다. 4명의 제빵사가 쿠키 반죽 덩어리 2개를 나누어 갖기, 8명의 제빵사가 쿠키 반죽 덩어리 2개를 나누어 갖기, 8명의 제빵사가 쿠키 반죽 덩어리 3개를 나누어 갖기, 8명의 제빵사가 쿠키 반죽 덩어리 4개를 나누어 갖기, 8명의 제빵사가 쿠키 반죽 덩어리 5개를 나누어 갖기, 8명의 제빵사가 쿠키 반죽 덩어리 6개를 나누어 갖기, 8명의 제빵사가 쿠키 반죽 덩어리 7개를 나누어 갖기.

평가 과제 9.2 과일 막대 과자 6개를 5명의 친구가 공평하게 나누어 갖기

수업 재료 | 정렬되지 않은 6개의 동일한 직사각형이 그려진 종이 여러 장(그림 9.8과 유사함)

활동 | 학생들에게 5명의 친구가 6개의 똑같은 과일 막대 과자를 나누어 먹으려 한다고 알려준다. 학생들에게 공평하게 나누라고 한 후에 다음의 질문

을 한다.

1) 친구 1명의 몫을 따로 그려줄 수 있나요?
2) 친구 1명은 얼마만큼을 갖게 되나요? 이 양을 분수로 말해줄 수 있나요?
3) 과일 막대 과자 1개와 비교하여 친구 1명의 몫의 크기는 무엇인가요? 어떻게 알 수 있나요?
4) 과일 막대 과자 전체와 비교하여 친구 1명의 몫의 크기는 무엇인가요? 어떻게 알 수 있나요?

유의사항

- 평가 과제 9.1의 처음 5개의 유의사항은 여기에도 적용된다.
- 이 문제는 과일 막대 과자 전체를 하나씩 한 사람에게 나누어 주고 남은 여섯 번째 막대를 5명의 친구가 공평하게 나누어 갖는 방식으로 해결될 수 있다. 이러한 목적으로 사용될 수 있는 다른 수 조합에는 3명이 4개의 과일 막대 과자를 공평하게 나누어 갖기, 4명이 5개의 과일 막대 과자를 공평하게 나누어 갖기, 6명이 7개의 과일 막대 과자를 공평하게 나누어 갖기, 7명이 8개의 과일 막대 과자를 공평하게 나누어 갖기가 있다.

평가 과제 9.3 기다란 샌드위치 5개를 7명의 친구가 공평하게 나누어 갖기

수업 재료 | 정렬되지 않은 5개의 직사각형이 그려진 종이 여러 장(그림 9.8과 유사함)
활동 | 학생들에게 7명의 친구가 5개의 기다란 샌드위치를 공평하게 나누어 가지려 한다고 알려준다. 학생들에게 공평하게 나누라고 한 후에 다음의 질문을 한다.

1) 한 사람의 몫을 따로 그려줄 수 있나요?
2) 한 사람은 얼마만큼을 갖게 되나요? 이 양의 분수 이름을 말해 줄 수 있나요?
3) 기다란 샌드위치 1개와 비교하여 한 사람의 몫의 크기는 무엇인가요? 이

를 어떻게 알 수 있나요?

4) 기다란 샌드위치 전체와 비교하여 한 사람의 몫의 크기는 무엇인가요? 이를 어떻게 알 수 있나요?

유의사항

- 평가 과제 9.1의 처음 5개의 유의사항은 여기서도 적용된다. 이 장에서 앞서 논의한 이 문제에 대한 카레나의 해결 방법과 브리콜라주 해결책을 함께 참고하는 것이 좋다. 학생들은 곱셈과 나눗셈을 통한 해결 방법도 보여줄 수 있다.
- 이 문제는 서로소인 수를 포함하기 때문에 분배 추론의 사용을 장려할 수 있다. 이러한 목표로 사용될 수 있는 수의 조합들은 다음과 같다. 샌드위치 2개를 3명이 똑같이 나누어 갖기, 샌드위치 2개를 5명이 똑같이 나누어 갖기, 샌드위치 2개를 7명이 똑같이 나누어 갖기, 샌드위치 3개를 5명이 똑같이 나누어 갖기, 샌드위치 3개를 7명이 똑같이 나누어 갖기, 샌드위치 4개를 7명이 똑같이 나누어 갖기, 샌드위치 4개를 9명이 똑같이 나누어 갖기, 샌드위치 5개를 9명이 똑같이 나누어 갖기.

평가 과제 9.4 서로 다른 케이크 3개를 5명의 친구가 공평하게 나누어 갖기

수업 재료 | 정렬되지 않은 서로 다른 크기의 직사각형이 그려진 종이 여러 장(그림 9.9)

그림 9.9 서로 다른 크기의 케이크 3개

활동 | 학생들에게 5명의 친구가 서로 다른 케이크 3개를 공평하게 나누어 갖고 싶어 한다고 알려준다. 학생들에게 공평하게 나누라고 한 후에 다음의 질문을 한다.

1) 한 사람의 몫을 따로 그려줄 수 있나요?
2) 케이크 전체와 비교하여 한 사람의 몫의 크기는 무엇인가요? 이를 어떻게 알 수 있나요?

유의사항

- 이 문제는 학생들이 3개의 케이크 전체를 5명이 공평하게 나누기 위해 케이크 각각을 5개로 균등 배분하는지 추가로 평가하는 데 사용할 수 있다. 그러나 앞의 문제들과는 다르게 이 문제에서 한 사람의 몫은 케이크 1개의 5분의 3이 아니다. 한 사람의 몫은 케이크 전체의 5분의 1일 뿐이다.
- 케이크 전체를 만들기 위해서 한 사람의 몫을 5번 반복하여 2)를 해결한 학생은 조각내기 5수준의 주요 개념의 일부를 보여준 것이다.

수업 활동

수업 활동 목록

활동 9.1: 같은 크기 여러 개를 공평하게 나누어 갖기
활동 9.2: 다른 크기 여러 개를 공평하게 나누어 갖기

활동 9.1 같은 크기 여러 개를 공평하게 나누어 갖기

학습 목표 | 이 활동은 학생들의 초기 분배 추론의 발달을 지원하는 것을 목표로 한다.
수업 방법 | 둘씩 짝을 지어 게임에 참여
수업 재료 | 같은 크기의 표시가 없는 분수 막대, 연필, 가위, 테이프
수업 안내 | 평가 과제 9.1에서 소개한 빵집 맥락을 사용하여 교사는 한 쌍

의 학생들 각자에게 여러 개의 분수 막대를 주며 그들에게 이 막대들이 통나무처럼 긴 모양의 쿠키 반죽 덩어리를 나타낸다고 알려 준다. 둘 중 1명의 학생이 나누어 가질 반죽의 개수를 결정하게 하고 다른 학생은 제빵사가 몇 명인지를 결정하게 한다. 그리고 학생들은 서로 협력하여 제빵사 1명이 받게 되는 쿠키 반죽의 양을 결정한다.

응답, 변형, 확장

- 이 문제를 해결하기 위해 학생들은 이 장에서 앞서 말한 어떠한 전략도 사용할 수 있다(예, 반복적인 2등분, 전체 먼저 나누어 주기, 브리콜라주 사용하기, 분배 추론). 학생들이 선택한 수 중에 몇몇은 어느 한 가지 전략을 사용하게끔 할 것이다. 예를 들어, 제빵사의 수가 2의 제곱(2, 4, 8)이면, 학생들은 반복되는 2등분 전략을 적용하여 문제 해결에 성공할 수 있을 것이다.
- 이런 문제들의 해결은 계산 전략의 정교화를 지원할 수 있다.
- 이런 문제들을 해결하며 학생들은 반죽 각각을 공평하게 나누었을 때와 반죽 전체를 공평하게 나누었을 때의 한 사람의 몫이 같다는 것(즉, 분배 추론)을 이해하게 될 것이다.
- 이런 문제들은 과일 막대 과자 혹은 기다란 샌드위치처럼 다른 맥락에서 제시될 수 있다.
- 이와 같은 문제들은 몫으로서 분수를 이해하는 것과 관련된 규준을 지원한다(예, 공통 핵심 주 규준 5.NF.3[6]). 동시에 자연수 나눗셈의 해가 자연수가 아닌 문제들로 확장하며 연산을 복잡화한다.

활동 9.2 다른 크기 여러 개를 공평하게 나누어 갖기

학습 목표 | 이 활동은 학생들의 분배 추론 발달을 더 견고하게 하는 것을 목표로 한다.

수업 방법 | 학급 전체 활동

6) 역자 주. 5학년 수와 연산 분수 영역 세 번째 규준.

수업 재료 | 그림 9.9의 복사본, 연필, 가위, 테이프

수업 안내 | 교사는 학생들 각각에 그림 9.9의 복사본을 주고(3개의 서로 다른 크기의 직사각형) 이는 서로 다른 크기의 케이크 3개를 나타낸다고 알려준다. 그리고 교사는 학생들에게 케이크 각각의 $\frac{1}{7}$을 만들라고 한다. 학생들은 3개의 $\frac{1}{7}$ 조각들이 모두 다른 크기라는 것을 알아야 하며 이들 전체의 크기가 서로 다르다는 것을 기반으로 정당화할 수 있어야 한다. 그리고 교사는 학생들에게 케이크 전체(케이크 3개)의 $\frac{1}{7}$을 만들라고 한다. "너희들이 케이크 총 3개의 7분의 1을 받았다면 이는 얼마겠니?" 그리고 교사는 학생들에게 케이크 전체의 $\frac{1}{7}$을 만든 것인지 어떻게 아는지 설명하도록 한다.

응답, 변형, 확장

- 활동 9.1의 문제처럼 이 문제는 (과일 막대 과자, 기다란 샌드위치 등의) 다른 맥락 혹은 분수의 수를 달리하여 학생들에게 제시할 수 있다. 예를 들어, 케이크 전체의 $\frac{3}{7}$을 묻는 것은 케이크 전체의 $\frac{1}{7}$을 묻는 것보다 어려운 질문이다.
- 서로 다른 크기를 갖는 여러 개(전체)를 공평하게 나누어 갖는 이와 같은 문제는 나누는 수(제수)가 각각의 부분에 분배되어 서로 다른 크기의 동일한 단위 분수를 만들어 내기 때문에 더 어렵다.

10

2와 3단계 학생 가르치기: 분수 곱셈

영역 개관

2와 3단계 학생은 분수 연산을 학습하기 위한 추론을 포함해 더 넓은 범위의 분수 추론에 참여하며 배울 수 있다(Hackenberg and Tillema, 2009; Steffe and Olive, 2010). 그러나 이 두 단계 학생의 학습 경로는 서로 다르다. 예컨대, 이 두 단계 학생 모두 분수에서 분수를 가져가기(분수 곱셈) 위한 개념적 의미를 개발할 수 있지만, 2단계 학생은 3단계 학생의 일반적인 사고방식을 개발하기 쉽지 않을 것이다. 이는 덧셈적으로 분수를 결합하거나 분수의 나눗셈을 하는 상황에 대해서도 마찬가지이다.

이 장은 추론을 기반으로 2단계와 3단계 학생들이 분수 곱셈을 학습할 수 있는지에 집중한다. 11장에서 우리는 두 단계 학생들이 분수를 더하고 빼는 것을 학습할 수 있는지 다루고, 12장에서는 분수 나눗셈을 배우는 방법에 집중한다. 이들 각각의 장에서 우리는 단계별 학생들의 특징과 학생들이 겪게 되는 어려움 그리고 이러한 어려움을 돕는 방법들을 다룰 것이다.

단위 분수의 단위 분수 가져가기

앞선 장들(4, 5, 6, 7장)에서 우리는 분수의 의미를 개발하기 위해 1개 혹은 여러 개를 균등 배분하는 활동이 중요한 기저가 됨을 보였다. 우리 관점에서 균등 배분하기는 분수 곱셈의 시발점이다. 예를 들어, 다음의 문제를 고려해 보자.

'늦게 온 사람 문제': 나는 4명의 친구와 함께 아래(그림 10.1) 직사각형 모양의 크랜베리 식빵을 나누어 가지려고 합니다. 즉, 총 5명이 이 식빵을 나누어 갖습니다.

1) 공평하게 나누고 내가 갖게 되는 식빵 조각을 따로 그려보세요.
2) 2명의 친구가 늦게 도착했고, 나는 2명과 내 식빵 조각을 나누는 데 동의하여 총 3명이 식빵 조각을 함께 나누어 먹게 되었습니다. 이제 내가 갖게 될 식빵 조각을 그려보세요. 따로 그려보세요.

3) 나는 식빵 전체의 얼마만큼을 갖게 되나요? 이를 어떻게 알 수 있나요? 설명해 보세요.

그림 10.1 '늦게 온 사람 문제'에 대한 응답

숙련된 어른의 관점에서 이 문제는 식빵의 $\frac{1}{5}$에서 $\frac{1}{3}$을 가져가는 것이다. 균등배분 문제와 분수 용어를 경험한 학생들도 이렇게 생각할 수 있고 몇몇 학생의 공통적인 초기 답변은 "저는 $\frac{1}{3}$을 갖게 됩니다"이다. 그들의 답도 맞다! 그러나 여기서 질문은 '무엇의 $\frac{1}{3}$인가?'이다. 질문 3)은 학생들이 자신들이 갖게 되는 식빵 조각이 식빵 전체의 3분의 1보다는 상당히 작다는 것을 분명히 설명할 수 있도록 도울 수 있다.

2단계와 3단계 학생은 모두 식빵의 다섯 부분 각각을 3개로 등분할을 할 수 있고 그래서 총 15개의 균등한 부분을 만들 수 있다는 것을 알고 있을 가망성이 높다(Hackenberg and Tillema, 2009). 즉 학생들이 갖게 되는 새로운 식빵 조각은 15개로 등분할된 부분 중 1부분이기 때문에 $\frac{1}{15}$이 된다. 학생들에게 15를 어떻게 구하였는지 명확하게 설명하게 하는 것은 이 예를 통해 자연수 곱셈과 분수에서 분수를 가져오는 것과의 관련성을 볼 수 있게 하고, 또한 학생들은 점차 이를 분수 곱셈으로 이해할 수 있게 된다. 즉, 2단계와 3단계 학생들은 $5 \times 3 = 15$가 이 문제를 해결하는 데 어떻게 도움을 주었는지 분명하게 말할 수 있어야 한다.

다음은 '늦게 온 사람 문제'와 밀접하게 관련되지만 중요한 차이가 있는 2개의 문제이다.

'껌 테이프 문제': 피비는 생일 선물로 길이가 1미터인 껌 테이프를 받았고(그림 10.2), 지금은 이 껌의 $\frac{1}{3}$ 만큼만 남아 있습니다. 엄마는 그녀가 남은 양의 $\frac{1}{5}$ 만큼의 껌을 씹을 수 있도록 허락하였습니다.

그림 10.2 껌 테이프 1미터를 나타내는 직사각형

1) 먼저 피비에게 남은 테이프의 양을 그리세요. 1미터 길이의 테이프와 별개로 그리세요. 센티미터로 바꾸지 말고 미터를 사용하여 그리세요.
2) 피비의 엄마가 지금 씹어도 된다고 한 껌 테이프의 양을 그리세요. 이를 1미터 길이의 테이프와 1)에서의 그림과 별개로 그리세요.
3) 피비가 지금 씹을 수 있는 껌의 길이는 몇 미터인가요? 이를 센티미터로 바꾸지 말고 미터로 구하세요.
4) 해결 방법을 설명하세요.

'단위 분수의 단위 분수 문제': 직사각형 모양의 기다란 샌드위치를 상상해보세요. 이 샌드위치의 $\frac{1}{6}$ 의 $\frac{1}{2}$ 을 갖게 됩니다. 이 샌드위치의 $\frac{1}{6}$ 의 $\frac{1}{2}$ 을 가져가는 것을 상상할 수 있나요? [여러 다른 단위 분수를 사용하여 동일한 문제를 제시할 수 있다.]

a) 이 문제를 어떻게 상상하는지 짝에게 설명해 보세요.
b) 전체 샌드위치의 얼마만큼을 먹게 되나요? 이를 어떻게 알 수 있나요?
c) 자신이 상상한 것을 그려보고 b)에 대한 자신의 답을 설명하세요. [만약 학급 전체가 머릿속으로 시각화할 수 있다면 그림을 그리는 활동은 생략할 수 있다.]

'껌 테이프 문제'는 균등 배분 언어보다는 분수 언어를 사용하는데, 학생들이 문제를 해결하기 위해 스스로 분할 조작을 활성화해야 하므로 더욱 상급 문제라 할 수 있다. 만약 학생들이 이와 같은 분할 조작을 활성화하지 않는다면, 배분하는 상황으로 돌아가거나 4장에서 논의한 대로 '3개의 균등한 부분 중 하나'와 같은 분수 언어를 사용할 것을 제안한다. 학생들이 분수 언어로 전환 중이거나 전환한 상태라면 교사는 '껌 테이프 문제'에 대한 추론을 다음과 같이 표기해 줄 수 있다.

$\frac{1}{3}$의 $\frac{1}{5}$ = ?

전체 미터의 $3 \times 5 = 15$개의 균등한 부분

그래서 $\frac{1}{3}$의 $\frac{1}{5} = \frac{1}{15}$ 미터

우리는 교사의 이러한 표기를 통해 학생들이 자연수 곱셈과 분수 곱셈을 연결할 수 있게 된다고 강조하지만, 이는 표준 알고리즘의 매우 압축된 표기와는 반대로 추론을 잘 보여준다. 우리가 보기에 이와 같은 수준의 압축은 일정 기간을 두고 서두르지 않는 것이 좋다.

또한, 우리는 '$\frac{1}{3}$의 $\frac{1}{5}$'과 같이 곱셈 기호 대신 '~의'를 사용하였다는 점을 강조한다. 이를 사용한 주된 이유는 $\frac{1}{3}$의 $\frac{1}{5}$을 나타내는 곱셈 기호의 의미보다는 $\frac{1}{3}$의 $\frac{1}{5}$을 가져가는 것의 개념이 학생들에게 더욱 의미가 통하기 때문이다(Behr et al., 1993; Hackenberg, 2010). 그래서 얼마 동안은 자연스러운 용어인 '~의'를 사용할 것을 권장한다. 교사가 종종 학생들에게 '~의'는 곱셈이라고 바로 말해주는 것을 이해하지만, 여기서는 학생들이 분수에서 분수를 가져가는 경험을 충분히 할 때까지 '~의'가 곱셈이라고 말해주는 것을 삼가길 권장한다.

또한, '늦게 온 사람 문제'와 다르게 '껌 테이프 문제'는 $\frac{1}{5}$의 $\frac{1}{3}$ 대신 $\frac{1}{3}$의 $\frac{1}{5}$을 가져가는 것을 수반한다. 두 문제에서 그림을 그리는 과정은 서로 다르나 결과는 같다. 이에 대해 논의하는 것은 이어서 나올, 유사하지만 더욱 복잡한 분수에서 분수를 가져가는 상황의 논의를 위한 중요한 토대를 제공할 수 있다. '껌 테이프 문제'와 같은 문제들을 해결한 후 학생들은 그림을 그리지 않고 머릿속에서 단위 분수에서 단위 분수를 가져가는 것을 시각화하는 활동에 참여한다(즉, **교육 환경과 거리두기**). '단위 분수의 단위 분수 문제'는 학생들이 단위 분수의 단위 분수를 가져가는 것을 상상할 것을 요구한다. 학생들이 이러한 상상 활동에 참여할 수 있을 때 이들은 분모의 곱셈 공식을 기억할 필요가 없어진다. 나아가 이러한 문제들은 일반화

를 신장시킬 수 있다. 즉, 학생들이 추론의 전 과정을 거칠 필요 없이 추론을 기반으로 한 효율적인 방법을 개발할 수 있다. 예를 들어, 학생들이 머릿속에서 상상하며 문제를 해결한 후에 이들은 다음과 같은 일반화를 할지도 모른다. “네, 저는 전체의 균등한 부분의 개수가 총 몇 개인지 찾을 수 있어서 두 분수의 분모를 곱하였습니다. 그걸 알게 되면 부분의 분수 크기를 알게 됩니다.”

단위 분수에서 비단위 분수 가져가기

학생들이 단위 분수의 단위 분수를 가져가는 방법들을 개발한 뒤, 그다음 단계로 적절한 것은 단위 분수에서 비단위 분수를 가져가는 상황이다. 2단계와 3단계 학생 모두 접근할 수 있으려면 비단위 진분수부터 시작하는 것이 좋다. 예를 들어, 다음의 문제를 생각해 보자.

> ‘리본 문제’: 자넬은 리본 $\frac{1}{5}$야드를 갖고 있습니다. 그녀는 목걸이를 만들기 위해 이 양의 $\frac{2}{3}$를 사용하였습니다.

1) 먼저 리본 1야드를 그림으로 나타내어 보세요.
2) 자넬이 가진 리본의 양을 그리세요. 이를 1야드의 막대와 따로 그리세요.
3) 자넬이 사용한 리본의 양을 그리세요. 이를 따로 그리세요.
4) 자넬이 사용한 리본은 몇 야드인가요? 이를 인치로 바꾸지 말고 야드를 사용하여 계산하세요.
5) 해결 방법을 설명하세요.

이 문제는 단위 분수($\frac{1}{5}$)에서 진분수($\frac{2}{3}$)를 가져가는 것을 수반한다. 이처럼 단일 부분에서 여러 부분을 가져가는 문제 상황은 ‘껌 테이프 문제’와 같이 단일 부분에서 단일 부분을 가져가는 문제 상황보다는 더 어렵지 않기 때문에 다음 단계로 가기에 좋은 문제 유형이다. 즉, $\frac{1}{5}$의 $\frac{1}{3}$을 가져갈 수 있는 학생들은 $\frac{1}{5}$의 $\frac{2}{3}$를 가져가는 것을 더 어렵게 생각하지 않을 것이다. 왜냐하면, 그들이 가져가게 될 두 부분 각각이(이 경우 야드인) 전체 단위의 $\frac{1}{15}$이라는 것을 알 수 있는 사고를 이미 개발하였기 때문이다. 그래도 이런 종류의 새로운 문제는 학생들이 그들이 곱할 수 있는 **수의 범위를 확장**할 수 있도록 해준다.

교사는 '리본 문제'에 대한 추론을 다음과 같이 표기할 수 있다.

$\frac{1}{5}$의 $\frac{2}{3} = 2 \times (\frac{1}{5}$의 $\frac{1}{3})$

전체 야드의 $5 \times 3 = 15$개의 균등한 부분

즉, 각 부분은 $\frac{1}{15}$야드이고 $\frac{1}{15} \times 2 = \frac{2}{15}$ 야드이다.

'리본 문제'와 같은 문제를 해결하고 난 다음에는 '단위 분수의 단위 분수 문제'처럼 학생들이 그리지 않고 시각화를 하도록 장려하는 문제들을 제기하는 것이 좋다.

비단위 분수의 단위 분수 가져가기

더 도전적인 단계는 비단위 분수에서 단위 분수를 가져가는 문제 상황이다. 예를 들어, 다음의 문제를 생각해 보자.

'기다란 젤리 막대 문제': 미오는 기다란 젤리 막대 $\frac{2}{3}$야드를 갖고 있습니다. 그는 이것의 $\frac{1}{5}$만큼을 먹었습니다.

1) 먼저 기다란 젤리 막대 1야드를 그리세요.
2) 미오가 처음에 갖고 있던 젤리 막대의 양을 그리세요. 1야드의 막대와 따로 그리세요.
3) 미오가 먹은 젤리 막대 양을 그리되 2개의 $\frac{1}{3}$야드 사이에 표시된 선을 지우지 말고 그리세요. 미오가 먹은 양을 앞의 두 막대와 따로 그리세요.
4) 미오가 먹은 양은 몇 야드인가요? 인치로 바꾸지 말고 야드를 그대로 사용하여 구하세요. 그림을 통해 그 양을 구하기 어렵다면 3)을 다시 해결해 보세요.
5) 해결 방법을 설명하세요.

이 문제는 진분수($\frac{2}{3}$)에서 단위 분수($\frac{1}{5}$)를 가져가는, 즉 여러 부분에서 단일 부분을 가져가는 활동을 수반한다. 이는 2단계와 3단계 학생 모두에게 도전적이지만 3단계에서 조작하는 학생은 2단계 학생보다 이러한 도전에 더욱 효율적이고 효과적으로 대처할 가능성이 많다(Hackenberg and Tillema, 2009).

이러한 도전에 대처할 주요한 방법은 어떠한 양에서 $\frac{1}{5}$을 가져가는 것은 그 양의 각 부분에서 $\frac{1}{5}$을 가져가는 것과 같다는 것을 깨닫는 것이다. 이러한 사고방식의 근원은 우리가 9장에서 이미 논의한 내용인 '2개의 막대에서 $\frac{1}{5}$을 가져가는 것은 각각의 막대에서 $\frac{1}{5}$을 가져가는 것을 통해 달성될 수 있다'는 것이다. 우리는 이러한 사고방식이 어떻게 분배 추론, 즉 덧셈에 대한 곱셈의 분배 법칙인지 설명하였다. '기다란 젤리 막대 문제'에 대한 추론을 표기하는 하나의 방법은 다음과 같다.

$$\frac{2}{3}\text{의 } \frac{1}{5} = (\frac{1}{3} + \frac{1}{3})\text{의 } \frac{1}{5} = \frac{1}{3}\text{의 } \frac{1}{5} + \frac{1}{3}\text{의 } \frac{1}{5} = \frac{1}{15} + \frac{1}{15} = \frac{2}{15}$$

우리는 이 문제를 해결한 모든 학생이 이와 같은 표기를 사용할 준비가 되었다고 주장하는 것은 아니지만 세 가지 이유에서 이것을 강조한다. 먼저, 이는 우리가 이 책의 서론에서 강조한 일반적 제안 중 하나인 학생 자신의 추론을 표현하는 표기를 개발(**표기하기**)하는 것과 일맥상통한다. 둘째로, 이는 $\frac{2}{3}$를 $\frac{1}{3}+\frac{1}{3}$로 생각하는 것과 같은, 암묵적으로 인지하지 않은 상태로 남을 수 있는 아이디어를 강조한다. 셋째로, 이는 교사가 이처럼 추론하는 학생이 분배 법칙을 사용하였다는 것을 이해하는 데 도움을 줄 수 있다.

분수에서 분수 가져가기, 일반적으로

우리의 경험에 의하면 오직 3단계 학생만이 어떠한 분수에 대해서도 분수의 분수를 가져가는 일반적인 사고방식을 개발할 준비가 되어 있다(Hackenberg and Tillema, 2009; Steffe and Olive, 2010). 이와 같이 하기 위해서는 내포된 여러 단위를 조정해야 하기 때문이다. 다음의 예와 함께 이에 관해 설명하고자 한다.

'제빵사 문제': 제빵사 올리버는 주방에 $\frac{4}{5}$ 킬로그램의 설탕을 갖고 있습니다. 그는 이 중 $\frac{2}{3}$를 빵을 만드는 데 사용하였습니다. 그가 빵을 만드는 데 사용한 설탕의 양은 몇 킬로그램인가요?

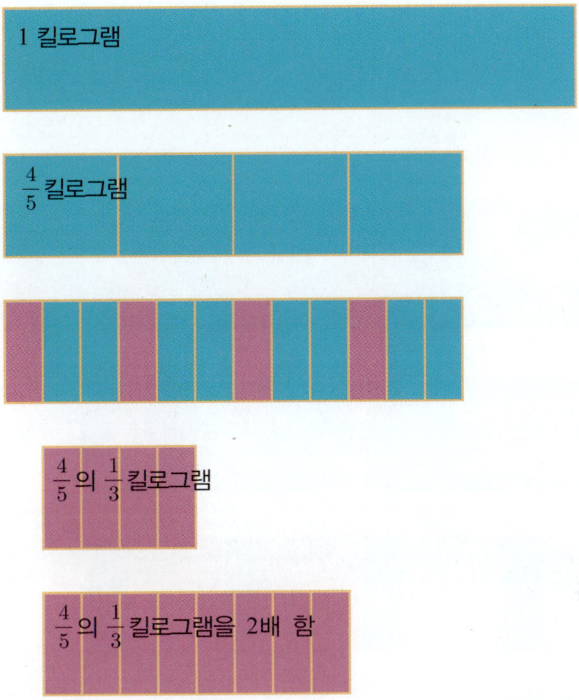

그림 10.3 $\frac{4}{5}$의 $\frac{1}{3}$ 킬로그램을 가져가고 $\frac{4}{5}$의 $\frac{2}{3}$ 킬로그램을 가져가기 위해 이를 2배 함

1) 먼저 1킬로그램 설탕을 나타내는 막대를 그리세요.
2) 올리버가 갖고 있던 설탕의 양을 그리세요. 이를 앞서 그린 막대와 따로 그리세요.
3) 올리버가 빵을 굽기 위해 사용한 설탕의 양을 그리세요. $\frac{1}{5}$ 사이의 선 4개를 지우지 말고 올리버가 사용한 설탕의 양을 따로 그리세요.
4) 올리버가 사용한 설탕은 몇 킬로그램인가요? 그림을 이용하여 구하기 어렵다면 3)을 다시 해결해 보세요.
5) 해결 방법을 설명해 보세요.

분배 법칙을 사용하여 이 문제를 해결하는 방법은 최소한 두 가지이다. 한 가지 방법은 4개의 $\frac{1}{5}$ 킬로그램 막대 각각에서 $\frac{1}{3}$을 가져가서 $\frac{4}{5}$의 $\frac{1}{3}$을 구하는 것이다. 그리고 학생은 $\frac{4}{5}$의 $\frac{2}{3}$ 킬로그램을 가져가기 위해 이를 2배 할 수 있다(그림 10.3).

다른 방법은 4개의 $\frac{1}{5}$ 킬로그램 막대 각각에서 $\frac{2}{3}$를 가져가는 것인데, 이는 $\frac{2}{15}$ 킬로그램을 4배 하는 셈이 된다(그림 10.4). 우리는 두 번째 방법이 학생들에게 더욱 일반적이라는 것을 알게 되었지만, 이 또한 학급 내에서 조금씩 차이가 있을 수도 있다.

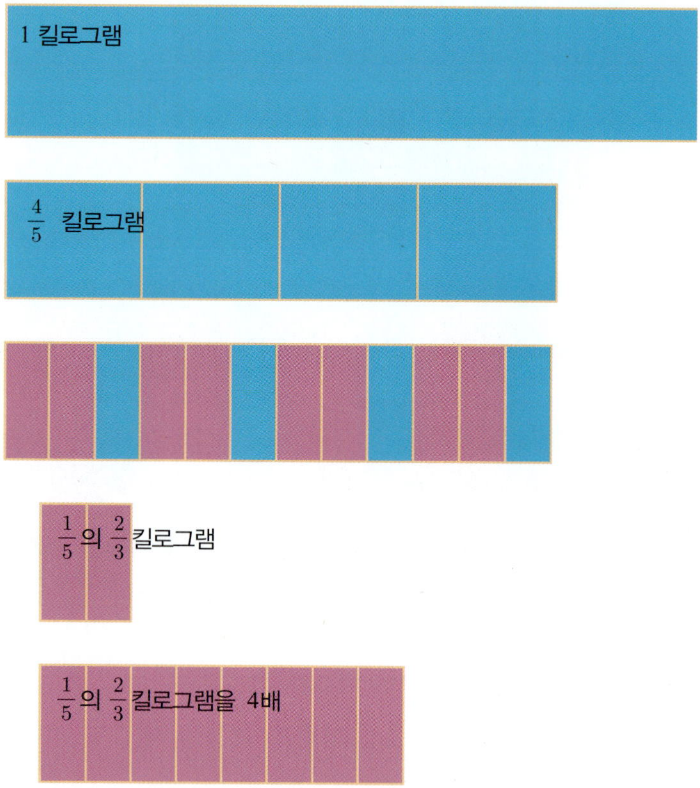

그림 10.4 각각의 $\frac{1}{5}$ 킬로그램에서 $\frac{2}{3}$를 가져가거나, $\frac{2}{15}$의 4배

2단계 학생들은 이러한 해결 방법들에 포함된 분배 추론을 어렵게 생각할 것이라고 이미 강조하였다. 그 이유만으로 이 문제는 꽤 어려울 수 있다.

게다가 2단계 학생들이 각각의 $\frac{1}{5}$ 킬로그램에서 $\frac{2}{3}$를 가져가서 8개의 부분을 그렸다고 하자. 이 학생들은 결과를 $\frac{8}{12}$킬로그램이라고 하기 쉽다(Hackenberg and Tillema, 2009). 결과를 $\frac{8}{15}$이라고 부르기 위해서는 $\frac{4}{5}$킬로그램을 5개의 단위로 된 전체 단위에서 4개의 단위인 것을 계속 인지하고 있어야 하기 때문이다. 2단계 학생들은 수학 활동에 참여하는 과정에서 한 번에 2수준 단위만 사용할 수 있다. 몇몇 2단계 학생들이 질문을 받았을 때 결과가 $\frac{8}{12}$킬로그램이 아닌 $\frac{8}{15}$킬로그램이어야 한다는 것에 동의하는 것을 본 적도 있지만, 2단계 학생들의 경우 추론을 하는 과정에서 이와 같은 유형의 실수를 보여줄 가능성이 꽤 크다.

반대로, 3단계 학생들은 내포된 여러 단위를 한 번에 기억하여 문제를 해결할 수 있다. 그들은 자신들의 추론을 다음과 같이(그림 10.4에 보여준 해결 방법과 같이) 표기하는 것이 도움이 될 것으로 생각할 것이다.

$$\begin{aligned}\frac{4}{5}\text{의 }\frac{2}{3} &= \left(\frac{1}{5}+\frac{1}{5}+\frac{1}{5}+\frac{1}{5}\right)\text{의 }\frac{2}{3}\\ &= \frac{1}{5}\text{의 }\frac{2}{3}+\frac{1}{5}\text{의 }\frac{2}{3}+\frac{1}{5}\text{의 }\frac{2}{3}+\frac{1}{5}\text{의 }\frac{2}{3}\\ &= \frac{2}{15}+\frac{2}{15}+\frac{2}{15}+\frac{2}{15}\end{aligned}$$

나아가, 학생들은 $\frac{1}{5}$의 $\frac{2}{3}$의 4배를 찾는 것이라는 것을 깨닫고 자신들의 추론을 다음과 같이 압축하고 생략하는 것이 도움이 되리라 생각할 수 있다.

$$\frac{4}{5}\text{의 }\frac{2}{3} = 4\times\left(\frac{1}{5}\text{의 }\frac{2}{3}\right)$$

9장에서 강조하였듯이, 이러한 표기는 **결합 추론** 혹은 곱셈에 대한 결합 법칙을 보여준다. 교사는 학생들과 다음과 같이 분해될 수 있음도 보여줄 수 있다.

$$\frac{4}{5}\text{의 }\frac{2}{3} = 4\times\left(\frac{1}{5}\text{의 }\frac{2}{3}\right) = 4\times\left(\frac{1}{5}\text{의 }\frac{1}{3}\right)\times 2$$

이러한 표기는 어떠한 분수에서 어떠한 분수를 가져가는 것의 핵심은 그 문제에 내포된 단위 분수의 단위 분수를 생각하며 부분의 크기를 구하는 것이라는 것을 이해하는데 도움이 된다. 이 경우는 결과적으로 15분의 1킬로그램을 만드는 5분의 1의 3

분의 1킬로그램을 가져가는 것인데, 문제는 그러한 15분의 1이 몇 개인지를 구하는 것이다. 올리버가 4개의 균등한 $\frac{1}{5}$의 $\frac{2}{3}$를 원하기 때문에 그는 $\frac{1}{5}$로부터 2개의 부분[1)]을 가져와서 4배 하거나 총 여덟 부분을 가져가야 한다.

이와 같은 사고는 분수 곱셈의 표준 알고리즘에 대한 탄탄한 근거를 개발할 수 있도록 도울 수 있다(Tillema and Hackenberg, 2011). 사실 이러한 표기는 $\frac{4}{5}$의 $\frac{2}{3}$를 구하기 위해 분자끼리 곱하고 분모끼리 곱할 수 있다는 것을 보여준다. 그러나 우리는 상당 기간 학생들의 추론을 이러한 규칙으로 줄이지 말 것을 권장한다. 추론이 응축되어 '분자끼리 곱하고 분모끼리 곱하는 것'과 같은 일반화된 규칙으로 발전하기 위해 학생들은 여기서 우리가 설명한 것과 같은 방식으로 분수의 분수를 가져가는 추론이 동반된 활동을 상당 시간 반복하여 경험하는 것이 필요하다.

평가 과제 모음

평가 과제 모음 목록

평가 과제 10.1: 나눈 몫을 다시 나누어 갖기
평가 과제 10.2: 단위 분수의 분수만큼 가져가기
평가 과제 10.3: 분수의 단위 분수만큼 가져가기
평가 과제 10.4: 분수의 분수만큼 가져가기

평가 과제 10.1 나눈 몫을 다시 나누어 갖기

수업 재료 | 표시가 없는 분수 막대(부록 참고), 가위, 필기도구

활동 | 학생들에게 분수 막대 1개가 바나나 식빵 1개를 나타낸다고 알려주고 다음과 같이 말한다. "너와 5명의 친구는 방과 후 간식으로 이 식빵을 나누어 가질 것이다. 즉 총 6명이 이 빵을 나누어 갖게 되는 것이다. 식빵을 공평하게 나누어 가질 방법을 보이고 네가 갖게 될 식빵 조각을 따로 그려보아라. 이후 2명의 옆 반 친구들이 와서 너와 남은 식빵을 함께 나누어 갖

1) 역자 주. 각 부분의 크기는 5분의 1의 3분의 1임.

기로 하였다. 공평하게 나누어 가질 방법과 네가 이제 가지게 될 식빵 조각을 따로 그려보아라. 이제는 식빵 전체의 얼마만큼을 갖게 되었는가?(분수로 나타내어라.) 어떻게 아는가?"

유의사항

- 1단계 학생들은 자신들이 갖게 될 식빵의 양이 '3분의 1'이라는 주장을 굽히려 하지 않을 수도 있다(Hackenberg and Tillema, 2009). 만약 학생들이 꾸준하게 이런 모습을 보인다면 식빵 전체를 만들기 위해서 그 크기를 갖는 식빵 조각이 몇 개가 필요한지 묻는다. 1단계 학생들은 방법을 찾아내고 그 부분을 '18분의 1'이라고 말할 수도 있다. 1단계 학생들은 때론 그 부분의 값을 구하기 위해 6개의 부분 각각을 3개의 균등한 부분으로 나누기보다 그 부분(18분의 1조각)이 전체 막대가 될 때까지 반복할 것이다. 그들이 6개의 부분 각각을 3개의 균등한 부분으로 나눈다고 하더라도 이후 유사한 문제를 해결하는데 이러한 활동을 다시 생각하지 못할 수 있다. 그 주된 이유는 앞서 논의한 몫을 공평하게 나누는 질문들만으로는 학생들의 부분에 부분을 삽입하는 개념이 촉발되지 않고 더욱 직접적인 질문들만이 이들의 이러한 개념을 촉발하기 때문일 수 있다.
- 더 적은 수의 부분을 포함한 문제에서 더 나은 모습을 보일 수 있는지 알기 위해 몇몇 학생에게는 더 적은 수의 친구(3명 혹은 4명)와 1명의 늦게 온 옆 반 학생을 사용하는 것이 좋을 수 있다.
- 어떤 학생들에게는 후속 질문으로 2명의 옆 반 친구들이 갖게 될 식빵의 양($\frac{2}{18}$)에 관해 물을 수 있다. 이들이 $\frac{2}{18}$이라고 한다면, 이는 이들이 각각의 부분을 $\frac{1}{18}$로 보고 이를 2번 반복할 수 있다는 것을 보여준다. 즉, 이와 같은 해결 방법을 통해 6장에서 논의한 대로 학생들이 단위 분수 측정 스킴을 개발하였다는 것을 알 수 있다.
- 또한, 우리 반의 친구들 각각이 갖게 되는 식빵의 양과 이들이 갖게 되는 식빵의 양의 이름이 2개일 수 있는지 물어볼 수 있다. 우리 반의 친구 한 명이 갖게 되는 식빵의 양은 $\frac{1}{6}$ 또는 $\frac{3}{18}$이라고 한다면, 어떻게 두 이름의 양을 갖는지 물어본다. 아직 다른 누구와도 식빵을 나누어 갖지 않았

기 때문에 $\frac{1}{6}$을 갖게 될 것이라고 분명히 말할지도 모른다. 하지만 $\frac{1}{6}$에 3개의 18분의 1이 들어가기 때문에 이 친구들이 각각 갖게 될 조각은 $\frac{3}{18}$도 될 수 있다. 우리는 11장에서 동일한 크기의 서로 다른 이름을 갖는 분수(동량 분수)에 대해 논의할 것이다.

평가 과제 10.2 단위 분수의 분수만큼 가져가기

수업 재료 | 표시가 없는 분수 막대, 가위, 필기도구

활동 | 학생들에게 분수 막대 1개가 1조각의 긴 리본과 같다고 알려준다. 의복 상점에서 직원들은 이 리본을 잘라서 옷과 마스크를 꾸며야 한다. 완다는 이 중 일부를 사용하여 $\frac{1}{3}$만큼이 남았다. 남은 리본의 양을 따로 그려보아라. 자말은 그 양의 $\frac{1}{4}$만큼이 필요하다. 자말이 필요한 리본의 길이를 따로 그려보아라. 자말이 사용한 리본의 길이는 리본 전체의 얼마만큼인가? 어떻게 아는가?

유의사항

- 학생들이 $\frac{1}{3}$에서 비단위 분수만큼을 어떻게 가져가는지 이해하기 위해, 학생들에게 이제 자말 혹은 다른 직원이 $\frac{1}{3}$의 $\frac{3}{4}$ 혹은 $\frac{1}{3}$의 $\frac{2}{5}$만큼이 필요하다고 알려주어 과제를 변형할 수 있다.
- 몇몇 학생에게는 이제 자말 혹은 다른 직원이 $\frac{1}{3}$의 $\frac{7}{5}$만큼이 필요하다고 말해 줄 수 있다. 이 질문을 통해 학생들은 분수를 수로 개발하였는지 평가할 수 있다(8장 참고).

평가 과제 10.3 분수에서 단위 분수만큼 가져가기

수업 재료 | 하나의 직사각형과 이 직사각형의 $\frac{2}{3}$만큼이 그려진 두꺼운 종이 여러 장. $\frac{2}{3}$-직사각형을 3분의 1씩 구분하는 표식이 있어야 한다(그림 10.5 참고).

그림 10.5 분수의 단위 분수만큼 가져가기 활동을 위한 수업 재료

또한, 가위와 다섯 부분으로 등분할되었지만 세 부분으로 나누어진 표식은 없는 $\frac{2}{3}$-막대가 그려진 막대와 이 중 하나의 부분이 함께 제시된 그림이 필요하다(그림 10.6).

그림 10.6 표식이 지워진 $\frac{2}{3}$막대의 $\frac{1}{5}$

활동 | 학생들에게 그림 10.5의 막대가 직사각형 모양의 점토 한 판이라고 알려 준다. 도자기 공방에서 예술가들은 도자기를 만들기 위해 점토의 일부분을 가져간다. 가게 주인인 새리나는 예술가들이 사용한 점토의 양을 기록해 둔다. 현재 새리나는 종이에 그려진 대로 $\frac{2}{3}$판의 점토가 남았다. 도예가 페드로가 그 양의 $\frac{1}{5}$만큼을 달라고 하였다. 페드로가 필요한 점토의 양을 따로 그려보아라. 학생들은 새리나가 기록할 수 있도록 점토 한 판의 얼마만큼이 페드로가 필요한 점토의 양인지 구해야 한다. 이를 위해 학생들에게 $\frac{2}{3}$-막대의 2개의 $\frac{1}{3}$을 구분하는 표시를 지우거나 무시하지 말고 구해야 한다고 안내한다.

유의사항

- 이는 어려운 질문이고 이에 대한 학생들의 생각을 이해하기 위해서 학생들이 이 문제를 완전히 해결해야 하는 것은 아니다.
- 몇몇 학생은 $\frac{2}{3}$-막대에서 나누어진 표시를 무시한 채 5개의 균등한 부분으로 분할하고 이 중 하나의 부분을 그릴 것이다. 하지만 이들은 그 부분이 전체 점토 조각의 얼마만큼인지 모를 것이다. 그러한 학생들에게 어떻게 구할 수 있는지 물어볼 수 있고, 이에 대해 학생들은 자신들이 그린 하나의 부분이 전체 점토에 얼마만큼이 들어가는지 보고 싶다고 할 수 있다. 필요한 만큼 부분을 잘라낼 수 있도록 가위를 사용해 보라고 제안할 수 있다. 자신들이 그린 부분을 점토판 전체에 대고 반복한다면 이들은 그 부분이 전체 조각에 자연수 배만큼 들어가지 않는다는 것을 알게 될 것이다. 자신들이 처음에 5개의 부분을 표시한 것이 정확하지 않기 때문이라고 생각한다면, '정확하게' 만들어 잘라낸 1부분(그림 10.6)을 제공할 수 있다. 이 부분을 반복하며, 학생들은 여전히 그 1부분이 전체 점토에 자연수 배만큼 들어가지 않는 것을 볼 수 있을 것이다.
- 문제를 해결하는 동안 학생들이 3개로 나누어진 표시를 지우거나 무시하지 않도록 장려한다. 나누어진 표시를 지워 문제를 해결하기 시작하는 학생이 있다면 다시 3등분으로 나누어진 표시가 있는 문제를 해결할 수 있도록 안내하여라. 학생들이 만약 문제를 해결하다가 막힌다면 시도한 것에 대해 칭찬하고, 이 모든 문제를 알 것이라고 기대하지 않았다고 말하며, 나중에 다시 이 문제를 해결해 보자고 한다.
- 만약 학생들이 이 문제에서 막혔다면, 평가 과제 10.4를 해결할 필요는 없다.

평가 과제 10.4 분수의 분수만큼 가져가기

수업 재료 | 하나의 직사각형이 그려진 두꺼운 종이 여러 장

활동 | 또 다른 공예가 마야가 $\frac{2}{3}$-점토 조각의 $\frac{3}{5}$만큼을 원한다는 것을 제외하면 이 문제는 평가 과제 10.3과 같다. 마찬가지로 새리나가 기록할 수 있도록 학생들은 그림을 그린 후에 마야가 사용한 점토의 양이 전체 점토

한 판의 얼마만큼인지를 알아야 한다. 이를 위해 학생들에게 3개로 나누어진 표시를 지우지 말라고 한다.

유의사항

- 몇몇 학생은 가분수를 사용하여 평가할 수 있다. 예를 들어, 새리나가 $\frac{4}{3}$ 만큼의 점토판을 가지고 있고 마야는 이 중 $\frac{3}{5}$만큼을 원할 수 있다. 학생들이 $\frac{4}{3}$를 수로 이해한다면(8장 참고), 이 문제는 그들에게 좋은 도전이 될 수 있다.
- 반대로, 새리나가 $\frac{2}{3}$만큼의 점토판을 갖고 있고 마야는 이 중 $\frac{7}{5}$만큼을 원할 수 있다. 마야가 주어진 점토의 양보다 더 많은 양을 원하기 때문에 이 문제가 앞의 문제보다 더 도전적이다. 만약, 학생들이 이 점에 대해 우려한다면, 8장의 마법의 사탕 막대의 개념과 유사하게 이들에게 마야가 원한다면 새리나는 더 많은 점토를 추가할 수 있다고 알려준다. 더 도전적인 과제로 만들기 위해 새리나가 $\frac{4}{3}$만큼의 점토를 갖고 있고 마야는 이 중 $\frac{7}{5}$만큼을 원한다고 할 수 있다.

수업 활동

수업 활동 목록

활동 10.1: 나눈 몫을 다시 나누어 갖기
활동 10.2: 분수의 분수만큼 가져가기 I
활동 10.3: 조리법의 $\frac{1}{4}$만큼 만들기
활동 10.4: 분수의 분수만큼 가져가기 II
활동 10.5: 추론의 패턴을 표기하고 명확하게 말하기

활동 10.1 나눈 몫을 다시 나누어 갖기

학습 목표 | 학생들은 몫을 나누어 갖는 방법과 부여된 단위에 대해 한 사람

의 몫을 명명하는 방법을 배울 것이다.

수업 방법 | 교사의 설명과 함께 학생들은 짝을 짓거나 소그룹으로 활동

수업 재료 | 표시가 없는 분수 막대(부록 참고), 가위, 필기도구, 한 쌍의 주사위

수업 안내 | 한 쌍의 짝 혹은 모둠은 '늦게 온 사람 문제'와 같은 유형의 문제를 해결할 것이다. 각 쌍 혹은 모둠은 우리 반 친구의 수와 옆 반 친구의 수를 결정하기 위해 주사위를 던질 것이다. 1개의 주사위는 우리 반 친구의 수를 나타내고 다른 1개의 주사위는 옆 반 친구의 수를 나타낸다. 학생들은 몫을 구하기 위한 과정과 식빵 전체에 대한 그들 몫의 크기를 구하는 방법을 보여줘야 한다. 학생들은 학급 전체에게 그들의 해결 방법을 보여주고 설명할 수 있다.

응답, 변형, 확장

- 이 장에서 논의한 대로 학생들에게 여러 명의 옆 반 친구들이 갖게 되는 몫의 크기 또는 친구 1명이 갖게 되는 몫의 크기에 관해 물어볼 수 있다.
- 학생들이 아직도 분수 언어를 사용하여 문제 해결 과정을 설명하지 않는다면 4장에서 논의한 대로 교사는 이 학생들에게 '부분의 부분' 언어를 사용하여 분수 언어를 분명하게 사용할 수 있도록 도울 수 있다. 예를 들어, "나는 5개로 등분할된 부분 중 하나에서 3개로 등분할된 부분 중 하나를 가져갔어"라고 할 수 있다. 이러한 언어의 사용은 문제가 복잡해짐에 따라 번거로워질 수 있지만, 나눈 몫을 다시 나누어 갖는 문제를 해결하는 얼마간은 적절할 수 있다.
- 만약 학생들이 문제 해결 과정을 설명하기 위해 분수 언어를 사용한다면, '껌 테이프 문제'에서 보여준 바와 같이 자신의 추론 과정을 표기하도록 할 수 있다.
- 이 활동은 JavaBars(math.coe.uga.edu/olive/welcome.html)로 할 수 있다.
- 이 활동은 옳은 해결 방법과 해결 방법에 대한 옳은 설명을 한 학생들에게 점수를 주어 게임 형식으로 진행할 수 있다.
- 한 쌍의 학생들은 이 게임을 하기 위해 주사위 대신에 카드 한 팩(52장으로 된 일반적인 카드)을 사용할 수 있다. 참가자 각각은 카드를 뽑고 그

카드에 적힌 숫자만큼 공평하게 나누어야 한다. 참가자 1명이 초기 배분자가 될 수 있고 다른 참가자는 '두 번째 배분 자(첫째로 배분한 몫에 대해 배분하는 사람)'가 될 수 있다. 혹은, 한 쌍의 학생들은 양방향으로 몫을 나눌 수 있다. 초기에 학생들은 균등한 배분을 그리지만, 점차 이를 상상하고 자신들이 상상한 것과 그 결과에 대해 논의할 수 있다. 주사위를 카드로 교체하는 것은 **수 범위 확장**(1~6에서 1~13으로)의 방법이다.

활동 10.2 분수의 분수만큼 가져가기 I

학습 목표 | 학생들은 어떤 단위 분수에서 단위 분수만큼 그리고 비단위 진분수만큼을 가져가는 방법을 배울 것이다. 학생들은 또한 이 과정을 상상하고 표기하는 방법을 배울 것이다.

수업 방법 | 교사의 설명과 함께 짝끼리 혹은 소그룹으로 활동에 참여하고, 이어 학급 전체에 대한 교사의 설명과 전체 논의를 진행

수업 재료 | 표시가 없는 분수 막대, 필기도구

수업 안내 | '껌 테이프 문제'를 제기하되, 각 쌍의 학생들 혹은 모둠에게 각각 서로 다른 한 쌍의 단위 분수를 제공한다. 순서를 바꾸되 같은 한 쌍의 단위 분수를 포함하는 것도 좋을 수 있다. 예를 들어, 하나의 모둠은 $\frac{1}{5}$미터의 $\frac{1}{3}$을 가질 수 있고, 다른 모둠은 $\frac{1}{3}$미터의 $\frac{1}{5}$을 가질 수 있다. 학급 전체 논의 시간을 통해 학생들에게 자신들의 해결 방법을 발표하게 하고 몇 개의 심화 문제를 그림을 그려서 해결한 후에, 단위 분수의 단위 분수만큼을 가져가는 과정을 상상하는 '단위 분수의 단위 분수 문제' 활동에 참여시킨다. '껌 테이프 문제'에서 제시한 대로 학생들이 그들의 해결 과정을 표현하기 위해서 무엇을 상상하고 표기하는지 논의한다.

응답, 변형, 확장

- 이 활동은 JavaBars를 사용하여 진행할 수 있다.
- 학생들이 단위 분수의 단위 분수만큼을 가져가는 문제를 그리고 시각화하는 데 능숙해지면 그들에게 단위 분수의 비단위 분수만큼을 가져가는 문제를 물어볼 수 있다. 이는 연산의 **복잡화** 수단이다.

- 이 활동은 분수 부분을 어떻게 만들었는지에 기반하여 옳은 해결 방법을 구하고 설명한 학생들에게 점수를 주어 게임 형식으로 활용될 수 있다. 단위 분수가 적힌 카드 한 세트를 만드는 것을 추천하는 것 외에는 활동 10.1과 유사한 유형의 게임이다. 학생들이 진전을 보이면 교사는 비단위 분수 카드를 몇 장 포함하여 단위 분수의 비단위 분수만큼 가져가게 할 수 있다.

활동 10.3 조리법의 $\frac{1}{4}$ 만큼 만들기

학습 목표 | 학생들은 비단위 분수에서 단위 분수만큼을 가져가고 자신들의 추론을 표기하는 것을 배울 것이다.

수업 방법 | 교사의 안내와 함께 개별 혹은 짝을 지어 활동하고 전체 학급 강의로 마무리

수업 재료 | 1킬로그램의 밀가루를 나타내는 직사각형과 바로 아래 $\frac{3}{5}$ 킬로그램의 밀가루가 그려진 종이. 3개의 5분의 1을 구분하는 선은 아주 잘 보여야 한다(그림 10.7).

그림 10.7 '머핀 문제'를 위한 수업 재료

수업 안내 | 모든 학생에게 다음의 '머핀 문제'를 제기한다. "머핀 1개를 만들기 위해 $\frac{3}{5}$ 킬로그램의 통밀가루가 필요하다. 그러나 니콜라스는 이 조리법의 $\frac{1}{4}$ 만큼만 만들고 싶어 한다. 그가 필요한 밀가루는 얼마만큼인가? 네가 받은 종이에 그려진 직사각형은 밀가루 1킬로그램이고 그 아래 그림은

$\frac{3}{5}$ 킬로그램의 밀가루를 나타낸다. 니콜라스가 필요한 밀가루의 양을 그리되, 3개의 $\frac{1}{5}$ 킬로그램을 구분하는 선을 지우거나 무시하지 말아라. 네가 그린 그림을 기반으로 니콜라스가 필요한 밀가루는 몇 킬로그램인지 구하여라. 너의 추론을 설명하여라."

비단위 분수의 단위 분수만큼을 가져가야 하는 문제 조건을 유지하며 다른 분수를 사용하여 '머핀 문제' (혹은 이 장에서 다룬 '기다란 젤리 막대 문제')를 제기한다. $\frac{4}{5}$ kg의 $\frac{1}{3}$, $\frac{2}{3}$ kg의 $\frac{1}{5}$, $\frac{3}{4}$ kg의 $\frac{1}{5}$과 같은 문제가 참고할 만한 좋은 예이다. 학생들에게 처음에는 위와 같은 그림을 제공해 줄 수 있으나 이후에는 학생들에게 직접 그림을 그려보라고 한다. 이와 같은 문제들의 해결을 반복적으로 경험한 후에, 학생들은 해결 방법들에서 공통적인 것은 무엇인지 논의하고 자신들의 추론에 대한 표기법을 개발한다. 우리는 이 장에서 분배 추론을 표기하는 방법을 소개하였다. 학생들이 일반적으로 사용하는 또 다른 해결 과정과 표기법에 대해서는 아래에 논의한다.

응답, 변형, 확장

- 일부 학생들은 $\frac{3}{5}$–막대의 세 부분 각각을 4개의 균등한 작은 부분으로 나눌 수 있다. 총 12개의 작은 부분을 만든 후에 3개의 작은 부분이 12의 $\frac{1}{4}$이라고 파악할지 모른다. 이후 이들은 그 값을 $\frac{3}{12}$이라고 할 수 있다. 이 경우, $\frac{3}{12}$이 나타내는 양이 무엇인지에 대한 논의에 참여시킨다. "전체에서 12개의 균등한 작은 부분은 어디에 있니?" 학생들은 12개의 작은 부분들이 $\frac{3}{5}$–킬로그램 막대에만 있다는 것을 쉽게 볼 것이고 전체 막대에는 20개의 미니 부분들이 필요하다는 것을 알게 될 것이다. 즉, 결괏값은 $\frac{3}{5}$–킬로그램의 $\frac{3}{12}$이지만 1킬로그램의 $\frac{3}{20}$이다.
- 위의 해결 방법에서 학생들은 아마 분배 추론을 사용하지 않을 것이다. 대신에 $\frac{1}{4}$을 만들기 위해서 4로 나누어떨어지는 자연수 개수만큼의 부분을 만든다. 이는 비록 분배 추론을 이용한 해결 방법과 같이 자연스럽게 일반화되기 어렵지만, 타당한 해결 과정이다. 그러나 우리는 이와 같은 추

론 과정도 칭찬하고 표기하는 것을 제안한다. 예를 들어, $\frac{3}{5}$kg 막대에서 $4\times3=12$개의 균등한 부분, $12\div4=3$이고 이 세 부분은 $\frac{3}{5}$kg의 $\frac{1}{4}$이다. 1kg 가방에는 $4\times5=20$의 균등한 부분이 있으므로 이 3개의 부분은 1kg의 $\frac{3}{20}$이다.

- 2개의 분수(예, $\frac{2}{5}$kg의 $\frac{2}{3}$)로만 구성된 밀가루 문제로 시작할 수 있지만, 이후 학생들에게 이것의 $\frac{1}{3}$을 만들라고 한다.
- 이 활동은 JavaBars를 사용하여서 할 수 있다. 이 소프트웨어는 처음 주어진 분수 막대의 부분을 구분한 선들을 학생들이 지우기 어렵게 해서 특히 유용하다.

활동 10.4 분수의 분수만큼 가져가기 II

학습 목표 | 학생들은 비단위 분수에서 비단위 분수만큼을 가져가는 방법을 배울 것이다.

수업 방법 | 교사의 설명과 함께 학생들은 개별적으로 혹은 짝을 지어 활동에 참여한다.

수업 재료 | 문제에서 하나의 단위(예, 설탕 1kg)를 나타내기 위한 직사각형과 바로 아래 그 양의 처음 주어진 분수 양만큼이 그려진 종이. 분수 단위들 사이의 표시 선은 명확하게 보여야 한다(그림 10.7 참고).

수업 안내 | '제빵사 문제' 혹은 이와 유사한 문제를 제기한다. 조경상점의 몇 톤의 흙, 도자기 공방의 몇 킬로그램의 점토, 식료품 상점의 몇 킬로그램의 물건 몇 봉지(곡물, 콩, 견과류, 말린 과일), 식료품점의 향신료 컵 몇 개 과 같은 다른 맥락을 사용하여 문제를 제시할 수 있다. 일반적으로, 잘라낸 부분을 다시 결합하는 것이 약간 실용적이지 않기 때문에 무게와 용량을 사용하는 것이 도움이 된다. 그러나 학생들이 분리된 부분을 갖는 것이 그럴듯해 보이는 '기다란 젤리 막대'와 같은 길이 맥락은 사용할 수 있다(즉, 젤리 막대에서는 몇 개의 부분을 먹는 것이 그럴듯하다). 사용할만한 몇 개의 분수들을 다음과 같이 제안한다. $\frac{2}{5}$의 $\frac{2}{3}$, $\frac{5}{7}$의 $\frac{2}{3}$, $\frac{3}{4}$의 $\frac{2}{5}$, $\frac{4}{9}$의 $\frac{2}{5}$, $\frac{5}{9}$

의 $\frac{3}{4}$, $\frac{7}{8}$의 $\frac{3}{4}$, $\frac{4}{7}$의 $\frac{3}{5}$, $\frac{7}{8}$의 $\frac{3}{5}$

응답, 변형, 확장

- 이 장에서 논의한 대로 '제빵사 문제'를 해결할 때 활동 10.3의 첫 번째 항목에서 설명한 것과 같은 동일한 종류의 응답들이 나올 수 있다.
- 도전적인 문제에 준비된 학생들을 위해서 가분수를 사용하여라. 예를 들어, 이들에게 $\frac{7}{5}$의 $\frac{2}{3}$, $\frac{2}{5}$의 $\frac{4}{3}$, $\frac{11}{9}$의 $\frac{4}{3}$를 구하라고 한다. 이러한 문제는 단위 조정에 대한 부담이 증가하기 때문에 꽤 도전적이다(8장 참고).
- 이 활동은 JavaBars를 사용하여서 할 수 있다. 이 소프트웨어는 처음 주어진 분수 막대의 부분을 구분한 선들을 학생들이 지우기 어렵게 해서 특히 유용하다.
- 학생들은 이전의 단위 분수 활동에서 이와 같은 비단위 분수 활동으로 이동하면서 곱셈 산술을 **복잡화**한다.
- 동시에, 학생들은 공통 핵심 주 규준 5.NF.3[2)]과 같은 분수 곱셈 규준을 학습할 수 있다.

활동 10.5 추론의 패턴을 표기하고 명확하게 말하기

학습 목표 | 학생들은 비단위 분수에서 비단위 분수만큼을 가져가는 추론의 패턴을 표기하고 명확하게 말하는 법을 배울 것이다.

수업 방법 | 전체 학급 강의와 논의

수업 재료 | 활동 10.4에서 학생들이 작업한 것

수업 안내 | 학생들에게 분수에서 분수만큼을 가져가는 활동을 복습하고 자신들의 사고방식의 패턴을 설명할 것이라고 알려 준다. '제빵사 문제'와 같이 모든 학생이 해결한 문제부터 시작하고 학생들이 보여준 추론을 표기로 나타내어 준다.

응답, 변형, 확장

- 만약 학생들이 활동 10.3에서 이와 같은 활동에 참여했다면, 학생들은 이

2) 역자 주. 5학년 수와 연산 분수 영역 세 번째 규준.

논의의 일부를 이끌 수 있을 것이다. 혹은 교사가 이끌어 줄 수도 있다.

- 표기하는 과정에서 학생들에게 사고방식의 공통점을 명확하게 말하라고 한다. 예를 들어, 학생들은 "나는 몇 킬로그램 밀가루의 단위 분수 부분 각각에서 주어진 분수만큼을 가져왔다"라고 하며 분배 추론을 분명하게 보여줄 수 있다.
- 분배 추론을 기록하는 것에서 더욱 압축된 형태로 표기하는(표준 계산 알고리즘-형식화하기) 단계로 나아가기 위해서 교사는 '제빵사 문제'의 마지막 부분에서 논의한 것과 유사한 논의를 이끌 수 있다. 이후, 학생들에게 몇 개의 표기를 주고 이러한 표기를 나타낼 수 있는 문제 상황을 만들라고 할 것을 추천한다. 예를 들어, $2 \times (\frac{1}{5} \times \frac{1}{4}) \times 3$는 어떤 조리법의 $\frac{3}{4}$만큼을 만들기 위해서 밀가루 $\frac{2}{5}$킬로그램의 $\frac{3}{4}$을 가져가는 것으로 생각할 수 있다.

11

2와 3단계 학생 가르치기: 분수의 덧셈과 뺄셈

영역 개관

대부분 덧셈이 곱셈보다 더 기본적인 연산이라고 생각한다. 하지만 분수 덧셈과 뺄셈을 위해 분수 곱셈에 대한 몇 가지 기본적인 개념은 필요하다. 분수 덧셈과 뺄셈의 중요한 개념인 '분수를 서로 더하거나 빼기 위해서는 두 분수를 같은 크기의 부분으로 측정할 필요가 있다'에 대해 생각해 보자. 예를 들어, 한 단위의 $\frac{1}{2}$과 같은 단위의 $\frac{1}{3}$을 결합하여 더할 수 있다(그림 11.1).

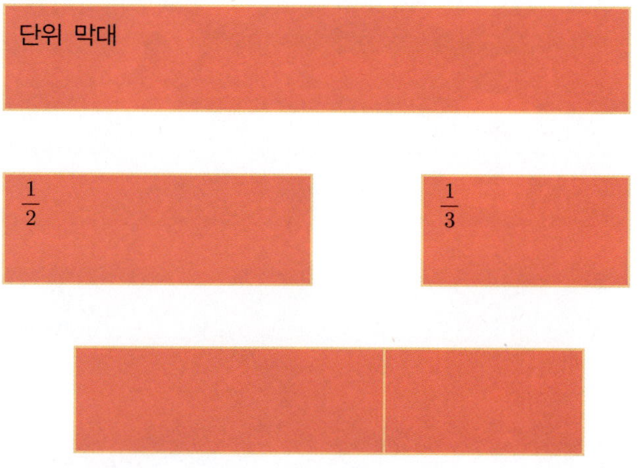

그림 11.1 한 단위의 $\frac{1}{2}$과 같은 단위의 $\frac{1}{3}$을 더하기

그러나 하나의 분수로 $\frac{1}{2}+\frac{1}{3}$의 값을 부르고 싶다면, 각각의 양은 같은 크기의 분수로 측정돼야 한다. $\frac{1}{2}$과 $\frac{1}{3}$을 같은 크기의 분수로 측정하기 위해 각각의 분수를 이보다 더 작은 분수로 측정할 방법에 대해 생각해야 한다. 예를 들어, $\frac{1}{2}$은 $\frac{1}{2}$의 $\frac{1}{2}$이 $\frac{1}{4}$이기 때문에 2개의 $\frac{1}{4}$로 측정될 수 있다. 단위 분수의 곱셈이 여기에 사용되었음을 주의한다. $\frac{1}{3}$은 $\frac{1}{3}$의 $\frac{1}{2}$이 $\frac{1}{6}$이기 때문에 2개의 $\frac{1}{6}$로 측정될 수 있고, 이 또한 단위 분수의 곱셈을 사용한 것이다. 그러나 2개의 $\frac{1}{4}$이 이미 $\frac{1}{2}$을 만들기 때문에 $\frac{1}{3}$은 자연수 개수만큼의 $\frac{1}{4}$로 측정될 수 없다. $\frac{1}{2}$은 $\frac{1}{6}$로 측정될 수 있을까? 확인해 보자. $\frac{1}{6}+\frac{1}{6}+\frac{1}{6}$은 $\frac{3}{6}$을 만들고 이는 $\frac{1}{2}$이다. 이러한 탐구의 결

과로 $\frac{1}{6}$은 $\frac{1}{2}$과 $\frac{1}{3}$의 공통측정(co-measurement) 단위이다. 두 분수의 공통측정 단위는 반복의 결과로 두 분수를 만들 수 있는 분수이다. 이 공통측정 단위를 이용하면 $\frac{1}{2}+\frac{1}{3}=\frac{3}{6}+\frac{2}{6}=\frac{5}{6}$이다(그림 11.2).

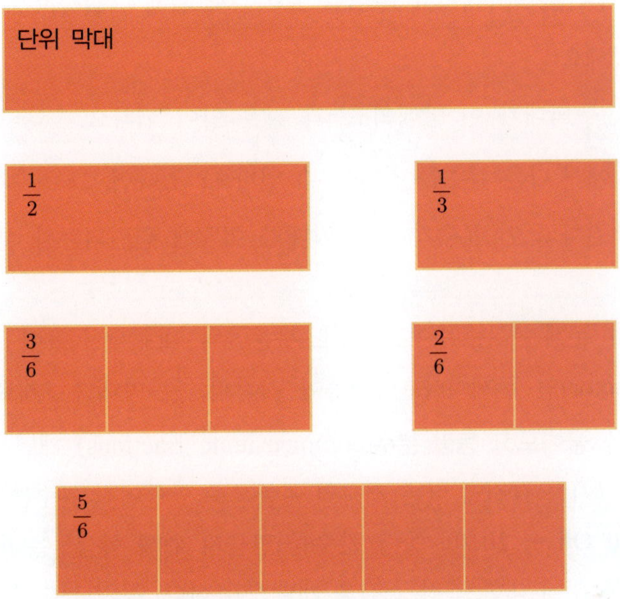

그림 11.2 $\frac{1}{2}+\frac{1}{3}=\frac{3}{6}+\frac{2}{6}=\frac{5}{6}$

2단계와 3단계 학생 모두 분수의 덧셈과 뺄셈을 하기 위해 같은 크기의 부분으로 만들 수 있지만(Steffe and Olive, 2010), 우리가 10장에서 보았듯이, 3단계 학생은 분수에 대해 더욱 일반적인 사고방식을 만들 수 있다. 이 장에서 우리는 2단계와 3단계 학생이 어떻게 분수끼리 더하고 빼는 것을 배우게 되는지에 집중한다.

여러 분수를 나타내기 위해 막대를 변형하기

학생들이 분수의 덧셈과 뺄셈에 참여하기 전에, 동일한 막대로 여러 분수를 만들어 보도록 하는 것이 도움이 될 수 있다. 예를 들어, 다음의 문제를 살펴보자.

'막대 변형하기 문제 A': 3개의 균등한 부분으로 분할된 에너지바로 시작합니다. 우리는 이를 $\frac{3}{3}$-막대라고 부를 것입니다.

1) 3개로 나누어진 부분을 지우지 않고 $\frac{21}{21}$-막대로 어떻게 변형할 수 있나요?
2) 1)에서 만든 $\frac{21}{21}$-막대에서 $\frac{1}{3}$들을 보여주기 위해 색칠하고 무엇을 하였는지 설명해 보세요.
3) 몇 개의 $\frac{1}{21}$막대가 이 막대의 $\frac{1}{3}$과 같은 양이 되나요?
4) $\frac{21}{21}$-막대에서 다른 분수를 찾아볼 수 있나요? 있다면, 그 분수를 보이기 위해 막대를 색칠하고 이 분수가 $\frac{1}{21}$-막대와 어떻게 관련되는지 설명해 보세요.

'막대 변형하기 문제 A'는 주어진 막대 부분들의 개수가 목표가 되는 부분들의 개수의 인수(factor)인 문제이다. 학생들이 각각의 $\frac{1}{3}$-막대를 7개로 등분할을 할 때, 교사는 3)을 물어보고 **동량 분수**(commensurate fractions) 개념을 소개할 기회를 얻게 된다. 크기는 같지만 다른 개수의 부분으로 만들어진 분수를 동량 분수라고 한다(Steffe and Olive, 2010). 동량 분수를 만들기 위해 학생들은 6장에서 논의한 단위 분수와 진분수에 대한 측정 스킴을 개발해야 한다. 동치 분수를 개발하기 위해 여러 다른 분수로 동량 분수를 만드는 것은 중요하다. 우리는 동치 분수를 $\frac{1}{3}$과 같은 모든 종류의 분수를 생각하는 상위 개념으로 생각한다. 즉, 어떠한 자연수 n에 대해서 $\frac{1n}{3n}$형태의 분수를 모두 생각하는 것을 말한다.

'막대 변형하기 문제 A'와 같은 문제는 2단계와 3단계 모든 학생이 시도할 수 있지만, 질문 4)의 경우, 3단계 학생들이 사탕 막대를 3개의 7-부분과 7개의 3-부분으로 유연하게 바꾸어 볼 수 있으므로 3단계 학생들에게 더욱 접근이 쉬울 것이다(Hackenberg, 2010; Steffe and Olive, 2010). 즉, 우리는 3단계 학생들은 막대의 21개의 부분이, 각 부분이 3개의 균등한 부분으로 구성된 7개의 균등한 부분으로 구조화될 수 있음을 어렵지 않게 알 수 있다고 예상한다(그림 11.3 참고). 이러한 구조화는 $\frac{3}{21}$과 $\frac{1}{7}$이 서로 어떻게 동량 분수인지에 대해 논의할 수 있도록 해준다.

막대 변형하기 문제의 상급 문제는 다음과 같다.

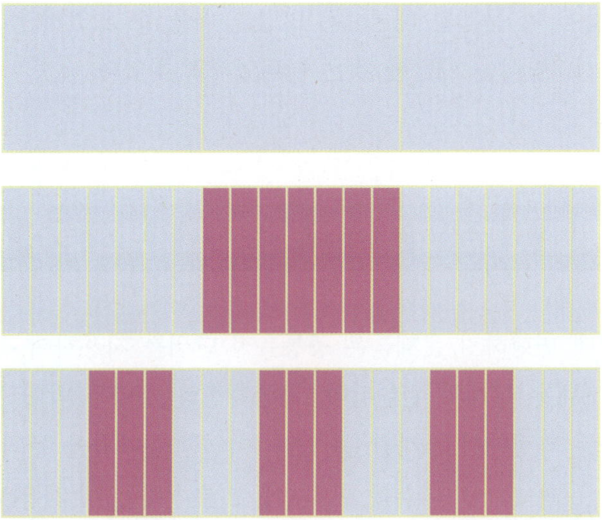

그림 11.3 7개의 균등한 부분을 각각 담고 있는 3개의 $\frac{1}{3}$을 3개의 균등한 부분을 각각 담고 있는 7개의 균등한 부분으로 재구조화

'막대 변형하기 문제 B': 2개의 균등한 부분으로 분할된 에너지바로 시작합니다. 우리는 이를 $\frac{2}{2}$-막대라고 부를 것입니다.

1) 반으로 나누어진 표시를 지우지 않고 어떻게 이 막대를 $\frac{3}{3}$-막대로 만들 수 있나요?
2) 막대의 $\frac{1}{3}$들을 보이기 위해 색칠하고 무엇을 하였는지 설명해 보세요.

'막대 변형하기 문제 B'는 주어진 막대 부분의 개수가 목표가 되는 부분 개수의 인수가 아닌 문제이다. 2단계와 3단계 학생들 모두 이 문제를 해결할 수 있지만, 2단계 학생들은 9장에서 논의한 몇 가지 동일한 패턴과 함께 이 문제를 어렵게 생각하기 쉽다. 즉, 2단계 학생들에게 '막대 변형하기 문제 B'를 해결하는 것은 이들이 꽤 어려워하는, 2개의 똑같은 막대를 3명의 사람이 공평하게 나누어 갖는 문제와 같다.

'막대 변형하기 문제 B'를 해결하기 위해 학생들은 동일한 개수의 작은 부분으로 각각 나누어진 2개의 균등한 부분으로 나누어진 막대를 생각하고, 이 막대를 구성하는 작은 부분 전체를 동일한 개수의 작은 부분을 각각 담고 있는 3개의 균등한 부분으로 재배열해야 하므로 매우 도전적인 문제이다. Hackenberg(2010)에서는 일부 2단계 학생들이 이 문제를 해결하는 방법을 배울 수 있었지만 3단계 학생들과 같은 일반적인 사고방식을 개발한 것은 아니었다고 하였다.

공통측정 단위를 사용하여 동일한 막대에서 2개의 분수 꺼내기

앞서 제시한 막대 변형하기 문제들은 공통측정 단위를 사용하여 동일한 막대에서 2개의 분수를 꺼내는 문제와 관련된다. 공통측정의 개념은 막대 변형하기 문제에 대해 논의하는 과정에서 소개될 수 있다. 이러한 문제들을 논의하며 교사는 학생들이 $\frac{1}{21}$이 $\frac{1}{21}$과 $\frac{1}{3}$ 두 분수를 모두 만들고 측정하는 데 사용(반복)될 수 있으므로 공통측정 단위라는 것을 알 수 있도록 도울 수 있다. 즉, $\frac{1}{21}\times 1=\frac{1}{21}$이고 $\frac{1}{21}\times 7=\frac{1}{3}$이다. 유사하게, $\frac{1}{6}$을 반복하여 $\frac{1}{2}$과 $\frac{1}{3}$의 두 분수를 모두 만들 수 있으므로 $\frac{1}{6}$은 두 분수의 공통측정 단위이다. 즉, $\frac{1}{6}\times 2=\frac{1}{3}$이고 $\frac{1}{6}\times 3=\frac{1}{2}$이다. 다시 말하지만 6장에서 논의한 대로 이렇게 사고하기 위해서 학생들은 최소한 단위 분수와 진분수에 대한 측정 스킴을 개발해야 한다.

두 (혹은 그 이상의) 분수들을 측정하기 위해서 사용될 수 있는 분수로 공통측정 개념을 개발한 학생들은 다음과 같은 문제를 바로 분수의 덧셈과 뺄셈으로 생각하여 해결할 수 있다.

> '2개의 서로 다른 샌드위치 몫 꺼내기 문제': 직사각형은 샌드위치를 나타냅니다. 리타는 이 샌드위치의 $\frac{1}{5}$을 원하고 데릭은 이 샌드위치의 $\frac{1}{3}$을 원합니다.
>
> 1) 동일한 막대에서 리타와 데릭이 원하는 샌드위치의 양을 모두 꺼내기 위해서 어떠한 공통측정 단위를 사용할 수 있나요?
> 2) 리타와 데릭이 함께 먹게 될 샌드위치는 샌드위치 전체의 얼마만큼인지 그림을 그려 구하세요.
> 3) 이 문제에 대한 자기 생각을 보여줄 수 있는 몇 가지 수학적 표기를 적어보세요. [이 표기 문제는 학생들의 수준에 따라 더 나아갈 수 있다. 예를 들어, 교사는 "이 문제에 대한 자기 생각을 보여주기 위해 $\frac{1}{3}+\frac{1}{5}$로 시작하는 수학적 표기를 적어라"라고 말할 수 있다.]

일부 학생들은 다섯 부분과 세 부분을 하나의 막대에 모두 나타내기 위해 여덟 부분으로 등분할 것이다. 만약 학생들이 이와 같은 오류를 계속 범한다면 '막대 변형하기 문제'로 돌아가서 학생들이 같은 막대에서 여러 분수를 만들고 동량 분수를 만드는 것에 대한 개념들을 개발할 수 있도록 도울 것을 제안한다. $\frac{1}{15}$ 부분을 만든 학생들은 리타와 데릭이 함께 $\frac{8}{15}$을 갖게 될 것이라 할 가능성이 크다. 3)의 경우, $\frac{1}{3}+\frac{1}{5}=\frac{5}{15}+\frac{3}{15}=\frac{8}{15}$과 같은 것을 제안한다. (다음 절에서 논의될) 동량 분수들의 경험을 충분히 하기 전까지는 $\frac{1}{3}\times\frac{5}{5}+\frac{1}{5}\times\frac{3}{3}$과 같은 표기를 적는 것은 제안하지 않는다.

'2개의 서로 다른 샌드위치 몫 꺼내기 문제'와 같은 문제들을 해결하며 리타와 데릭의 몫을 측정하는 데 사용될 수 있는 공통측정 단위는 많다는 개념에 대해 논의하기 시작할 수 있다. 예를 들어, 이 문제를 해결하기 위해서 일부 학생들은 $\frac{1}{15}$을 사용할 수 있고 다른 학생들은 $\frac{1}{30}$을 사용할 수 있다. 다른 공통측정 단위를 사용하여 학생들에게 그 외의 다른 공통측정 단위는 무엇이며 이들이 갖는 공통점은 무엇인지에 대해 논의할 기회를 제공할 수 있다. 학생들은 공통측정 단위의 목록을 작성하며 부분의 개수가 5와 3 모두의 배수(혹은 5와 3 모두가 부분의 개수의 인수)여야 한다는 것을 명확하게 말할 수 있게 될지 모른다.

이러한 목록을 만드는 것은 왜 $\frac{1}{450}$과 같은 분수를 공통측정 단위로 사용하는 것이 좋지 않은지에 대해 얘기할 좋은 기회를 제공한다. 부분들이 크면 이들이 필요한 개수는 적어지므로 $\frac{1}{15}$이나 $\frac{1}{30}$을 사용하여 문제를 해결하기가 더 쉽다. 2단계와 3단계 학생들 모두 교사의 발문을 통해 이러한 개념을 명확하게 말할 수 있지만 3단계 학생들은 더욱더 일반적인 진술을 하기 쉽다.

다음은 '2개의 서로 다른 샌드위치 몫 꺼내기 문제'와 유사하지만, 뺄셈인 문제이다.

'2개의 다른 피자 몫 꺼내기 문제': 직사각형은 피자 한 판을 나타냅니다. 스티븐은 피자 한 판의 $\frac{1}{7}$을 원하고 경아는 피자 한 판의 $\frac{1}{4}$을 원합니다.

1) 동일한 막대에서 스티븐과 경아가 각각 원하는 몫을 모두 꺼내기 위해 사용할 수 있는 공통측정 단위는 무엇인가요?

2) 스티븐과 경아 둘 중에서 누가 더 많은 피자를 갖게 되나요? 얼마나 더 많이 갖게 되나요? 이를 그림으로 보여주세요.

3) 이 문제에 대한 자기 생각을 보여줄 수 있는 몇 가지 수학적 표기를 적어보세요.

일부 학생들은 이 절에서의 '2개의 서로 다른 몫 꺼내기' 문제들을 분수 곱셈으로 생각한다는 점에 유의한다. 즉, 몇몇 학생들은 경아가 스티븐의 피자 조각의 $\frac{1}{4}$(혹은 데릭이 리타의 샌드위치 조각의 $\frac{1}{3}$)을 원한다고 해석한다. 이러한 해석은 기준 단위와 분수에 대해 명확하게 하는 것이 얼마나 중요한지에 대한 논의의 토대가 될 수 있다. 경아는 문제에서 주어진 직사각형의 $\frac{1}{7}$인 스티븐이 갖게 될 피자 조각의 $\frac{1}{4}$을 원하는 것이 아니고 문제에서 주어진 직사각형의 $\frac{1}{4}$, 즉 피자의 $\frac{1}{4}$을 원한다. 이러한 문제 유형의 확장판은 2개의 분수보다 더 많은 분수에 관해 묻는 것이다(이 장의 후반부의 수업 활동을 참고하기 바람).

동량 분수 개념의 일반화

분수의 덧셈과 뺄셈에 대한 일반적인 방법을 개발하기 위해 학생들은 동량 분수에 대한 개념을 개발하고 일반화하는 활동에 참여하는 것이 좋다.

동량 분수를 만드는 데 있어 한 가지 쟁점은 학생들이 어떻게 점점 더 작은 부분을 사용하여 동일한 크기의 분수에 대한 여러 분수 이름을 만드냐는 것이다. 예컨대, 학생들은 다음의 분수들(예, $\frac{6}{8}$, $\frac{9}{12}$, $\frac{12}{16}$ 등)이 $\frac{3}{4}$과 모두 같은 크기라는 것을 시각화하기 위해서 각 부분을 분할할 수 있다(그림 11.4).

논의를 통해 교사는 학생들이 각각의 분수와 처음부터 주어진 분수 $\frac{3}{4}$ 사이의 관계를 분명하게 말할 수 있도록 도울 수 있다. 예를 들어, $\frac{6}{8}$을 만들기 위해 원래 막대의 각 부분의 크기의 $\frac{1}{2}$ 크기인 부분을 사용하였다. 따라서 $\frac{3}{4}$과 같은 크기의 분수를 만들기 위해서는 이러한 부분이 2배 더 필요하다. 유사하게 $\frac{9}{12}$를 만들기 위해서 원본 막대 각 부분의 $\frac{1}{3}$ 크기인 부분을 사용하였고, 이에 $\frac{3}{4}$과 같은 크기의

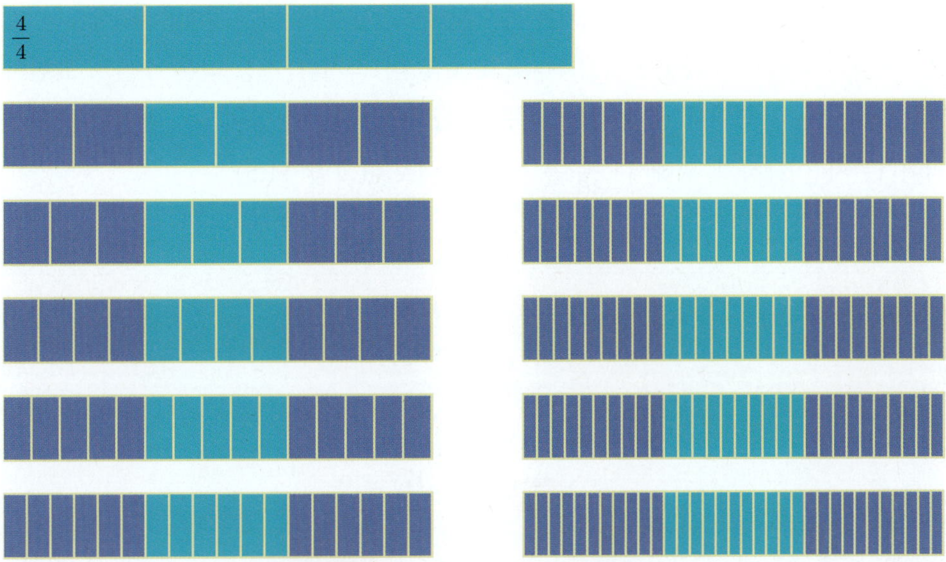

그림 11.4 $\frac{3}{4}$과 동량인 10개의 분수

분수를 만들기 위해서는 이러한 부분이 3배 더 필요하다. 더 일반적으로 $\frac{3}{4}$과 동량인 분수를 만들기 위해서는 각 부분의 $\frac{1}{k}$ 크기인 부분을 만들 수 있고, $\frac{3}{4}$과 동일한 크기의 분수를 유지하기 위해서 이러한 부분이 k배 더 필요하다.

이러한 유형의 논의를 통해 다음의 표기를 소개할 수 있다.

$$\frac{3}{4}\times \frac{1}{2}\times 2 = \frac{6}{8}$$

여기서 $\frac{3}{4}$에 $\frac{1}{2}$을 곱하는 것은 각각의 $\frac{1}{4}$의 절반의 크기를 갖는 부분을 만드는 것이고, 2를 곱하는 것은 $\frac{3}{4}$과 같은 크기의 분수로 돌아가기 위해 각 부분이 2배 더 필요하다는 것이다. $\frac{3}{4}$에 1을 곱하는 데에는 어떠한 양적 추론도 필요하지 않기 때문에 $\frac{3}{4}$에 1과 같은 형태(즉, $2 \times \frac{1}{2} = 1$)를 곱하는 이유에 대해 앞서 말한 것처럼 학생들이 설명하기를 바란다. 나아가, 1을 곱하는 것이기 때문에 $\frac{3}{4}$은 변하지 않는다는 설명은 동량 분수에서 부분의 크기와 개수에 어떠한 변화가 있는지 전혀 설명하지 못한다.

동량 분수를 만드는 데 있어 두 번째 쟁점은 통상 '분수 줄이기(reducing fractions)[1]'라고 불리는 관행이다. '분수 줄이기'라는 용어가 분수의 크기를 줄인다는 의미를 내포하여 학생에게 오해를 일으킬 수도 있지만, 실제 수학 수업에서는 많은 시간과 노력이 이 활동에 소비된다. '분수를 더 작거나 가장 작은 수들로 표현하기'가 더 좋은 표현이다. 분수를 더 작은 수들로 표현할 때 양적으로 어떠한 변화가 일어나는지 이해하기 위해서 $\frac{12}{30}$를 예로 들어보자(그림 11.5).

그림 11.5 $\frac{12}{30}$

우리 관점에서 $\frac{12}{30}$를 더 작은 수들로 나타내기 위해서는 부분의 크기와 개수에 주목해야 한다. 같은 크기의 분수를 만들기 위해 전체 30보다 더 작은 부분의 개수를 사용하고 싶다면 어떤 크기의 분수 부분을 사용해야 할지 생각해야 한다. 즉, 이제 질문은 "가능한 부분의 개수는 무엇인가요?"가 된다. $\frac{1}{30}$을 '작은 부분'이라고 가정하자. 한 번에 작은 부분을 둘씩 묶어서 더 큰 부분을 만든다면 $\frac{1}{15}$로 이루어진 전체를 만들게 된다. $\frac{1}{15}$은 $\frac{1}{30}$의 2배이기 때문에 $\frac{1}{15}$를 이용하여 $\frac{12}{30}$와 같은 크기의 분수를 만들기 위한 부분의 개수는 $\frac{12}{30}$의 부분 개수의 절반이 된다. 12의 절반은 6이기 때문에 $\frac{6}{15}$이다(그림 11.6).

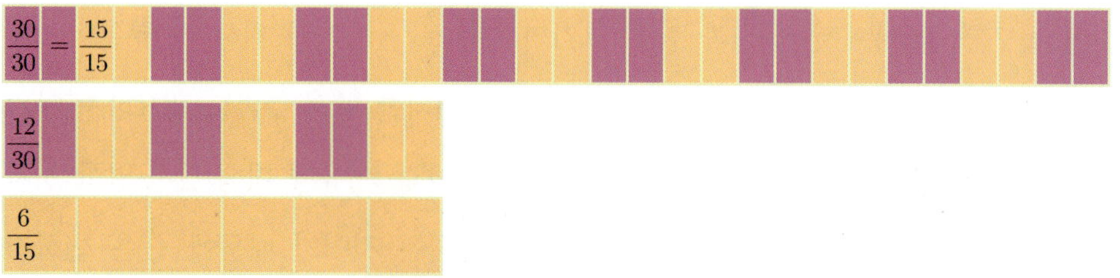

그림 11.6 $\frac{12}{30}$에서 $\frac{6}{15}$ 만들기

1) 역자 주. 우리나라에서는 '약분'이라고 불림

크기가 더 큰 부분을 사용할 수는 없을까? $\frac{30}{30}$-막대에서 한 번에 3개의 작은 부분씩 묶는다면, $\frac{1}{10}$로 구성된 전체를 만들게 된다. $\frac{1}{10}$은 $\frac{1}{30}$의 3배이기 때문에 $\frac{1}{10}$을 이용하여 $\frac{12}{30}$와 동일한 크기의 분수를 만들기 위한 부분의 개수는 $\frac{12}{30}$의 부분 개수의 $\frac{1}{3}$이 된다. 12의 $\frac{1}{3}$은 4이기 때문에 $\frac{4}{10}$이다(그림 11.7).

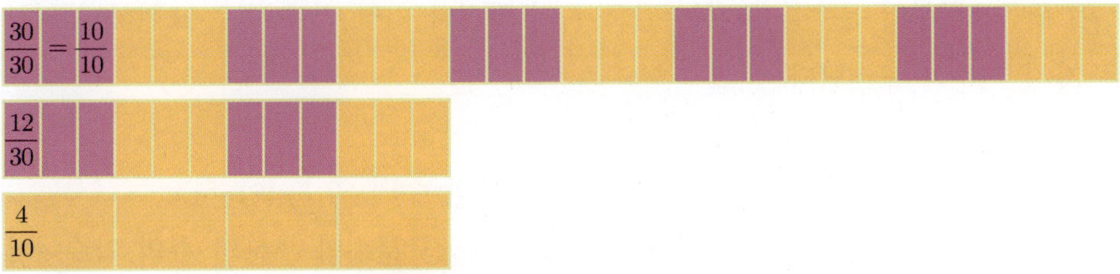

그림 11.7 $\frac{12}{30}$에서 $\frac{4}{10}$ 만들기

교사로서 우리는 이러한 분수를 더 많이 찾을 수 있다는 것을 안다. $\frac{1}{5}$을 만들기 위해 $\frac{30}{30}$ 막대에서 한 번에 6개의 작은 부분씩을 묶을 수 있다. $\frac{1}{5}$은 $\frac{1}{30}$의 6배이기 때문에 같은 크기의 분수를 만들기 위해서는 $\frac{12}{30}$의 부분 개수의 $\frac{1}{6}$만큼이 필요하다. 즉, 12의 $\frac{1}{6}$은 2이기 때문에 $\frac{2}{5}$가 된다(그림 11.8).

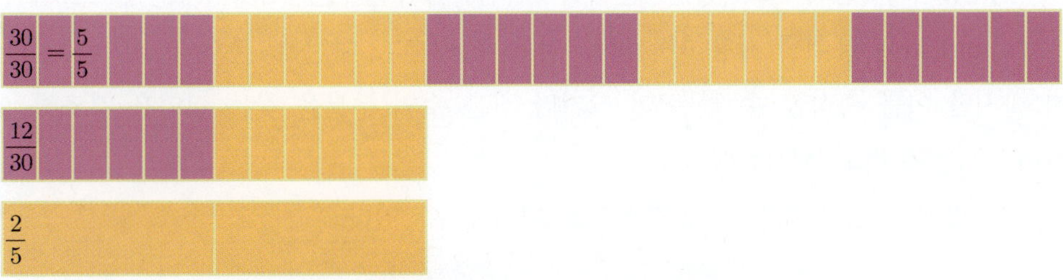

그림 11.8 $\frac{12}{30}$에서 $\frac{2}{5}$ 만들기

$\frac{30}{30}$-막대에서 한 번에 3개의 작은 부분씩을 묶은 학생들에게는 한 번에 4개의 작은 부분씩 묶는 것을 제안하여 흥미로운 논의에 참여시킬 수 있다. 이는 왜 불가능할까? 4개의 작은 부분을 자연수 배 하여 만든 부분은 30개의 작은 부분으로 이루어진 전체에 정확하게 들어맞지 않기 때문이다. 달리 말해 4는 30의 약수가 아니다. 일부 학생들은 “5개의 작은 부분에 대해서는 어떠한가요?”라며 물을 수 있

다. 한 번에 5개의 작은 부분을 묶어 전체 $\frac{30}{30}$를 6개의 균등한 크기의 큰 부분으로 만들 수 있지만, $\frac{12}{30}$에 대해 같은 방식으로 할 수 없다는 것이 여기서 유일한 어려운 점이다. 즉, $\frac{12}{30}$를 만드는 12개의 작은 부분을 한 번에 5개의 작은 부분씩 묶는다면 2개의 균등한 큰 부분과 2개의 작은 부분이 된다. 즉 큰 부분만으로 구성되지 않을 것이다. 다시 말해, 5는 12의 약수가 아니다.

이 활동으로부터 분수를 크기는 같으나 더 작거나 가장 작은 수로 표현하기 위한 두 가지 기준이 드러난다.

(1) 한 묶음으로 결합된 부분의 수는 총 부분의 수의 약수여야 하고,
(2) 한 묶음으로 결합된 부분의 수는 또한 주어진 분수의 부분의 수의 약수여야 한다.

나아가 학생들은 이러한 활동을 통해서 분수를 크기는 같으나 더 작거나 가장 작은 수로 표현하는 것은 주어진 분수를 측정할 수 있는 더 큰 분수 부분을 만드는 것을 의미한다는 것을 알게 된다. 부분의 크기가 더 크기 때문에 곱셈적으로 더 작은 양이 필요하다. 따라서 '줄이기(reducing)'라는 말은 같은 크기의 분수를 측정하기 위한 부분의 크기가 줄어드는 것이 아니고 부분의 수가 줄어드는 것이다. 그런데도 이 용어가 함축하고 있는 분수가 점점 작아진다는 의미 때문에 '줄이기(reducing)'라는 용어를 사용하지 않을 것을 권고한다. 대신에, 분수의 크기는 정확히 같지만 이를 측정할 수 있는 더 크거나 작은 수의 부분을 찾는 것임을 강조하는 것이 생산적이라고 생각한다.

앞서 말한 개념은 다음의 표기법으로 나타낼 수 있다.

$$\frac{12}{30}\times 2\times\frac{1}{2}=\frac{6}{15}$$

여기서 2를 곱한다는 것은 부분을 2개씩 묶어 부분의 크기를 2배로 늘린다는 것을 말한다. 그러면 같은 크기의 분수를 만드는 데 필요한 부분의 개수는 절반이 된다. $\frac{12}{30}$에 2를 곱하는 것을 부분의 크기가 2배인 것으로 이해하지 못하는 학생들에게 이러한 표기법은 어려울 수 있다. 이를 어려워하는 학생들에게 교사는 $\frac{1}{30}\times 2$를 그

리거나 상상해 보라고 할 수 있다. $\frac{1}{30}\times 2$는 $\frac{2}{30}$이고 이는 $\frac{1}{15}$과 크기가 같다. 즉, 2를 곱하는 것은 크기가 2배인 부분을 만드는 것이다.

평가 과제 모음

평가 과제 모음 목록

평가 과제 11.1: 막대 변형하기

평가 과제 11.2: 같은 막대에서 2개의 분수 꺼내기

평가 과제 11.3: 분수 더하기

평가 과제 11.4: 같은 크기의 분수 이름짓기

평가 과제 11.1 막대 변형하기

수업 재료 | 3개의 균등한 부분으로 분할된 동일한 직사각형이 여러 개 그려진 여러 장의 종이(그림 11.9), 색연필 혹은 마커펜

그림 11.9 한 줄로 배열된 여러 개의 동일한 직사각형

활동 | 첫 번째 막대를 가리키며 "이 막대는 3개의 균등한 부분으로 나누어진 에너지바입니다. 따라서 우리는 이 막대를 '3분의 3막대'라 부를 수 있고,

$\frac{3}{3}$-막대로 적습니다"라고 하고, 다음의 질문을 한다.

1) 이 막대를 15개의 균등한 부분으로 나누어진 $\frac{15}{15}$-막대로 변형할 수 있나요? 종이 위에 그려진 막대 중 하나를 사용하여 그 방법을 보여주세요.
2) 학생이 각각의 $\frac{1}{3}$을 분할하기 시작했다면, 각각의 $\frac{1}{3}$부분을 보여줄 수 있도록 색칠하라고 한다. 만약 학생이 자신 있게 이를 보여준다면, 3)과 4)를 이어서 묻는다.
3) 이 막대의 몇 개의 $\frac{1}{15}$이 $\frac{1}{3}$과 같은 양일까요? 이를 어떻게 알 수 있나요?
4) $\frac{15}{15}$-막대에서 다른 분수를 찾을 수 있나요? 찾을 수 있다면, 종이 위에 그려진 다른 막대를 사용하여 그 분수를 색칠하여 보여주세요. 그 분수가 어떻게 $\frac{1}{15}$과 관련되는지 설명하세요.

유의사항

- 온라인 무료 앱 JavaBars 소프트웨어는 이 문제를 해결하기에 매우 유용하다(http://math.coe.uga.edu/olive/welcome.html).
- 학생들이 이 문제를 어려워한다면, $\frac{1}{6}$, $\frac{1}{9}$, $\frac{1}{12}$처럼 $\frac{1}{15}$보다 부분의 개수가 더 작은 분수를 사용한다.
- 학생들에게 $\frac{1}{3}$과 $\frac{1}{15}$이 쉬워 보인다면, $\frac{1}{4}$ 혹은 $\frac{1}{6}$을 시도하고 목표로 하는 균등한 부분의 개수를 적절한 배수로 늘린다. 단위 분수뿐만 아니라 비단위 분수와 동량인 분수들에 대해서도 물어볼 수 있다. 예를 들어, 3)에 이어 할 수 있는 좋은 질문은 $\frac{2}{3}$와 같은 크기의 $\frac{1}{15}$은 몇 개인지 묻는 것이다.
- 이 문제는 '막대 변형하기 문제 A'와 같다. 이 문제의 확장판은 '막대 변형하기 문제 B'와 같이 목표가 되는 균등한 부분의 수가 주어진 균등한 부분의 수의 배수가 아닌 경우이다. $\frac{3}{3}$-막대부터 시작하여 학생들에게 $\frac{2}{2}$-막대를 만들어 보라고 한다. 이보다 더 어려운 과제는 $\frac{2}{2}$-막대를 이용하여 $\frac{3}{3}$-막대를 만들도록 하거나 $\frac{3}{3}$-막대를 $\frac{4}{4}$-막대 혹은 $\frac{5}{5}$-막대로

만들도록 하는 것이다. 학생들에게 항상 목표 분수를 색칠하도록 하고 무엇을 해야 할지 어떻게 알았는지 물어본다.

평가 과제 11.2 같은 막대에서 2개의 분수 꺼내기

수업 재료 | 아무런 표식이 없는 동일한 크기의 직사각형이 여러 개 그려진 여러 장의 종이(즉, 분할된 표식이 없는 그림 11.9를 생각하면 됨), 색연필 혹은 마커펜

활동 | 학생들에게 이 직사각형이 점토가 놓인 쟁반(이하, 점토 쟁반)을 나타낸다고 알려준다. 티나와 크리스타 두 학생은 점토를 갖고 놀고 있다. 티나는 이 쟁반의 $\frac{1}{3}$, 크리스타는 이 쟁반의 $\frac{1}{4}$을 각각 원한다. 티나와 크리스타가 각각 원하는 양을 가지기 위해 학생들은 이 점토 쟁반을 어떤 하나의 분수 가족으로 분할할 수 있는가? 구체적으로, 학생들은 이 쟁반을 3등분하고 멈출 수 있다. 티나와 크리스타 모두에게 원하는 양을 줄 수 있을까? (줄 수 없다.) 혹은 학생들은 쟁반을 4등분하고 멈춘다. 이제 두 학생이 모두 원하는 양을 가질 수 있는가? (없다.) 어떠한 분할이 목적을 달성할 수 있을까? 왜 가능한 걸까?

유의사항

- '하나의 분수 가족'과 같은 용어를 사용하여 앞선 사례들을 제시한 이유는 이 활동이 평가를 목적으로 하며, 이 평가 이전에 학생들이 공통측정 단위 개념을 학습하지 않았을 가능성이 크기 때문이다.
- 일부 학생들은 3과 4를 조정하려는 시도로 이 두 수를 더하여 7등분을 할 수도 있다. 그러나 대개 학생들은 이렇게 나누면 둘 중 누구에게도 원하는 점토의 양을 줄 수 없다는 것을 곧 알게 될 것이다.
- 3등분과 4등분이 너무 어려우면 3등분과 2등분으로 시작할 수 있다.
- 만약 학생들이 두 양을 모두 꺼내는 데 성공한다면, 다음의 질문을 할 수 있다.
  - 두 여학생이 갖게 되는 점토의 양은 총 얼마인가요? 이를 어떻게 알 수 있나요? 자기가 한 것을 나타낼 수 있는 덧셈 문장을 적어볼까요?

- 누가 더 많은 점토를 갖고 있나요? 이를 어떻게 알 수 있나요? 얼마나 더 많이 갖고 있나요? 자기가 한 것을 나타낼 수 있는 뺄셈 문장을 적어 볼까요?

- 진분수를 사용하여 이 평가를 확장할 수 있다. 두 진분수의 합이 쟁반 전체보다 더 큰 두 분수를 사용한다면 학생들에게 이 쟁반은 '마법의'의 점토를 담는다고 알려줄 수 있다. 점토가 마법인 이유는 점토 일부를 꺼내어도 다시 채워지기 때문이다.

평가 과제 11.3 분수 더하기

수업 재료 | 3개의 균등한 부분으로 분할된 동일한 직사각형이 여러 개 그려진 여러 장의 종이(그림 11.9 참고), 필기도구

활동 | 학생들에게 "$\frac{1}{3}$과 $\frac{1}{12}$을 더하는 방법을 보이기 위해 이 막대들을 사용할 수 있나요?"라고 묻고, 해결 방법을 찾은 학생들이 있다면 설명하게 한다.

유의사항

- 이 과제의 목적은 문제를 해결하는데 공통측정 단위를 찾아 사용하는지 보기 위해서이다.
- 이 과제는 다양하게 변형될 수 있다. 이미 같은 크기의 부분으로 나누어진 분수끼리 더할 수 있는지 평가하기 위해 사용할 수 있다. 다만, 이 경우 $\frac{5}{5}$-막대와 같이 더 큰 분수를 사용하는 것이 좋을 수 있다. 그리고 "너는 이 막대들을 이용하여 $\frac{2}{5}$와 $\frac{1}{5}$을 어떻게 더하는지 보여줄 수 있겠니?"라고 묻는다.
- 문제의 난이도를 올리기 위해 $\frac{2}{3}+\frac{5}{12}$처럼 전체를 초과하는 문제를 제기한다.
- 문제의 난이도를 올리기 위해 $\frac{1}{6}+\frac{5}{24}$처럼 더 작은 부분의 크기를 수반하는 문제를 제기한다.
- 문제의 난이도를 올리기 위해 두 분수의 공통측정 단위가 $\frac{1}{3}+\frac{3}{4}$처럼 두

분수 중 하나가 아닌 문제를 제기한다.

평가 과제 11.4 같은 크기의 분수 이름짓기

수업 재료 | 아무런 표식이 없는 동일한 크기의 직사각형이 여러 개 그려진 여러 장의 종이(즉, 분할된 표식이 없는 그림 11.9를 생각하면 됨), 색연필 혹은 마커펜

활동 | 학생들에게 $\frac{2}{5}$를 그리라고 한다. 그리고 학생들에게 $\frac{2}{5}$와 같은 크기의 그들이 아는 모든 분수를 말하라고 한다. 학생들은 말로 혹은 분수 표기법으로 분수 리스트를 만들 수 있다. 학생들에게 어떤 특정한 분수가 $\frac{2}{5}$와 같은지 어떻게 아는지 그림을 그려 설명해 보도록 한다.

유의사항

- 이 활동의 목적은 학생들이 다른 분수의 이름을 말할 수 있는지, 그 분수가 왜 같은 크기인지 정당화하기 위해 크기에 대한 심상이 있는지 확인하기 위함이다. 분수 수업을 경험한 일부 학생들은 분자와 분모에 각각 2를 곱하였기 때문에 $\frac{4}{10}$가 $\frac{2}{5}$와 같다고 할지 모른다. 하지만 이 학생들은 이 두 분수의 양이 같은 이유를 이해할 수 있는 심상은 개발되지 않았을 수 있다.
- 이 과제의 복잡성을 줄이기 위해서 단위 분수를 사용할 수 있고, 과제의 복잡성을 높이기 위해서는 더 많은 부분을 갖는 진분수(예, $\frac{5}{7}$)를 사용한다.

수업 활동

수업 활동 목록

활동 11.1: 막대 변형하기 I

활동 11.2: 막대 변형하기 II

활동 11.3: 더하고/거나 빼기

활동 11.4: 더 작은 부분으로 같은 크기의 분수 만들기

활동 11.5: 더 큰 부분으로 같은 크기의 분수 만들기

활동 11.1 막대 변형하기 I

학습 목표 | 학생들은 목표 분수 막대 부분의 개수가 주어진 막대 부분의 개수의 배수일 때, 그 목표 분수를 보여주기 위해 주어진 막대를 분할하는 방법을 학습할 것이다.

수업 방법 | 교사의 안내와 함께 짝을 이루어 활동한 후 전체 논의

수업 재료 | $\frac{3}{3}$-막대, $\frac{4}{4}$-막대, $\frac{5}{5}$-막대 등이 그려진 여러 장의 종이(그림 11.9 참고)를 준비한다. 학급 규모에 따라 교사는 짝을 이룬 학생들 각자에게 서로 다르게 분할된 막대 모음을 주거나 일부에게는 똑같이 나누어진 막대를 줄 수 있다. 추가로 색연필 혹은 마커펜, 분수가 적힌 작은 카드 혹은 종이 여러 장이 필요하다. 종이(카드)에 적힌 분수에 대한 막대의 전체 부분의 수는 막대에 그려진 부분의 수의 배수여야 한다. 예를 들어, $\frac{5}{5}$-막대를 사용한다면 $\frac{1}{10}$, $\frac{1}{15}$, $\frac{1}{20}$, $\frac{1}{25}$ 등을 적을 수 있다.

수업 안내 | 한 쌍의 학생들에게 같은 개수의 부분을 갖는 직사각형이 그려진 몇 장의 종이를 준다. 또한, 이들에게 자신들이 만들 서로 다른 분수가 적힌 종이를 제공한다. 예를 들어, 어떤 쌍이 $\frac{5}{5}$-막대를 가졌다면, 학생 한 명에게는 $\frac{1}{10}$을 주고 다른 학생에게는 $\frac{1}{15}$을 준다. 처음에는 각자 어떤 분수를 가졌는지 서로 모르게 진행한다. 서로에게 보여주지 않은 상태에서 각자 자신이 가진 분수를 나타내기 위해 막대를 변형한다. 그리고 서로에게 자신이 목표로 한 분수가 무엇이었는지 알려주고 상대방이 이를 만들기 위해 무엇을 하였는지 예측하도록 한다. 이후 확인을 위해 자신이 그린 그림을 서로에게 보여줄 수 있다. 마지막으로 원래 주어진 분수 막대를 보여주기 위해 각 막대에 색칠해야 하고 원래 분수의 단위 분수만큼을 만들거나 측정하기 위해 몇 개의 목표 분수가 필요한지 말해야 한다. 예를 들어, 몇 개의 $\frac{1}{10}$이 $\frac{1}{5}$과 같은 크기인가? 이후 각각 다른 분수에 대해서 같은 활동을 한다. 여러 차례 이 활동을 실행한 후에, 학생들은 목표 분수를 어떻게 만들었고 원래 주어진 막대의 한 단위 분수만큼을 만들기 위해 몇 개의 목표 분수

가 필요한지에 대해 무엇을 알게 되었는지 전체 학급 논의를 한다. 여기서 교사는 '공통측정 단위'라는 용어를 소개할 수 있다.

응답, 변형, 확장

- 문제의 난이도를 올리기 위해, 교사는 한 쌍의 학생들에게 같은 막대에서 각자가 만들어야 하는 목표 분수 모두를 보여줄 방법에 관해 묻는다. 예를 들어, 같은 막대에서 $\frac{1}{10}$과 $\frac{1}{15}$을 어떻게 보여줄 수 있는가? 학생들은 두 분수를 모두 보여줄 수 있도록 색칠해야 한다. 학생들이 이 문제를 성공적으로 해결했다면 이들은 활동 11.2로 넘어갈 준비가 되었다.
- 이 활동은 JavaBars 프로그램으로 할 수 있다.
- 이 활동은 학생들이 옳은 추측과 해결 방법에 대해 점수를 얻는 게임 형식으로 진행될 수 있다.

활동 11.2 막대 변형하기 II

학습 목표 | 학생들은 목표 분수 막대 부분의 개수가 주어진 막대 부분 개수의 배수가 아닐 때, 그 목표 분수를 보여주기 위해 주어진 막대를 분할하는 방법을 학습할 것이다.

수업 방법 | 교사의 안내와 함께 짝을 이루어 활동한 후 전체 논의

수업 재료 | $\frac{2}{2}$-막대, $\frac{3}{3}$-막대, $\frac{4}{4}$-막대가 그려진 종이 여러 장, 색연필 혹은 마커펜, 목표 분수 부분의 개수가 주어진 막대 부분 개수의 배수가 아닌 분수들이 적힌 작은 카드들 혹은 종이 여러 장.

수업 안내 | 이 활동은 활동 11.1보다 꽤 어려워서 학생들이 함께 하나의 분수에 대한 해결 방안을 논의하도록 할 것을 권장한다. 즉, 각 쌍의 학생들에게 같은 개수의 부분으로 나누어진 직사각형들이 그려진 여러 장의 종이와 이들이 만들어야 할 분수를 제공하고 직사각형에 나누어진 표식을 지우거나 무시하지 않도록 한다. 예를 들어, 한 쌍은 $\frac{2}{2}$-막대와 분수 $\frac{1}{3}$을 받을 수 있다. 즉, 이들의 과제는 절반으로 나누어진 표시를 지우지 않고 $\frac{2}{2}$-막대를 $\frac{3}{3}$-막대로 변형하는 것이다. 학생들은 자신들의 해결 방법을 학급 전체에 보여주고 설명할 수 있다. 자신들이 막대를 어떻게 변형하였고 2개의 서로

다른 분수에 대한 공통측정 단위에 대해 무엇을 알게 되었는지 논의할 수 있다. 또한, 활동 11.1과 활동 11.2를 대조하여 설명하는 것도 좋을 수 있다.

응답, 변형, 확장

- 이 문제에서 학생들의 생각이 모두 같지 않을 수 있다. 예컨대, $\frac{2}{2}$-막대를 $\frac{3}{3}$-막대로 변하기 위해서 한 학생은 각각의 $\frac{1}{2}$을 6개로 등분할을 할 수 있고, 다른 학생은 각각을 3개로 등분할을 할 수 있다. 이러한 차이는 이 문제를 해결할 방법의 개수에 대해 논의할 좋은 기회를 제공한다. 예를 들어, $\frac{1}{2}$과 $\frac{1}{3}$에 대한 공통측정 단위는 몇 가지이고 이들이 갖는 공통점은 무엇인가? 이 장에서 논의하였듯이, 이 문제를 해결하기 위해 $\frac{1}{60}$은 사용할 수 있는지, 왜 사용하지 않았는지 물어보는 것도 유용하다(가능하지만, 부분의 크기가 너무 작아져서 만들기 어려울 수 있다).
- 이 활동은 JavaBars 프로그램으로 진행할 수 있다.
- 이 활동은 학생들이 옳은 추측과 해결 방법에 대해 점수를 얻는 게임 형식으로 진행될 수 있다. 그러나 이 문제는 더 도전적이기 때문에 어느 정도 활동을 진행하다가 게임으로 전환하는 것이 좋을 것이다. 게임으로 진행한다면, 활동 11.1을 참고하여 한 쌍의 학생들 각자에게 제시할 활동을 생각한다.

활동 11.3 더하고/거나 빼기

학습 목표 | 학생들은 두 분수를 더하거나 빼기 위해서 같은 막대에서 두 분수를 꺼내는 방법을 배울 것이다.

수업 방법 | 교사의 안내와 함께 한 쌍 혹은 소그룹 활동

수업 재료 | 아무런 표식이 없는 같은 크기의 직사각형이 여러 개 그려진 여러 장의 종이(즉, 분할된 표식이 없는 그림 11.9를 생각하면 됨), 색연필 혹은 마커펜

수업 안내 | '2개의 서로 다른 샌드위치 몫 문제'와 같이 두 분수 양을 더하는 문제 혹은 '2개의 서로 다른 피자 몫 문제'와 같이 두 분수 양을 빼는 문

제를 제기한다. 학생들은 자신들의 해결 방법을 발표하고 교사는 이 장에서 논의된 대로 자신들의 생각을 표기법으로 적는 활동에 참여시킬 수 있다. 교사는 또한 '측정 단위(a unit of measure)'를 수반하는 다음과 같은 문제를 제기할 수 있다. "가르시아 선생님은 학교 놀이터에 깔 모래를 새로 사려고 한다. $\frac{2}{3}$톤의 모래를 이미 구매하였지만 충분하지 않아 $\frac{1}{4}$톤을 더 구매하였다. 놀이터에 깔기 위해 그녀가 구매한 모래는 총 몇 톤인가?" 이러한 유형의 문제를 만드는 데 사용할 수 있는 다른 유용한 측정 단위들에는 몇 톤의 토양, 몇 갤런의 페인트, 몇 파운드 혹은 몇 킬로그램의 밀가루 혹은 다른 재료, 몇 온스의 향신료가 있다. 우리는 이 장의 앞의 두 문제에서처럼 단위 분수부터 시작하여 비단위 분수로 이동할 것을 권장한다.

응답, 변형, 확장

- 학생들이 두 분수의 덧셈과 뺄셈 활동에 참여한 후에는 다음과 같은 문제를 제기한다. "케이티의 잔디 깎는 기계에는 $\frac{4}{5}$갤런의 휘발유가 있다. 그녀는 이웃에게서 $\frac{1}{4}$갤런을 더 구매하였다. 이후 잔디를 깎기 위해 $\frac{3}{8}$갤런의 휘발유를 사용하였다. 이제 얼마만큼의 갤런이 남았나?" 이 문제에서 학생들은 더하고 빼야 하고 3개의 서로 다른 분수에 대한 공통측정 단위를 만들어야 한다.
- 이 활동은 JavaBars를 사용하여 진행할 수 있다. JavaBars는 여러 분수를 덧셈적으로 결합할 때 유용하고, 특히 큰 수의 부분으로 나누어야 할 때 유용하다.

활동 11.4 더 작은 부분으로 같은 크기의 분수 만들기

학습 목표 | 학생들은 더 작은 부분, 즉 더 많은 개수의 부분으로 이루어진 동량 분수를 만드는 법을 배울 것이다.

수업 방법 | 교사의 안내와 함께 한 쌍의 학생들 혹은 소그룹으로 활동

수업 재료 | $\frac{5}{5}$-막대와 그 아래 여러 $\frac{2}{5}$-막대가 그려진 종이. 모든 $\frac{2}{5}$-막대의 2개의 $\frac{1}{5}$을 구분하는 선이 잘 보여야 함. 필기도구.

수업 안내 | 학생들에게 $\frac{5}{5}$-막대는 사과 주스 1 리터, $\frac{2}{5}$-막대는 사과 주스 $\frac{2}{5}$ 리터를 나타낸다고 알려준다. 학생들에게 사과 주스 $\frac{2}{5}$ 리터와 같은 양의 분수를 8개 혹은 10개 그리라고 한다. 만약 학생들이 자신의 파트너 혹은 소그룹과 함께 활동한다면, 각자 몇 개씩 나누어 그릴 수 있는데, 이때 자신들이 그리려고 하는 분수가 무엇인지 자신의 짝 혹은 같은 그룹 내의 친구들에게 말해 주어야 한다. 학생 대부분은 먼저 각각의 $\frac{1}{5}$막대를 2개의 등분할 된 부분으로 나누어 $\frac{4}{10}$를 만들 것이다. 그렇다면, $\frac{2}{5}$와 $\frac{4}{10}$의 각 부분의 크기를 비교하고 $\frac{2}{5}$를 만들기 위한 부분의 개수와 $\frac{4}{10}$를 만들기 위한 부분의 개수를 비교하는 전체 학급 논의에 학생들을 참여시킨다. $\frac{6}{15}$과 학생들이 만든 또 다른 분수(예, $\frac{8}{20}$)에 대해서도 유사한 논의 활동에 참여시킨다. 이후 이러한 분수를 만드는 과정에서 부분의 크기와 개수에 무슨 일이 일어나는지 묻는다. 이 장에 기술된 것처럼, 이러한 논의 과정에서 $\frac{2}{5}$를 $\frac{4}{10}$로 변형할 수 있는 과정을 보이기 위한 표기법을 적어 줄 수 있다. $\frac{2}{5}\times\frac{1}{2}$은 $\frac{5}{5}$-막대 각 부분의 크기를 절반으로 만들지만 $\frac{2}{5}$와 같은 크기의 분수를 만들기 위해서는 2배 더 많은 부분의 개수가 필요하다. 즉, $\frac{2}{5}\times\frac{1}{2}\times 2=\frac{4}{10}$이다.

응답, 변형, 확장

- 물론, 이 활동은 다른 분수를 사용할 수 있다.
- 이 활동에 특히 유용한 JavaBars를 사용할 수 있다.

활동 11.5 더 큰 부분으로 같은 크기의 분수 만들기

학습 목표 | 학생들은 더 큰 부분 즉 더 적은 개수의 부분으로 동량 분수를 만드는 방법을 배울 것이다.

수업 방법 | 교사의 안내와 함께 한 쌍의 학생들 혹은 소그룹으로 활동

수업 재료 | $\frac{18}{18}$-막대와 그 아래 $\frac{12}{18}$-막대가 함께 여러 개 그려진 종이, 필기도구

수업 안내 | 학생들에게 $\frac{12}{18}$-막대가 제과점에서 판매하는 호박 식빵의 일부라고 알려준다. 점주는 여러 개의 호박 식빵을 갖고 있고, 식빵 $\frac{12}{18}$와 크기는 같으나 더 적은 조각의 개수로 식빵을 잘라 제과점 진열장에 놓으려고 한다. 달리 말해, 그녀는 $\frac{1}{18}$보다 큰 조각을 원한다. 학생들에게 이를 해결할 수 있는 서로 다른 방법을 최소 두 가지 제시하고 이를 설명하도록 한다. 학생들이 자신들의 해결 방법을 학급에 발표할 때 교사는 학생들이 크기가 더 크고 더 적은 개수의 조각을 사용하기 위해 식빵 각 조각에 무엇을 하는지에 집중하도록 한다. 처음부터 수학적 표기법을 고민하지 말고, 학생들에게 그들의 문제 해결 방법에서 부분의 크기와 개수에 무슨 일이 일어나는지 명확하게 설명하도록 한다. 이후 논의에서 교사는 학생들이 자신들의 문제 해결 과정을 성찰할 수 있도록 표기법을 적게 할 수 있다. 예를 들어, $\frac{12}{18}\times 3$은 각 부분의 크기를 3배로 만드는 것이고($\frac{1}{6}$) 따라서 $\frac{12}{18}$와 같은 크기의 분수를 만들기 위해서는 부분의 개수가 $\frac{1}{3}$만큼만 필요하다. 따라서, $\frac{12}{18}\times 3\times\frac{1}{3}=\frac{4}{6}$이다.

응답, 변형, 확장

- 만약 이러한 논의가 일어나지 않는다면, 교사는 학생들에게 에밀리라는 학생이 $\frac{12}{18}$-막대에서 한 번에 $\frac{18}{18}$-막대의 부분을 4개씩 묶으려고 할 때 그녀의 방법이 옳은지 물어볼 수 있다(이것이 옳지 않은 이유는 이 장에서 이미 논의하였다). 유사하게 교사는 학생들에게 9개의 부분을 하나의 큰 부분으로 결합하는 것이 가능한지 물어볼 수 있다.
- 물론, 다른 분수를 이 활동에 사용할 수 있다. 그러나 여러 개의 공통 인수를 갖는 부분의 개수부터 시작하는 것이 좋다. 예를 들어, 12와 18은 1, 2, 3, 6의 공약수를 갖는다.
- 이 활동에 특히 유용한 JavaBars를 사용할 수 있다.

- 이 장의 수업 활동들은 대체로 공통 핵심 주 규준 3.NF.3, 4.NF.1, 5.NF.1[2)]의 동치 분수와 관련된 규준과 공통 핵심 주 규준 4.NF.3, 5.NF.1, 5.NF.2[3)]의 분수 덧셈과 관련된 규준과 연결된다.

2) 역자 주. 각각, 3학년 수와 연산 분수 영역 세 번째 규준, 4학년 수와 연산 분수 영역 첫 번째 규준, 5학년 수와 연산 분수 영역 첫 번째 규준을 의미함.

3) 역자 주. 4학년 수와 연산 분수 영역 세 번째 규준, 5학년 수와 연산 분수 영역 첫 번째 규준, 5학년 수와 연산 분수 영역 두 번째 규준을 의미함.

12

2와 3단계 학생 가르치기: 분수 나눗셈

영역 개관

자연수 나눗셈은 등분제의 의미와 포함제(측정)의 의미를 지닌다. 등분제는 어떤 주어진 양을 주어진 수만큼의 개수대로 균등하게 배분해야 할 때, 하나의 몫의 크기를 모르는 상황이고, 포함제는 어떤 주어진 양에 대해 하나의 몫의 크기가 주어지고 전체를 이루는 몫의 개수를 모르는 상황이다. 본 장에서 집중적으로 다룰 분수 나눗셈의 의미는 후자이며, 전자의 의미는 분수와 대수적 추론에 집중하는 13장에서 다룰 것이다.

포함제 분수 나눗셈 문제

포함제 분수 나눗셈 문제의 예는 다음과 같다.

> '화단 문제': 조경 건축가는 자신이 설계한 정원의 각 화단에 $\frac{3}{5}$톤의 흙이 필요하여 흙 5톤을 구매하였습니다. 몇 개의 화단에 흙을 채울 수 있나요?
>
> 1) 그림을 이용하여 문제를 해결하세요. 필요하면 분수량의 화단을 사용하세요.
> 2) 이 문제의 해답으로 베스와 타이론은 각각 화단 $8\frac{1}{5}$개와 $8\frac{1}{3}$개를 얻었고, 둘은 누구의 답이 옳은지 논쟁을 합니다. 누가 옳고, 왜 그렇게 생각하나요?
> 3) 이 문제는 나눗셈 문제로 생각할 수 있습니다. 왜 그러한가요?
> 4) 이 문제에 대한 자신의 해결 방법을 나눗셈 문장으로 적어 보세요.

2와 3단계 학생 모두 보통 5톤의 흙을 그려 이 문제의 1)번을 해결한다. 그리고 각 톤을 5개의 부분으로 똑같이 나누고 한 번에 $\frac{1}{5}$톤을 3개씩 세어 8개의 $\frac{3}{5}$톤과 1개의 $\frac{1}{5}$톤이 남는다는 것을 구할 것이다(그림 12.1).

그림 12.1 '화단 문제'에 대한 그림과 세기(counting)를 통한 해결

일부 3단계 학생들은 다음과 같이 추론할 수 있다. 각각의 1톤에 $\frac{3}{5}$톤이 1개씩 있으므로 5톤에는 적어도 5개의 $\frac{3}{5}$톤이 있다. 그러면 5개의 $\frac{2}{5}$톤이 남아 $\frac{10}{5}$톤이 된다. 이는 또 다른 3개의 $\frac{3}{5}$톤을 만들어, 5톤에는 총 5+3 혹은 8개의 $\frac{3}{5}$톤이 들어가고, 1개의 $\frac{1}{5}$톤이 남는다(그림 12.2). 이러한 추론은 톤이라는 단위 내의 $\frac{1}{5}$들을 전략적으로 조직하는 활동을 포함하므로 2단계 학생들에게는 꽤 도전적인 추론일 수 있다.

둘 중 어떠한 방법을 쓰더라도 $\frac{1}{5}$톤은 1개가 남게 된다. 따라서 남은 문제는 이를 어떻게 봐야 하는가이다. 많은 2, 3단계 학생들은 $8\frac{1}{5}$개의 화단이 답이라고 생각할 것이다. 일부 학생들은 8개의 화단과 $\frac{1}{5}$톤의 남은 흙이라고 구체적이라고 말할 것이다. 아마 소수의 학생만이 $\frac{1}{5}$톤은 화단 1개를 만드는데 필요한 흙 $\frac{3}{5}$톤의 $\frac{1}{3}$이고, 따라서 $\frac{1}{5}$톤의 흙으로는 화단 $\frac{1}{3}$개를 만들 수 있으므로 $8\frac{1}{3}$이 답이라고 생각할 것이다. 2)번은 학생들이 이 문제에 대한 이러한 다른 응답들을 이해하고

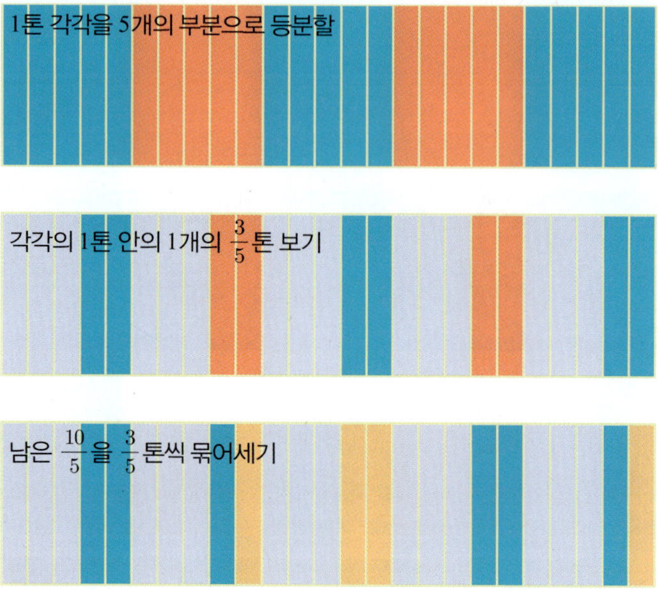

그림 12.2 다른 해결 방법: 5톤의 각각에서 1개의 $\frac{3}{5}$톤 부분을 보기

$8\frac{1}{5}$이 틀렸다는 것을 깨달을 수 있도록 유도할 수 있다.

일부 2단계 학생들은 이 문제에 수반된 여러 단위(1톤, $\frac{1}{5}$톤, $\frac{3}{5}$톤)로 인해 이 문제를 어렵게 생각할지도 모른다. 주요하게 논의되어야 할 개념은 우리가 화단의 개수를 세기 위해 흙의 양을 측정할 때 사실상 결괏값의 이름을 5톤에 대한 측정 단위인 $\frac{3}{5}$톤에 대해 명명한다는 것이다. 따라서 하나의 단위로서 $\frac{3}{5}$톤이 5톤에 8번하고 $\frac{1}{3}$번 혹은 총 $8\frac{1}{3}$번 들어가게 된다.

이 개념은 3)번을 해결하기 위한 토대가 되며 이때 자연수 나눗셈의 서로 다른 의미에 대해 일부 복습해야 할지도 모른다. 2와 3단계 학생들은 $\frac{3}{5}$톤의 크기를 갖는 화단을 얼마나 많이 만들 수 있는지 알기 위해 5톤에서 $\frac{3}{5}$톤씩 반복하여 측정하는 것으로 볼 수 있으므로 이 문제는 나눗셈 문제라고 분명히 말하게 될 수 있다. 즉, 이 문제는 $\frac{3}{5}$톤이 5톤에 몇 번 들어가는지 묻는 문제로 볼 수 있고, $5 \div \frac{3}{5} = 8\frac{1}{3}$로도 적을 수 있다(4번 문제의 답).

포함제 분수 나눗셈 문제에 대한 곱셈적 해결 방법

포함제 나눗셈 문제에서 그림과 세기(counting)를 통한 해결 방법은 학생들이 시도해 볼 수 있을 뿐 아니라 개발할 필요가 있는 방법이다. 그러나 이 방법은 큰 수에 대해서는 사용하기 번거롭고 곱셈적 해결 방법처럼 효율적이지 않다. 그렇다면 주어진 크기를 부분(share)만큼 하나하나 그리고 세어 내는 과정 없이 어떻게 '화단 문제'를 해결할 수 있을까? 우리는 여기서 곱셈적 해결 방법을 소개하고 이러한 해결 방법을 위해 필요한 개념에 대해 논의할 것이다.

'화단 문제'에서 건축가는 1개의 화단을 만들기 위해 $\frac{3}{5}$톤의 흙이 필요하다. 그러나 그녀는 총 5톤의 흙을 갖고 있으므로 1톤의 흙으로 몇 개의 화단을 만들 수 있는지 아는 것은 정말 유용할 것이다. 그림 12.3에서 보인 것과 같이, $\frac{3}{5}$톤으로 1개의 화단을 만들 수 있으므로 1톤은 1개의 화단과 2개의 부분을 만들 것이다. 화단 1개는 $\frac{1}{5}$톤의 흙으로 된 3개의 균등한 부분으로 구성되었기 때문에 2개의 부분은 화단의 $\frac{2}{3}$일 것이다. 따라서 1톤의 흙으로 1개의 화단과 $\frac{2}{3}$개의 화단 혹은 $1\frac{2}{3}$개의 화단을 만들 것이다.

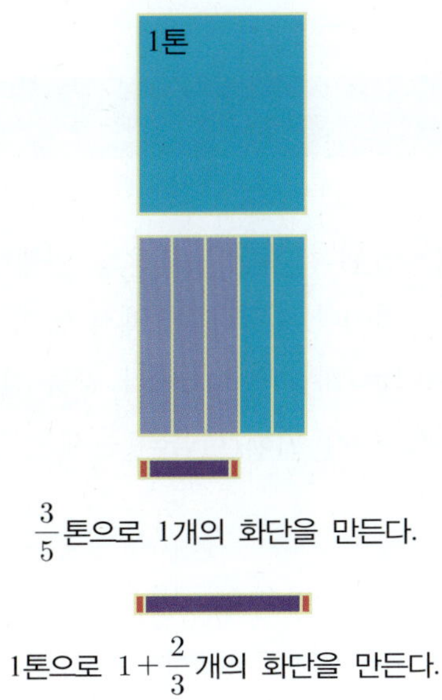

그림 12.3 흙(톤)과 화단의 관계

1톤의 흙으로 만들 수 있는 화단의 개수에 5를 곱하여 5톤의 흙으로 만들 수 있는 화단의 개수를 구할 수 있다. 따라서, 화단의 총 개수는 $5 \times 1\frac{2}{3}$[1]를 계산하여 구할 수 있다. $5 \times 1\frac{2}{3}$를 곱할 수 있는 한 가지 방법은 5×1과 $5 \times \frac{2}{3}$를 하여 5개의 화단과 $\frac{10}{3}$개의 화단을 구해 더하면, $8\frac{1}{3}$이 된다.

여기서 우리는 나눗셈 문제 $5 \div \frac{3}{5}$을 곱셈 문제 $5 \times 1\frac{2}{3}$로 변형하였다. 즉, $5 \div \frac{3}{5} = 5 \times 1\frac{2}{3}$가 된다. 수로서 분수를 개발한 학생들은 $1\frac{2}{3} = \frac{5}{3}$로 볼 것이고, 따라서 $5 \div \frac{3}{5} = 5 \times \frac{5}{3}$가 된다. 교사는 이러한 곱셈적 해결 방법이 포함제 분수 나눗셈의 표준 계산 알고리즘의 한 가지 예라는 것을 알아차렸을지도 모른다. 즉, $\frac{3}{5}$으로 한 양을 나누기 위해 우리는 이의 역수인 $\frac{5}{3}$로 그 양을 곱하였다.

이와 같은 해결 방법은 1톤의 흙과 ($\frac{3}{5}$톤의 흙과 동일한 것으로 주어진) 1개의 화단을 포함하여 여러 서로 다른 단위 간에 유연한 변형과 5와 $1\frac{2}{3}$를 곱하는 과정에서 잠재적으로 가분수의 사용이 필요하다는 것에 유의해야 한다. 게다가 곱셈 해결 방법이 역수에 대한 곱셈을 수반한다는 것을 이해하기 위해서는 분수를 수로 생각해야 한다. 따라서 이와 같은 해결 방법은 2단계 학생도 어느 정도 이에 수반되는 개념을 이해할 수 있겠지만 3단계 학생의 이해의 범위에 있다고 생각한다.

역수의 양적 의미

포함제 분수 나눗셈 문제를 곱셈적 해결 방법으로 이행하기 위한 한 가지 중요한 개념은 역수에 대한 양적 의미이다. 우리 관점에서 양적 의미는 분수와 이 분수의 역수를 곱하였을 때 1이 된다는 개념만이 아니라 양들 간의 관계를 강조한다. 역수를 위한 양적 의미의 개발을 돕기 위해 다음의 문제를 고려해 보자:

1) 역자 주. 우리나라는 곱셈식을 적을 때, 미국과 반대로 피승수(multiplicand)×승수(multiplier)이므로, 원서에서의 의미대로 한국의 맥락에 맞게 번역하면 $1\frac{2}{3} \times 5$로 적는 것이 적절하나, 바로 다음 문단에서 원서에서의 곱셈의 순서를 그대로 이용하여 나눗셈 알고리즘의 원리를 설명하기 때문에, 원서에서 제시한 곱셈의 순서대로 적었음.

'$\frac{1}{4}$미터 문제': 다음의 직사각형(혹은 선분)은 $\frac{1}{4}$미터입니다.

1) 이를 사용하여 1미터를 그려보세요.
2) $\frac{1}{4}$미터는 1미터에 얼마만큼 들어갈 수 있나요?
3) 1미터를 만들기 위해 $\frac{1}{4}$미터에 무엇을 곱할 수 있나요?

'$\frac{2}{3}$마일 문제': 다음의 직사각형(혹은 선분)은 $\frac{2}{3}$마일입니다.

1) 이를 사용하여 1미터를 그려보세요.
2) $\frac{2}{3}$미터는 1미터에 얼마만큼 들어갈 수 있나요?
3) 1미터를 만들기 위해 $\frac{2}{3}$미터에 무엇을 곱할 수 있나요?

2와 3단계 학생들 모두 이러한 문제를 해결할 수 있다. 그러나 2단계 학생들은 '$\frac{2}{3}$마일 문제'의 3)번에 대한 답으로 $\frac{3}{2}$이 아닌 $1\frac{1}{2}$만을 구하고 그 외 다른 분수들로 문제를 해결하는 것은 꽤 어려워할 것이다. 2)와 3)에 대한 답으로 대분수를 생각해도 괜찮지만, 이는 학생들이 그들 사고의 패턴을 깨닫게 하는 데 있어 가능성을 제한하게 된다. 학생들이 이렇게 문제를 여러 번 해결하였다면, 다음의 문제를 제기하는 것이 유용할 수 있다.

'우리 추론에서의 패턴 문제': 이 문제들을 해결한 후에 자신의 해결 방법들을 살펴보세요. 3)에 대한 자신의 응답에서는 어떠한 패턴을 볼 수 있나요? 3)에 대한 자신의 응답이 문제에서 주어진 양과 어떻게 관련되나요?

그들의 추론에서 학생들이 주목하게 된 패턴을 논의하면서 교사는 '역수'라는 용어를 소개하여 학생들이 이의 양적 의미가 주어진 양이 이 양의 1단위에 들어가는 개수임을 분명하게 표현할 수 있도록 도울 수 있다.

포함제 분수 나눗셈 문제의 곱셈적 해결 방법을 유도할 수 있는 문제들

역수에 대한 양적 의미에 대해 다룬 후에, 학생들이 곱셈적 해결 방법을 사용할 수 있도록 다음과 같은 문제를 제시할 수 있다.

이미 그림을 이용하여 이와 유사한 문제를 해결하였기 때문에 다음의 문제는 익숙해 보일 것이다. 이제 우리는 다른 문제 해결 방법을 개발할 것이다.

> '화단 문제, 두 번째 시도': 조경 건축가는 흙 5톤을 구매하였는데, 그녀가 설계한 정원의 각 화단에 $\frac{3}{5}$톤의 흙이 필요하다는 것을 알았습니다. 몇 개의 화단에 흙을 채울 수 있을까요?
>
> 1) 건축가가 1톤의 흙으로 만들 수 있는 화단의 개수를 구하세요. 자신의 추론을 명확하게 보여주세요.
> 2) 1)을 사용하여 5톤의 흙으로 만들 수 있는 화단의 개수를 구하세요.
> 3) 이 상황을 곱셈식으로 나타내고, 식에서 각 숫자의 의미를 톤과 화단으로 설명하세요.
> 4) 이 문제에 대한 첫 번째 답으로 나눗셈식 $5 \div \frac{3}{5} = (\quad)$개의 화단이라 적었습니다. 빈칸을 채우세요. 4)의 나눗셈식과 3)의 곱셈식의 관계는 어떠한가요?

이와 같은 문제들을 많이 해결하는 것은 추론의 패턴을 개발하는 데 중요하다. 문제에서 주어진 두 수가 모두 분수인 문제들을 해결하도록 하기 전에 (예, 건축가는 $5\frac{1}{4}$톤의 흙을 갖고 있고 $\frac{2}{3}$톤의 흙으로 1개의 화단을 만들 수 있다.) 한동안은 '화단 문제'에서처럼 문제에서 주어진 두 수 중 나누어지는 수는 자연수, 나누는 수는 분수로 할 것을 권장한다.

3단계 학생들은 이러한 개념들에 대해 일반화를 할 준비가 잘 되어 있다. 3단계 학생들이 개발한 일반화를 확인할 수 있는 한 가지 방법은 다음과 같다. 포함제 분수 나눗셈에서 주어진 분수 부분(나누는 수)은 사실상 다른 어떤 물건의 1단위에 대한 재료의 양($\frac{3}{5}$톤의 흙으로 1개의 화단을 만듦)으로 단위 비(unit ratio)가 된다. 양적으로 역을 찾아 그 재료의 1단위에 대한 물건의 양($\frac{5}{3}$개의 화단은 1톤의 흙으로 만듦)인 다른 단위 비를 만들 수 있다. 그리고 문제를 해결하기 위해서는 이 다른 단위 비를 초기에 주어진 양으로 확대해야 한다(가지고 있는 흙의 양이 1톤이 아닌 5톤이므로 1톤당 $\frac{5}{3}$개의 화단의 개수를 5배로 늘린다.)

몇몇 분수를 자연수 배만큼 확대하는 것은 2단계 학생의 이해 범위에 있다. 예를 들어, 이들은 '화단 문제, 두 번째 시도' 문제를 $1\frac{2}{3}$개의 화단을 5배로 늘린다고 생각하며 이 문제를 해결할지 모른다. 그러나 만약 문제에서 주어진 초기 양이 $7\frac{3}{4}$톤 혹은 $13\frac{5}{8}$톤 혹은 $\frac{19}{3}$톤이라면 2단계 학생들이 의미 있게 이 문제를 해결하기는 꽤 어려울 것이다. 반대로 적절한 수업 환경을 준다면 3단계 학생들은 (합리적인 범위 내에서) '어떠한' 분수에 대해서도 이 개념을 개발할 수 있게 될 것이다.

평가 과제 모음

평가 과제 모음 목록

평가 과제 12.1 자연수 나눗셈 그림 그리기

수업 재료 | 종이와 필기도구

활동 | 학생들에게 24 ÷ 4의 의미가 무엇인지 보여줄 수 있는 그림을 그리라고 한다. 학생들이 24를 4개의 등분할된 묶음으로 그리는지 혹은 24를 크기가 4인 묶음으로 끊어 센 그림으로 그리는지 혹은 둘을 모두 보여주는지 살펴보아라. 학생들에게 자신들이 그린 그림과 나눗셈의 의미가 무엇인지에 대해 설명하도록 한다.

유의사항

- 일부 학생들은 그림을 그리기 시도조차 하지 않거나 나눗셈은 곱셈의 '반대'라고만 말할 수 있다.

- 4개로 등분할된 묶음을 그린 학생들은 13장에서 논의할 등분제 나눗셈의 의미를 보여준 것이고, 크기가 4인 묶음을 그린 학생들은 포함제 나눗셈의 의미를 보여준 것이다.
- 교사의 도움에 따라 등분제 의미를 보여준 학생들은 포함제 의미를 보여주는 다른 그림을 그릴 수 있을지 모른다. 교사는 이들에게 다른 방식으로 생각하여 다른 그림을 그려보라고 할 수 있다. 심지어 이들에게 포함제 의미를 나타내는 그림을 보여주고 "이 역시 24 나누기 4를 보여줄 수 있나요?"라고 물어볼 수 있다.

평가 과제 12.2 나눗셈의 의미

수업 재료 | 다음의 문제들이 적힌 종이

(1) 정원사 사라는 48개의 정사각형 타일을 갖고 있습니다. 그녀는 한 줄에 같은 개수의 타일을 넣어 총 4줄로 타일을 나열하고 싶습니다. 한 줄에는 몇 개의 타일이 들어갈 수 있나요?

(2) 정원사 사라는 48개의 정사각형 타일을 갖고 있습니다. 그녀는 한 줄에 타일을 4개씩 넣어 타일을 나열하고 싶어 합니다. 그녀가 만들 수 있는 타일은 몇 줄 인가요?

(3) 정원사 사라는 한 줄에 타일 4개씩을 넣은 정사각형 타일 여러 줄을 만들고 있습니다. 그녀는 48개의 줄을 만들려고 합니다. 그녀가 필요한 타일은 몇 개인가요?

(4) 정원사 사라는 48개의 정사각형 타일을 갖고 있습니다. 그녀는 한 줄에 4개의 타일을 담아 3줄을 만들었습니다. 이후 그녀에게 남은 타일은 몇 개인가요?

활동 | 학생들과 함께 문제를 하나하나 읽어 본다. 더 어린 학생들에게는 문제를 대신 읽어 줄 수 있다. 이 중 나눗셈 문제는 무엇이고 그 이유는 무엇인지 묻는다. 1)과 2) 모두 나눗셈 문제로 식별한다면, 이 두 문제의 유사점과 차이점에 관해 물어볼 수 있다.

유의사항

- 이 과제는 교사가 학생들의 나눗셈에 대한 의미가 어떠한지 더 잘 이해하기 위한 목적으로 설계되었다. 교사는 학생들의 이러한 의미가 얼마나 견고한지 알 수 있고 학생들의 사고의 미묘한 차이에 대해서도 알 수 있다. 나아가 학생들의 나눗셈 의미가 곱셈과 뺄셈의 의미와 어떻게 연결되는지도 이해할 수 있을지 모른다.
- 이 과제는 또한 학생들이 나눗셈의 의미와 이해를 성찰하기 시작할 기회를 제공한다.

평가 과제 12.3 나눗셈 이야기 만들기

수업 재료 | 종이와 필기도구

활동 | 학생들에게 '$8 \div \frac{1}{2}$'문제에 대해 생각해 보라고 한다. '$8 \div \frac{1}{2}$'로 해결할 수 있는 이야기 문제를 만들어 보라고 한다. 이야기를 만든 후에 학생들은 이를 읽고 이 문제가 왜 나눗셈 문제인지 설명해야 한다.

유의사항

- 학생들은 이 문제를 꽤 어려워할 수 있다. 만약 $8 \div 2$에 대한 이야기를 만들었다면 그 문제를 해결해 보도록 한다. 그리고 이들에게 $8 \div \frac{1}{2}$과 $8 \div 2$의 답이 같을 수 있는지 묻는다. 일부 학생들은 "예!"라고 답할 것이라는 점에 유의한다.
- 이야기를 만드는 데 성공했다면 아마 $\frac{1}{2}$이 8에 몇 번 들어가는지를 묻는 포함제 나눗셈 이야기일 것이다. 확장판으로 학생들에게 '$3\frac{1}{2} \div \frac{1}{4}$'에 대한 이야기 문제를 만들어 볼 수 있는지 묻는다.

평가 과제 12.4 1에 들어맞기

수업 재료 | 2~3개의 서로 다른 크기의 막대가 어느 정도 간격을 갖고 각각 그려진 여러 장의 종이(그림 12.4 참고)

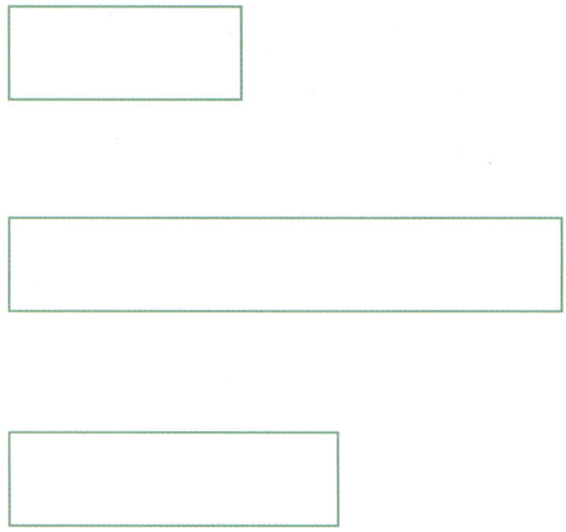

그림 12.4 '1에 들어맞기' 과제를 위한 수업 재료

활동 | 학생들에게 첫 번째 직사각형은 과일바 $\frac{1}{3}$개라고 알려준다. 학생들은 과일바 1개를 그릴 수 있는가? 과일바 $\frac{1}{3}$개는 과일바 1개에 몇 번 들어가는가? 1개의 과일바를 만들기 위해 과일바 $\frac{1}{3}$개에 무엇을 곱할 수 있는가?

유의사항

- 학생들이 위의 문제를 해결한다면 다른 단위 분수로 이 문제를 반복할 수 있다.
- 이 문제를 확장하기 위해서 학생들에게 다른 2개의 직사각형 중 하나는 과일바 $\frac{2}{5}$개를 나타낸다고 하고 동일한 질문을 반복한다. 여기서는 2개의 단위 분수로 이루어진 분수($\frac{2}{3}$, $\frac{2}{5}$, $\frac{2}{7}$ 등)로 시작하는 것이 좋은데 그 이유는 학생들이 이 분수에 해당하는 부분의 자연수 개수만큼과 그 부분의 절반만큼을 합치면 1단위에 들어맞는다는 것을 알게 될지도 모르기 때문이다(예, $2\frac{1}{2}$개의 $\frac{2}{5}$-막대가 1에 들어감). 이 문제를 해결하기 위해서 학생들은 최소한 스플리팅 조작을 개발해야 한다(7장 참고).
- 만약 학생들이 이와 같은 질문을 쉽게 해결한다면 과일바 $\frac{3}{4}$개에 대해 과제를 반복할 수 있다. 과일바 전체에서 남은 $\frac{1}{4}$을 $\frac{3}{4}$-막대의 $\frac{1}{3}$로 봐야 하므로 이 질문은 꽤 어려울 수 있다.

수업 활동

수업 활동 목록

활동 12.1 나눗셈의 의미

학습 목표 | 학생들은 나눗셈의 두 가지 의미를 구분하는 법을 배울 것이다.
수업 방법 | 교사의 초기 안내와 함께 소그룹별 학생 활동
수업 재료 | 풍선껌 테이프를 나타낼 긴 리본(그룹별 2개), 자, 가위, 종이
수업 안내 | 그룹별 학생들에게 풍선껌 몇 인치 혹은 센티미터를 나타낼 리본을 준다. 예를 들어, 하나의 모둠에는 39인치를 준다. 한 사람당 3인치씩 먹는다고 하자. 학생들에게 그들이 가진 테이프로 몇 명이 풍선껌을 먹을 수 있는지 구하고, 이를 어떻게 아는지 설명하고, 이 과정을 그림으로 그려서 몇 명이 먹게 되는지 만들어 보라고 한다. 그리고 이들에게 그들이 한 것을 나눗셈식으로 나타내고 그림에서 이 식을 어떻게 볼 수 있는지 물어본다. 그리고 또 다른 39인치의 테이프를 준다. 이번에는 이 '껌'을 공평하게 3명의 사람이 나누어 가져야 한다. 한 사람이 갖게 되는 껌의 양이 얼마인지 묻고 이를 어떻게 알며 이를 만들 수 있는 과정을 그림으로 그려 설명하고 만들어 보도록 한다. 그리고 이들이 한 것을 나눗셈식으로 적고 그들의 그림에서 이 식을 어떻게 볼 수 있는지 설명하도록 한다. 그리고 이 두 상황, 그림, 나눗셈식 간의 차이점에 관해 설명하라고 한다. 학급 전체 논의에서 학생들은 모둠별로 작업한 것을 발표할 수 있다. 테이프를 주어진 크기(3인치)로 반복적으로 측정하기 때문에 첫 번째 나눗셈 의미는 포함제의 의미가 있으며, 테이프를 문제에서 주어진 수(3명)로 균등 배분하므로 두 번째 나눗셈은 등분제의 의미가 있다는 것을 학생들이 이해할 수 있도록 한다.

응답, 변형, 확장

- 수의 크기를 늘리거나 분수를 사용하여 문제의 난이도를 올릴 수 있다. 이는 **수의 범위 확장**과 산술의 **복잡화**에 해당한다.
- 예를 들어, 학생들에게 그들이 가진 풍선껌 테이프는 6피트이며 1명당 $\frac{1}{2}$ 피트의 풍선껌을 먹는다고 알려 준다. 몇 명이 풍선껌을 먹을 수 있는가? 자신들의 해결 방법을 개발하기 위해 그림을 그리라고 한다. 그리고 나눗셈식을 적고 이를 그림과 연결하여 설명하라고 한다. 학생들에게 여기에서 사용하는 나눗셈의 의미는 무엇인지 묻는다.
- 혹은 학생들에게 너희들은 5피트의 풍선껌 테이프를 갖고 있고 이를 4명이 공평하게 나누려고 한다고 알려준다. 한 사람이 갖게 되는 풍선껌의 양은 얼마인가? 학생들에게 자신들의 해결 방법을 개발할 수 있는 그림을 그리도록 한다. 이를 나눗셈식으로 적고 그림과 연결하여 설명하라고 한다. 학생들에게 여기에서 사용한 나눗셈의 의미가 무엇인지 묻는다.

활동 12.2 나눗셈 이야기 적기

학습 목표 | 학생들은 서로 다른 의미의 나눗셈을 보여주는 이야기를 적는 방법을 배울 것이다.

수업 방법 | 교사의 초기 설명과 함께 짝을 지어 활동

수업 재료 | 종이, 연필, 마커펜

수업 안내 | 한 쌍의 학생들에게 서로에게 보여주지 않도록 하며 나눗셈식을 하나씩 준다. 예를 들어, 한 학생에게는 $8 \div \frac{1}{3}$을 주고, 다른 학생에게는 $5 \div \frac{1}{4}$을 준다. 학생 각각은 자신이 받은 나눗셈식을 나타낼 수 있는 나눗셈 이야기 문제를 적어야 한다. 그리고 이야기를 서로 교환한다. 학생 각각은 짝의 이야기를 읽고 짝의 문제를 해결하기 위해 그림을 사용하고 자신이 해결했다고 생각하는 나눗셈식을 적는다. 그리고 이 식이 원래의 나눗셈식과 일치하는지 짝과 함께 확인한다.

응답, 변형, 확장

- 이 활동은 나눗셈식을 나타내는 이야기를 옳게 적고 그 이야기를 옳게 해

결한 학생들에게 점수를 주는 게임으로 만들 수 있다.

- 이 활동은 자연수를 사용할 수 있다.
- 이 활동은 학생들에게 처음에 곱셈식 혹은 나눗셈식을 주거나 덧셈식, 뺄셈식, 곱셈식 혹은 나눗셈식을 주어 확장할 수 있다.

활동 12.3 포함제 나눗셈 문제 해결 I

학습 목표 | 학생들은 분수를 포함한 포함제 나눗셈 문제를 해결하기 위해 그림을 사용하는 방법을 배울 수 있다.

수업 방법 | 교사의 초기 안내와 함께 짝을 지어 혹은 개별 활동

수업 재료 | 종이, 연필, 마커펜, '화단 문제'와 같은 문제들이 적힌 학습지

수업 안내 | 이 활동을 통해 학생들은 포함제 분수 나눗셈 문제를 그림을 통해 해결하는 방법을 개발한다. 학생들은 짝을 지어 혹은 소그룹으로 이 활동에 참여하고 학급 전체에 자신들의 해결 방법을 발표할 수 있다. 수업에서 사용할 수 있는 세 가지 문제의 예는 다음과 같다. 각 경우에, '화단 문제'의 1), 3), 4)를 문제 상황에 맞게 변형하여 사용하면 좋을 것이다. 나머지 부분을 어떻게 할지 생각해 볼 수 있도록 일부 혹은 모든 문제에 대해 2)와 같은 유형의 문제를 사용할 수도 있다. 2)는 문제에 따라 다르므로 이하 모든 문제에 2) 문제의 예를 함께 제시하였다.

ㄱ) 식료품 주인은 7kg의 쌀을 배달받았습니다. 그녀는 이 쌀을 한 자루에 $\frac{3}{4}$kg의 쌀이 들어가도록 포장해야 합니다. 쌀자루 개수를 분수로 나타낼 수 있다고 가정한다면, 그녀는 몇 자루의 쌀을 만들 수 있나요? 2)의 예: 이 문제의 답으로 사하라는 $9\frac{1}{4}$을 벤은 $9\frac{1}{3}$을 각각 구하였습니다. 누구의 답이 옳은가요? 왜 그렇게 생각하나요?

ㄴ) 캠프에서 레모네이드 한 주전자에는 $4\frac{1}{2}$리터의 레모네이드가 들어갑니다. 캠프 인솔자는 캠프에 참여한 학생들에게 각각 $\frac{1}{3}$리터의 레모네이드를 줄 것입니다. 분수량의 레모네이드를 제공할 수 있다고 가정한다면, 인솔자는 몇 인분의 레모네이드를 만들 수 있을까요? 2)의 예:

이 문제의 답으로 아비바는 $13\frac{1}{2}$을 크리스는 $12\frac{1}{2}$을 각각 구했습니다. 이 둘은 누구의 답이 옳은지 논쟁 중입니다. 누구의 답이 옳은가요? 왜 그렇게 생각하나요?

ㄷ) 제빵사는 쿠키 한 판을 만들기 위해 설탕 $\frac{2}{3}$컵을 사용합니다. 그는 $5\frac{1}{6}$컵의 설탕을 갖고 있습니다. 분수량의 판을 만들 수 있다고 가정한다면, 그가 만들 수 있는 쿠키는 몇 판인가요? 2)의 예: 이 문제의 답으로 앨리는 $7\frac{1}{2}$판을 디온은 $7\frac{3}{4}$판을 각각 구했습니다. 이 둘은 누구의 답이 옳은지 논쟁 중입니다. 누구의 답이 옳은가요? 왜 그렇게 생각하나요?

응답, 변형, 확장

- 이상적으로 학생들은 JavaBars를 활용하여 이 문제를 해결할 수 있다(math.coe.uga.edu/olive/welcome.html).
- 만약 학생들이 수로서 분수를 개발했다면(8장), 전체 양과 나누는 수의 크기 모두 가분수를 사용할 수 있다.
- 이 활동은 분수 나눗셈을 수반한 실세계 문제를 해결하기 위해 시각적 모델의 사용을 강조하는 규준을 지원한다. 공통 핵심 주 규준 5.NF.6, 6.NS.1, 7.NS.2[2)]가 이에 해당한다.

활동 12.4 역수

학습 목표 | 학생들은 역수에 대한 양적 의미와 자신들의 추론 패턴을 성찰하는 법을 배울 것이다.

수업 방법 | 교사의 초기 설명과 함께 짝과 함께 활동

수업 재료 | 다양한 크기의 서로 다른 직사각형이 그려진 종이, 연필, 마커펜

수업 안내 | 이 활동에서 학생들은 '$\frac{1}{4}$미터 문제'와 '$\frac{2}{3}$마일 문제'처럼 역수

2) 역자 주. 5학년 수와 연산 분수 영역 여섯 번째 규준, 6학년 수 체계 영역 첫 번째 규준, 7학년 수 체계 영역 두 번째 규준.

에 대한 양적 의미를 개발하는 활동에 참여한다. 종이에 하나의 직사각형으로 표현할 수 있는 분수 양의 미터를 각 쌍에게 준다. 이들은 (1) 1미터를 그리고, (2) 1미터에 그들의 분수 미터가 몇 번 들어가는지 구하고, (3) 1미터를 만들기 위해 그들의 분수에 무엇을 곱해야 하는지 구해야 한다. 전체 학급 논의에서 학생들은 자신의 해결 방안을 발표할 수 있다. 이와 같은 문제를 여러 차례 해결해 보도록 한 후 '우리 추론의 패턴 문제'와 같이 학생들 자신들의 추론에서 나타나는 패턴을 성찰하도록 한다.

응답, 변형, 확장

- 이 활동에서 JavaBars를 사용할 수 있다.
- 학생들이 이 활동에 익숙해진다면 각 쌍의 학생에게 같은 분수이지만 막대의 크기를 달리하여 줄 수 있다. 학급 논의에서 막대의 크기가 달라지면 부분의 크기가 다른 막대를 만들게 되지만 문제 (2)와 (3)의 답은 바뀌지 않을 것이라는 점과 그 이유에 대해 다룰 수 있다.

활동 12.5 포함제 나눗셈 문제 해결하기 II

학습 목표 | 학생들은 분수를 포함한 포함제 나눗셈 문제에 대한 곱셈적 해결 방법을 만드는 법을 배울 것이다.

수업 방법 | 교사의 초기 안내와 함께 짝을 지어 혹은 개별 활동

수업 재료 | 종이, 필기도구, '화단 문제, 두 번째 시도'와 같은 문제가 적힌 학습지

수업 안내 | 이 활동에서 학생들은 '화단 문제, 두 번째 시도'의 4개의 문제에서 제시하였듯이 포함제 분수 나눗셈 문제에 대한 곱셈적 해결 방법을 개발하는 활동에 참여한다. ('화단 문제, 두 번째 시도'와 활동 12.3의 문제처럼) 질량, 무게, 용량을 수반하는 맥락을 사용하는 것을 추천한다. 여기서 우리는 시작하기에 좋은 수 조합 몇 가지와 더욱 도전적인 수 조합 몇 가지를 제시한다. 만약 학생들이 모든 경우에 대해 곱셈적 해결 방법을 개발하였다면 이 문제를 해결하기 위해 곱할 수 있다는 것을 어떻게 알았는지 물어보는 것이 좋다.

시작하기에 좋은 몇 가지 수 조합:

$5 \div \frac{1}{4}$ 혹은 임의의 자연수 나누기 단위 분수

$5 \div \frac{2}{3}$ 혹은 임의의 자연수 나누기 2개의 단위 분수로 이루어진 분수(예, $\frac{2}{3}, \frac{2}{5}, \frac{2}{7}$)

$5 \div \frac{3}{4}$ 혹은 임의의 자연수 나누기 $\frac{3}{4}$

$5\frac{2}{3} \div \frac{1}{6}$ 혹은 대분수의 진분수 부분이 단위 분수(나누는 수)의 자연수 배인 대분수 나누기 단위 분수

$5\frac{1}{2} \div \frac{1}{3}$ 혹은 임의의 자연수 더하기 $\frac{1}{2}$ 나누기 단위 분수 (대분수 부분의 $\frac{1}{2}$이 단위 분수(나누는 수)의 자연수 배가 아니어야 함. $5\frac{1}{2} \div \frac{1}{4}$은 $5\frac{1}{2} \div \frac{1}{3}$보다 쉬운 문제이다.)

$5\frac{2}{3} \div \frac{1}{4}$ 혹은 대분수의 진분수 부분이 단위 분수(나누는 수)의 자연수 배가 아닌 대분수 나누기 단위 분수

$5\frac{2}{3} \div \frac{3}{4}$ 혹은 대분수의 진분수 부분이 분수(나누는 수)의 자연수 배가 아닌 대분수 나누기 분수

$5\frac{1}{2} \div \frac{8}{5}$ 혹은 대분수 나누기 가분수, 가분수는 대분수의 진분수 부분의 자연수 배가 아님

응답, 변형, 확장

- 만약 학생들이 분수를 수로서 개발했다면(8장), 전체 양(나누어지는 수)과 나누는 수의 크기 모두 가분수를 사용할 수 있다.

13

분수에서 대수로

모든 학생을 대수적 추론에 참여시키고자 하는 강력한 움직임(예, NCTM, 2000)은 아동의 대수적 개념이 수와 양에 대한 개념에서 어떻게 발생하는지에 대한 연구로 이어져 왔다(예, Carpenter et al., 2003; Kaput et al., 2008; Russell et al., 2011). 그동안 학자들은 주로 학생들의 자연수와 대수적 추론 간의 연결성에 주목해왔지만, 이제는 분수 지식과 대수적 추론 사이의 연결성에 대해 이해하기 시작하고 있다(예, Ellis, 2007; Empson et al., 2011; Hackenberg and Lee, 2015). 이 장에서 우리는 이러한 개념 몇 가지에 대한 개요를 설명하고 2단계와 3단계 학생들이 등분제 혹은 배분의 의미의 분수 나눗셈 문제를 해결하기 위해 시도할 만한 방법에 대해 다루겠다.

분수와 대수: 유사한 사고방식

Kaput(2008)의 연구를 따라, 우리는 학생들의 초기 대수적 추론을 다음과 같이 바라본다.

(1) 산술과 양적 관계의 일반화와 추상화 그리고 표준 대수 기호가 꼭 수반되지 않은 일반화와 추상화의 체계적 표현,
(2) 양에 대한 추론의 대체(stand-in)로 대수적 기호로 추론하는 방법 학습

대수적 추론에 (1)이 포함된다는 의미는 학생들이 표준 대수 기호를 사용하기 한참 전부터 미지수 혹은 변하는 양을 기호화하는 활동 등을 통해 대수적으로 추론할 수 있다는 것이다. 또한 학생들이 자연수와 분수에 대해 일반화할 때, 이러한 일반화는 교사가 학생들이 그림, 단어, 수치적 표현, 식으로 분명하게 설명하고 기록하도록 도울 수 있는 대수적 성격을 갖고 있다고 볼 수 있다. 이처럼 체계적이고 분명하게 설명하는 것은 학생들의 일반화가 대수적이라고 할 수 있는 1부분이다.

예를 들어 트랜튼이라고 불리는 5학년 학생이 개구리가 하루에 $1\frac{1}{2}$컵의 먹이를 먹는 포함제 나눗셈 문제를 해결하고 있었다. 그 문제는 개구리의 주인이 12컵의

먹이를 갖고 있다면 개구리는 며칠 동안 먹을 수 있는지를 물었다. 트랜튼은 "2×1은 2이고 $2\times\frac{1}{2}$은 1이라, $2+1$은 3이라서" $2\times1\frac{1}{2}$은 3으로 추론했다(Empson and Levi, 2011; 60). 즉, 그는 개구리가 이틀 동안 3컵의 먹이를 필요로 하단 걸 알았다. 그리고 그는 12컵을 3컵의 4배로 생각하여 개구리가 3컵의 먹이로 지낼 수 있는 날보다 4배 더 지낼 수 있어, 4×2일 혹은 8일이라고 추론하였다.

Empson과 Levi(2011)는 트랜튼이 암묵적으로 핵심적인 수학 원리를 사용했다고 밝혔다. 즉, 트랜튼 자신은 그러한 수학 원리를 사용하였다는 것을 깨닫지 못하더라도 수학 교사는 트랜튼의 추론에서 그러한 수학 원리의 사용을 볼 수 있다는 것이다. 예를 들어, $2\times1\frac{1}{2}$을 해결하기 위해 트랜튼은 덧셈에 대한 곱셈의 분배 법칙을 사용하여 2×1과 $2\times\frac{1}{2}$을 하였다. 이 원리를 보이기 위한 트랜튼의 사고를 기록한다면, 다음과 같을 수 있다.

$$2\times1\frac{1}{2}=2(1+\frac{1}{2})=2\times1+2\times\frac{1}{2}=2+1=3.$$

Empson과 Levi(2011)는 이러한 추론 유형을 분수에 대한 **관계적 이해**(relational thinking)라고 불렀다. 이들은 이를 분수와 대수 사이의 연결로 보았는데, 이러한 이해가 우리 수 체계의 구조에 대한 추론을 보여주기 때문이다. 이러한 구조를 표현하고 사용하는 것이 대수적 사고의 일부이다. 분수와 자연수에 대한 관계적 이해 활동에 규칙적으로 참여하고 관계적 이해를 분명하게 표현하고 기록하는 학생들은 핵심적인 대수적 성질의 사용을 학습하는 것이다. 따라서, 트랜튼은 $\frac{1}{2}(a+b)=\frac{1}{2}a+\frac{1}{2}b$의 근본 원리가 $2\times1\frac{1}{2}$을 해결하는데 사용한 방법과 같으므로 $\frac{1}{2}(a+b)=\frac{1}{2}a+\frac{1}{2}b$를 이해하게 될지 모른다.

나아가 우리가 8장에서 제시한 방법대로 최근 연구에서는 세 수준 단위 조정을 포함해 수로서 분수를 생각하는데 필요한 사고가 미지의 양(quantitative unknown)[1]과 변수에 관해 추론하는데 매우 유용할 것이라고 제안하고 있다(Hackenberg and

1) 역자 주. 본 역서에서 미지의 양은 unknown quantity가 아닌 quantitative unknown을 번역한 용어이다. quantitative unknown에 대한 상세한 설명은 다음의 문헌을 참고 바람.

Steffe, L. P., Liss II, D. R., & Lee, H. Y. (2014). On the operations that generate intensive quantity. In K. C. Moore, L. P. Steffe, & L. L. Hatfield (Eds.), Epistemic algebra students: Emerging models of students' algebraic knowing (Vol. 4) (pp. 49-80). WISDOMe Monographs, Laramie, WY: University of Wyoming.

Lee, 2015). 즉, 수로서 분수를 생각하는 것과 미지양과 변수에 대해 추론하는데 수반되는 단위의 정신적 구조화 방식이 유사할 수 있다는 것이다. 다음 두 절에서는 이 예에 관해 설명하겠다. 덧붙여서 이러한 연구 결과가 의미하는 바는 이들의 연결이 양방향으로 진행될 수 있다는 것이다. 즉, 미지양과 변수에 관해 추론하는 것은 학생들의 분수 지식을 진전하는 데 도움을 줄 수 있다.

미지의 양

우리에게 양(quantities)은 어떤 대상이나 현상에 관해 인간이 갖는 개념에 관한 측정 가능한 속성이다(Thompson, 2010). 측정 가능한 속성은 측정 단위와 측정 과정을 수반한다. 예를 들어, 높이는 '사람'이라는 개념에 관해 우리가 갖는 측정 가능한 속성이다. 높이라는 속성은 사람의 발바닥에서 정수리까지의 거리 혹은 폭이다. 우리는 그 사람의 키가 얼마인지 모른 채로 그 사람의 키에 대해 말할 수 있다. 그러나 우리가 그 양의 값에 대해 알지 못하더라도 사람의 키를 센티미터 단위(측정 단위)로 분할하고 그 단위의 개수를 세는(측정 과정) 과정 등을 통해 그 사람의 키의 값을 찾는데 사용될 수 있는 측정 단위와 측정 과정을 상상할 수 있다.

대수의 양적 관점에서 미지 양은 우리가 현재는 알지 못하지만 찾을 수 있는 양의 값이다. 따라서, 미지 양은 잠재적 측정량이다. 그림 13.1은 주어진 길이의 값이 14단위임을 보여주는 그림이다. 그림 13.2는 그림 속의 길이의 값이 제시되지 않았더라도 그 길이를 균등한 부분으로 분할하고 부분의 개수를 세는 것을 상상하여 그 값을 찾아 미지의 길이를 표현할 수 있음을 보여준다.

그림 13.1 알려진 양 14단위의 표현

그림 13.2 미지의 양 표현

우리가 두 번째 초기 대수 추론의 양상으로 제시하였듯이(앞서 제시한 (2) 참고), 사람들이 양의 추론을 대신하여 대수적 기호를 사용하여 추론하기 시작한다면 그림 13.2의 이미지 대신 미지의 길이를 표현하기 위해 q와 같은 문자를 사용할 수 있다. 하지만 교사는 학생들이 표준 대수 기호를 사용한다고 하더라도 일정 기간 이들이 사용하는 기호를 대신하는 양적 이미지를 상기할 수 있도록 돕는 것이 좋다.

미지의 양에 관한 곱셈적 추론

우리가 앞서 정의하였듯이 미지 양의 한 가지 특징은 어떤 양(길이처럼 기본적인 양)을 부분의 개수가 구체적으로 주어지지 않은 몇 개의 균등한 부분으로 분할된 것으로 생각할 필요가 있다는 것이다. 3과 4장에서 논의한 대로, 1단계 학생은 아직 이러한 사고를 할 수 없다. 따라서 1단계 학생들은 미지 양으로 사고하기 꽤 어려울 것이고 이들은 자연수와 분수 지식의 개발을 통해 더욱 진전하게 될 것이다.

반대로 2와 3단계 학생들은 문제를 해결하기 전에 어떤 분할된 길이를 주어진 것으로 사고할 수 있다. 즉, 이들은 미지 양을 생각할 수 있다. 그러나 이들이 문제를 해결하기 위해 미지양을 사용하는 사고방식에는 차이가 있었다(Hackenberg and Lee, 2015). 구체적으로, 2단계 학생들은 미지 양에 관해 우리가 역 추론(inverse reasoning)이라고 명명한 추론을 개발하였고, 3단계 학생들은 미지 양에 관해 우리가 상호 추론(reciprocal reasoning)이라고 명명한 추론을 개발하였다(Hackenberg et al., 2015; Hackenberg and Sevis, 2015).

2와 3단계 학생들은 다음과 같은 문제를 해결할 수 있다.

‘옥수수 줄기와 토마토 나무 높이 문제’: 옥수수 줄기와 토마토 나무가 정원에서 자라고 있고, 이 둘의 높이는 모릅니다. 인치로 측정했을 때 옥수수 줄기의 높이는 토마토 나무의 높이에 5배입니다.

a) 이 상황을 그림으로 그리고 자신의 그림이 나타내는 것을 설명하여 보세요.
b) 두 높이와 관련된 상황을 식으로 적어보세요. 자신의 그림을 통해 식의 의미를 설명하여 보세요.

c) 두 높이와 관련된 또 다른 식을 적을 수 있나요? 자신의 그림을 통해 새로운 식의 의미를 설명하여 보세요.

d) 나눗셈을 사용하여 식을 적었다면 곱셈을 사용하여 적을 수 있나요? 자신의 그림을 통해 새로운 식의 의미를 설명하여 보세요.

e) 옥수수 줄기의 높이가 150cm라고 합시다. 토마토 나무의 높이는 얼마인가요? 이를 이용하여 모든 식을 검토하여 보세요. 적용되지 않는 식이 있다면, 적용 가능한 식으로 바꿔보세요. 수정한 부분에 관해 설명하여 보세요.

우리는 2단계 학생들의 경우 이 문제를 대체로 높이가 더 길고 짧은 것으로는 생각하지만, 더 긴 높이가 더 짧은 높이의 5배라고 정확하게 이해하거나 표현하지는 않는다는 것을 발견했다(그림 13.3).

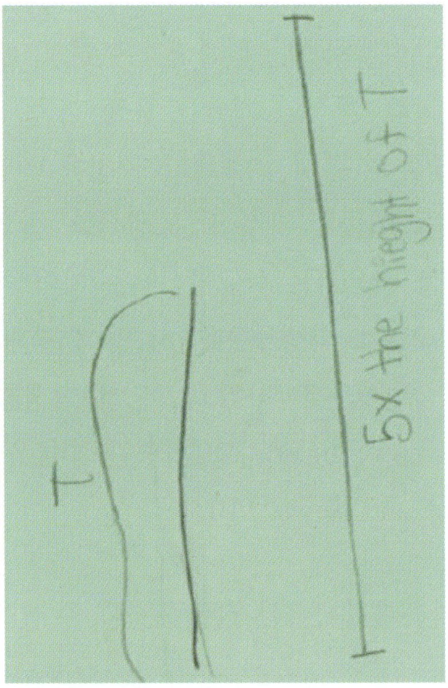

그림 13.3 '옥수수 줄기와 토마토 나무 높이 문제'의 두 미지 양의 높이를 나타낸 학생의 초기 그림

그러나 대체로 학생들은 짧은 높이를 나타내는 선분을 그리고 이를 복사하여 이 선분 5개와 같은 긴 높이를 만들기 위해 이 선분을 반복하는 과정을 통해 더 정확한 관계를 나타내는 법을 배울 수 있다(그림 13.4).

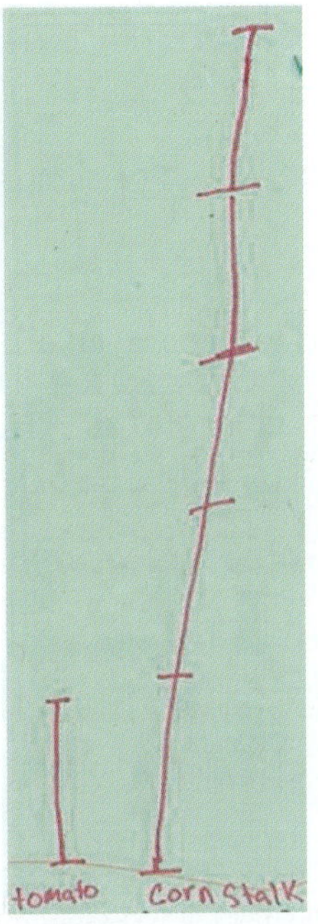

그림 13.4 '옥수수 줄기와 토마토 나무 높이 문제'의 두 미지 양의 높이를 나타낸 학생의 그림 수정본

2단계 학생은 또한 이 두 높이를 나타내는 곱셈과 나눗셈이 포함된 식을 적는 법을 배울 수 있다. 그러나 처음부터 곱셈식을 적지는 않을 것이다. 예를 들어, 옥수수 줄기의 높이는 인치로 m이고 토마토 나무의 높이는 인치로 p일 때, $m = 4 + p$라고 적을지도 모른다. 이 식은 옥수수 줄기 높이를 만들기 위해 토마토 나무 높이에 네 부분을 더 추가하여 만들어졌다. 우리는 2단계 많은 학생이 곱셈을 포함한 식으로 변형할 수 있게 되는 것을 발견했다. 때론 $m = p + p + p + p + p$로 적는 것을 통해 $m = p \times 5$ 혹은 $m = 5p$라고 간단히 하는 것을 보았다. 학생들은 대체로 이 식이 5개의 토마토 나무 높이가 하나의 옥수수 줄기 높이를 만든다는 의미가 있다는 것을 분명하게 설명하고, 자신들의 그림에서 이를 볼 수도 있다. 이 학생들은 또한 $m \div 5 = p$ 혹은 $m \div p = 5$을 적기 시작할 수 있지만, 자신들의 그림에 나타난 양

들과 관련지어 이러한 식을 해석하는 법을 배우기 위해서는 상당한 노력이 필요하다(Hackenberg et al., 2015). 이들은 $\frac{1}{5}m = p$와 같은 식을 적거나 더 짧은 높이를 만들기 위해 더 긴 높이에 임의의 수를 곱할 수 있다고 생각할 가능성이 거의 없다(Hackenberg, 2010).

분수 관계의 문제로 변형해 보자. 예를 들어, 인치로 측정하여 토마토 나무의 높이는 옥수수 줄기 높이의 $\frac{1}{4}$이다. 이 경우, 2단계 학생들은 주어진 분수를 그들의 식에 전혀 사용하지 않을지도 모른다. $\frac{1}{4}$의 관계를 갖는 이 문제에서 한 7학년 학생은 Q가 옥수수 줄기의 높이를 인치로 나타내고 Z가 토마토 나무의 높이를 인치로 나타낸 $\frac{Q}{Z}=?$라고 적었다(Hackenberg et al., 2015). 그는 첫 번째 저자에게 "적을 수 있는 숫자가 없습니다"라고 하였고, 이는 그가 물음표를 적은 이유였다. 첫 번째 저자에게 작은 높이를 이용하여 큰 높이를 만들 수 있는지 묻자 그는 (수업에서 배운) 지수를 사용하는 등 여러 제안을 하였다. 이후 자신의 그림을 보고 "Q를 만들기 위해 Z를 4번 더합니다"라고 하며 $Z+Z+Z+Z=Q$라고 적었다. 이를 통해 $4Z=Q$와 $Q\div 4=Z$를 유도할 수 있었다. 그와 또 다른 2단계 학생들은 (자연수) 곱셈과 나눗셈이 서로 역관계에 있으므로 이러한 방정식은 모두 타당하다고 분명하게 설명하였고, 우리는 이를 미지 양에 관한 역 추론(inverse reasoning)이라고 부른다. 그러나 그와 2단계의 다른 학생들 모두 $\frac{1}{4}$을 포함한 방정식은 적지 못하거나 타당하게 생각하지 않았다.

반대로, 3단계 학생들은 두 미지 양 사이의 관계를 어떠한 분수로도 나타낼 수 있었고, 미지 양에 대한 상호 추론(reciprocal reasoning)까지 할 수 있었다(Hackenberg and Sevis, 2015). 토마토 나무의 높이가 옥수수 줄기의 높이의 $\frac{3}{5}$이었다고 하자. 3단계 학생들은 s가 토마토 나무의 높이를 인치로 나타내고 f가 옥수

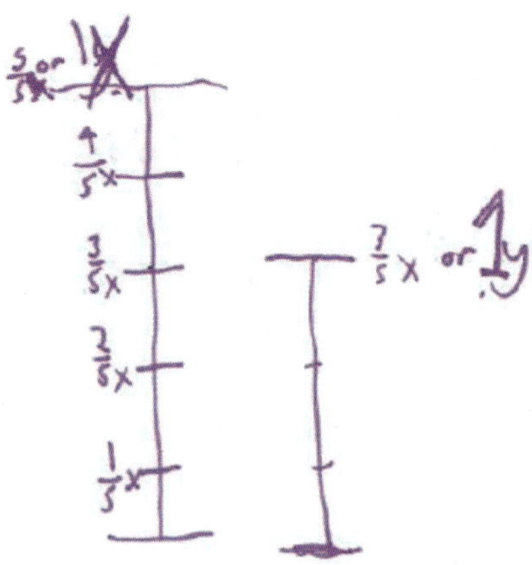

그림 13.5 $\frac{3}{5}$ 관계를 갖는 '옥수수 줄기와 토마토 나무 높이 문제'에 대한 학생의 그림

수 줄기의 높이를 인치로 나타낸 식 $s=\frac{3}{5}f$를 유도할 수 있다. 학생들은 자신들이 그린 그림을 기반으로(그림 13.5 참고) 옥수수 줄기의 높이를 각 부분이 토마토 나무 높이의 $\frac{1}{3}$인 5개의 균등한 부분으로 생각할 수 있다. 따라서 옥수수 줄기 높이는 토마토 나무 높이의 $\frac{5}{3}$이다. 3단계 학생들은 $f=\frac{5}{3}s$ 혹은 유사한 식으로 적는 법을 배울 수 있다(예, $f=s+\frac{2}{3}s$).

3단계 학생들이 상호 관계를 만들 수 있는 주요한 이유는 그들이 수로서 분수를 생각하기 때문이다(Hackenberg and Sevis, 2015). 즉, 8장에서 논의한 바 있듯이, 수로서 분수를 생산하는 데 세 수준 단위 조정이 필요하고, 이는 곱셈적으로 관련된 미지 양을 추론하는 데 필요한 여러 조정을 위해 유용한 자원으로 쓰인다. 그림 13.5의 예에서 학생들은 토마토 나무의 높이를 구체적인 수치를 알 수 없는 단위 3개로 구성된 하나의 단위로 생각하고 이 세 수준 단위 구조를 사용하여 옥수수 줄기 높이를 구체적인 수치를 알 수 없는 단위 5개로 된 하나의 단위로 생각할 수 있어야 한다. 이러한 조정은 학생들이 수로서 분수 개념을 개발하는데 필요한 조정과 매우 유사하다. 이러한 조정 없이 학생들은 상호 추론을 개발하기 어려울 것이다.

'다른' 분수 나눗셈

3단계 학생들은 등분제 혹은 배분(sharing) 의미(Ma, 1999; Siebert, 2002)의 분수 나눗셈이라는 나눗셈의 다른 의미를 개발할 수 있는 준비가 되었다. 등분제 자연수 나눗셈에서 주어진 양은 주어진 균등한 몫의 개수로 배분돼야 하고 몫의 크기는 주어지지 않았다. 몫의 크기가 분수일지라도 주어진 양이 모두 자연수라면 이 나눗셈은 타당하다.

예를 들어,

'스티커 문제': 28개의 스티커가 7개의 파티 가방에 공평하게 나누어져야 합니다. 가방 각각에 넣을 수 있는 스티커는 몇 개인가요?

'기다란 샌드위치 문제': 3개의 기다란 샌드위치를 7명이 똑같이 나누어 가지려고 합니다. 한 사람당 얼마만큼의 샌드위치를 받을 수 있나요?

(이미 9장에서 '기다란 샌드위치'와 같은 문제에 대한 학생들의 해결 방법들을 다루었다). 그러나 균등한 몫의 개수가 분수일 때는 무엇인가를 분수 양으로 공평하게 나누는 게 이상해 보일 수 있으므로 등분제 나눗셈의 의미와 잘 맞지 않아 보인다.

다른 연구에서 기술되었듯이(예, Siebert, 2002), 분수 나눗셈에 대한 이러한 의미를 생각할 수 있는 한 가지 방법은 주어진 양을 단순히 자연수 몫으로 생각하지 말고 하나의 몫에 대한 분수 양으로 생각하는 것이다. 예를 들어, 3개의 샌드위치는 한 사람이 갖게 되는 몫의 $\frac{1}{2}$이 될 수 있다. 한 사람은 얼마만큼 갖게 되는가? 혹은 3개의 샌드위치는 한 사람이 갖게 되는 몫의 $2\frac{1}{4}$이 될 수 있다. 이때 한 사람은 얼마만큼을 갖게 되는가?

우리는 여기서 적어도 2개의 사고의 조절(adjustment)이 필요하다고 생각한다. 첫째, 학생들은 자연수 나눗셈 문제를 몫 1개의 크기의 여러 자연수 배로 된 주어진 양으로 재해석해야 한다. 예를 들어,

'스티커 문제, 두 번째 시도': 28개의 스티커는 가방 1개를 만드는데 필요한 스티커 개수의 7배입니다. 가방 1개에 들어가는 스티커는 몇 개인가요?

이고, '스티커 문제, 두 번째 시도'를 해결하는데 필요한 추론은 스플리팅 조작(7장 참고)이다. 즉 이러한 첫 번째 조절은 2단계와 3단계 학생들의 추론 범위에 있다.

둘째, 학생들은 주어진 양이 하나의 몫에 대한 분수 양으로 나타낼 수 있다는 것을 이해해야 한다. 즉, 우리는 7배를 우리가 원하는 어떠한 분수 혹은 자연수로도 바꿀 수 있다. 일반적으로 학생들은 주어진 양이 등분할될 수 있을 때만 이해할 수 있으므로 스티커 대신 샌드위치, 사탕 막대 등과 같은 물체로 대체해야 한다. 예를 들어,

'기다란 샌드위치 문제, 두 번째 시도': 3개의 기다란 샌드위치는 한 사람이 갖게 되는 샌드위치의 $\frac{4}{5}$만큼입니다. 한 사람이 갖게 되는 샌드위치는 몇 개인가요?

이다. 이러한 분수 나눗셈의 의미는 하나의 높이가 다른 높이의 분수로 표현된 '옥

수수 줄기와 토마토 나무 높이 문제'에서 나눗셈 관계를 사고하는 것과 밀접하게 관련된다. 이에 우리는 이러한 나눗셈 의미를 **대수적 의미**(Siebert, 2002 참고)라고 부른다. 예를 들어, 인치로 측정한 토마토 나무 높이가 옥수수 줄기 높이의 $\frac{1}{4}$일 때, $Z \div \frac{1}{4} = Q$에서 Z는 Q를 만드는데 필요한 양(인치)의 $\frac{1}{4}$이다. 유사하게, 인치로 측정한 토마토 나무의 높이가 옥수수 줄기 높이의 $\frac{3}{5}$일 때, $s \div \frac{3}{5} = f$에서 s는 f를 만드는데 필요한 양(인치)의 $\frac{3}{5}$이다. (반대로, $f \div s = \frac{5}{3}$은 s가 f에 $\frac{5}{3}$번 들어가는 포함제 나눗셈을 강조한다. 유사하게, $s \div f = \frac{3}{5}$은 f가 s에 $\frac{3}{5}$번 들어간다는 의미가 있다.)

분수 나눗셈의 대수적 의미 개발을 위한 활동

분수 나눗셈의 대수적 의미를 개발하기 위해서는 분수를 수로 생각하고 분수를 곱셈적으로 사용할 수 있어야 하므로 3단계 학생들의 발달 범위에 있다고 생각한다.

첫째, 다음과 같은 문제들을 생각해 보는 것이 좋을 것이다.

'1피트 과일바 문제': 이 직사각형은 과일바 1개를 나타냅니다. 이 막대의 길이가 1피트라고 가정합니다.

a) 이 과일바는 다른 과일바의 길이의 $\frac{2}{3}$입니다. 다른 막대를 그리고 그 길이를 구하세요.
b) a)에서의 문제 해결 과정을 설명하세요.
c) 자연수 나눗셈과 곱셈으로 다른 막대를 만들 수 있는 과정을 표현하세요.
d) 과일바의 길이를 2로 나누고 그 결과를 3으로 곱한다면 그 길이에 곱한 분수가 무엇이 되나요? 이를 어떻게 알 수 있나요?

일부 2단계 학생들도 a)에서 c)까지는 해결할 수 있겠지만, d)는 꽤 낯설어 할 것이다. 사실상 d)는 3단계 학생들에게도 도전적일 수 있다(Hackenberg, 2010). 우리는 학생들에게 1단위의 길이와 여러 다른 분수들을 사용하여 '1피트 과일바 문제' 유형의 여러 문제를 해결하도록 할 것을 권장한다(예, 1야드는 다른 길이의 $\frac{3}{5}$이다, 1미터는 다른 길이의 $\frac{5}{8}$이다, 등).

'1단위' 문제들을 해결한 후에, 다음 단계는 주어진 양을 여러 단위로 변경하는 것이다. 예를 들어,

'정원 조경사 문제': 정원 조경사는 자신의 프로젝트를 위해 필요한 흙의 양의 $\frac{2}{3}$인 3톤의 흙을 구매하였습니다(그림 13.6). 그녀의 프로젝트를 위해 필요한 흙은 몇 톤인가요?

a) 조경사가 필요한 흙의 양을 그리고 그 값(톤)을 구하세요.
b) a)의 문제 해결 과정을 설명하세요.
c) 자연수 나눗셈과 곱셈을 이용하여 다른 흙의 양을 만들기 위한 문제 해결 과정을 표현하세요.
d) 곱셈만을 이용하여 다른 흙의 양을 만들 수 있는 과정을 표현하세요.
e) 이 문제에 대한 나눗셈식을 적으세요. d)와 e)의 두 식이 어떻게 관련되는지 설명하세요.

그림 13.6 3톤의 흙

문제에서 주어진 흙의 양은 10톤, 55톤, $13\frac{1}{3}$톤 등으로 변경할 수 있다. 여기서 개발되어야 할 주요한 개념은 주어진 흙의 양이 무엇이든 간에 그 양이 필요한 양의 $\frac{2}{3}$이라면 주어진 양을 2개의 균등한 부분으로 분할하고 필요한 양을 만들기 위해 그중 1부분을 3번 반복한다는 것이다. 3단계 학생들은 이와 같은 일반적인 패턴을 표현하고 무언가의 $\frac{1}{2}$을 3배 한다는 것은 그것의 $\frac{3}{2}$만큼을 가져가는 것과 같다는 것을 이해할 수 있을지 모른다. 이들은 수로서 분수를 생각할 수 있으므로 그렇게 이해할 수 있는 잠재력이 있다(8장 참고).

학생들이 개발해야 할 다른 한 가지 개념은 그 양이 얼마인지 알기 위해 어떤 양

의 $\frac{3}{2}$을 만드는 방법이다. 예를 들어, 3톤의 $\frac{3}{2}$을 만들기 위해 학생들은 3의 $\frac{1}{2}$을 하여 $1\frac{1}{2}$톤을 만들고 여기에 3을 곱하여 $4\frac{1}{2}$톤을 만들 수 있다. 혹은, 자신들의 사고 순서에 따라 각 톤에서 $\frac{3}{2}$을 가져가서 $\frac{3}{2}$톤을 3배 할 수도 있다. 필요한 흙의 양을 생산하기 위한 이러한 활동은 3단계 학생들의 가용한 사고 범위에 있다. "$8\frac{1}{2}$톤은 필요한 흙의 양의 $\frac{3}{5}$이다" 같은 문제처럼 문제에서 포함된 수를 더욱 어렵게 한다면, 이는 더욱 명확해진다(Hackenberg, 2010).

포함제 나눗셈 문제에서처럼, 학생들이 개발하면 유용한 비에 대한 추론을 제시한다. 예를 들어 '정원 조경사 문제'를 해결하는 것을 (3톤)/(그녀가 필요한 양의 $\frac{3}{2}$)=($4\frac{1}{2}$톤)/(그녀가 필요한 전체 양, 1)와 같이 등비(equal ratios)를 만든 과정으로 생각할 수 있다. 따라서 이와 같은 문제들은 주어진 분수 관계를 두 양의 비로 해석하는 데 사용될 수 있다. 그리고 정원 조경사가 시작한 양이 얼마인지에 따라, 등비를 만들기 위한 가능한 여러 양이 있을 수 있다. 우리는 이러한 사고방식이 나눗셈의 본질과 이를 일반화하는데 더욱 도움을 줄 것으로 생각한다.

부록

두 종류의 분수 막대(Fraction Strips) 견본

퀴즈네어 막대(Fraction Rods, Cuisenaire Rods)

용어 해설

곱셈의 결합 법칙(associative property of multiplication). $a \times b \times c = (a \times b) \times c = a \times (b \times c)$를 만족하는 곱셈의 성질.

결합 추론(associative reasoning). 곱셈의 결합 법칙에 대한 암묵적 이해를 활용하는 문제 해결 전략.

브리콜라주(bricolage). 즉시 사용할 수 있는 다양한 지식을 서투르게 이용하는 문제 해결 수단.

동량 분수(commensurate fractions). 동일한 크기 혹은 양을 갖는 둘 혹은 그 이상의 분수.

합성 단위(composite unit). 더 작은 단위 여러 개로 구성된 단위.

연결된 수(connected number). 연속 단위를 여러 번 반복하여 만들어진 연속된 전체들의 집합.

분리하기(disembedding). 전체를 훼손하지 않고 전체에서 부분을 취하는 것.

분배하기(distributing). 하나의 합성 단위에 포함된 단위들을 다른 합성 단위의 각 단위에 삽입하는 것.

(덧셈에 대한 곱셈의) 분배 법칙(Distributive property of multiplication over addition). 어떤 합에 대한 곱은 그 합을 이루고 있는 부분들에 대한 곱을 통해 얻을 수 있다는 덧셈과 곱셈 사이의 관계. 즉, $a \times (b + c) = (a \times b) + (a \times c)$.

분배 추론(distributive reasoning). 각각을 n개의 부분으로 나누는 활동을 통해 여러 개를 n개의 부분으로 나누는 것(9장 참고). 각 부분의 분수만큼을 취하는 활동을 통해 전체의 분수만큼을 취하는 것(9, 10장 참고).

피제수(dividend). 두 수를 나눌 때, 피제수는 (제수로) 나누어지는 수이다.

제수(divisor). 두 수를 나눌 때, 제수는 어떤 수(피제수)를 나눌 때 사용되는 수이다.

균등 배분(equal sharing). 전체(연속량 혹은 이산량)를 동일한 크기의 부분으로 구성되게 하는 것.

등분할하기(equi-partitioning). 어느 1부분도 반복하여 전체를 다시 만들 수 있다는 것을 이해하며, 연속량을 균등한 크기의 부분으로 분할하는 것.

동치 분수(equivalent fractions). 약분하였을 때 하나의 분수로 표현될 수 있는 모든 분수를 모은 분수의 동치류.

분수 계열(fraction number sequence). $\frac{1}{5}$, $\frac{2}{5}$, $\frac{3}{5}$처럼 단위 분수의 배수만큼을 취하여 만들어진 길이의 집합(8장 참고).

분수 단위(fractional unit). 전체에 상대적인 측정 단위로서 취급되는 단위 분수.

퀴즈네어 막대(fraction rods, cuisenaire rods). 1부터 10까지 다양한 길이의 직사각형 모양의 각기둥 모음.

분수 막대(fraction strips). 길고 얇은 직사각형 모양의 종잇조각(부록 참고).

조각내기(fragmenting). 전체를 여러 부분으로 조각내기(breaking)(4장 참고).

가분수(improper fraction). 전체보다 크게 측정되는 분수.

초기 수 계열(initial number sequence). 수를 수량화하기 위해 학생들이 구성하는 첫 번째 수 계열.

반복하기(iterating). 부분의 반복을 통해 연결된 부분의 복사본을 만드는 것(2장 참고).

반복 분수 스킴(iterative fraction scheme). 단위 분수의 여러 배로서 비단위 분수를 개념화하고 추론하는 방법. 이러한 분수를 개념화하는데 분수, 그 분수의 단위 분수, 전체의 3수준 단위가 조정되고 이 3수준 단위가 유지됨 (8장 참고).

마법의 사탕 막대 (혹은 케이크) (magic candy bar, or cake). 1부분을 가져가도 다시 채워지는 가상의 전체. 이러한 교육적 도구는 가분수 교육에 특히 유용하다.

단위 분수 측정 스킴(measurement scheme for unit fractions). 단위 분수 $\frac{1}{n}$이 전체에 대한 1대 n관계를 통해 얻어지는 분수로 분수를 개념화 혹은 추론하는 방법(6장 참고).

대분수(mixed number). 정수와 분수로 구성된 수.

곱셈 추론(multiplicative reasoning). 동시에 적어도 2수준 단위의 여러 합성 단위로 추론하는 것.

비단위 분수(non-unit fraction). 단위 분수가 아닌 분수. 즉, 분자가 1이 아닌 분수.

조작(operation). 여러 정신 활동으로 조직된 정신 활동(내면화된 활동).

분할하기(partitioning). 연속량을 균등한 부분으로 만드는 조작(4장 참고).

등분제 나눗셈(partitive or sharing division). 주어진 양이 균등한 크기의 주어진 개수로 나누어지고 그 크기는 주어지지 않은 나눗셈의 의미.

전체 중의 부분 분수 스킴(parts out of wholes fraction scheme). 진분수를 개념화하고 추론하는 방식으로서 분수는 전체에서 분리되어 비교되는데 이때 분수를 이루는 균등한 부분의 개수와 전체를 이루는 균등한 부분의 개수가 이용된다(5장 참고).

전체 내의 부분 분수 스킴(parts within wholes fraction scheme). 진분수를 개념화하고 추론하는 방식으로서 분수는 전체와 비교되는데, 이때 분수를 이루는 균등한 부분의 개수와 그 분수를 포함하는 전체가 이용된다(5장 참고).

진분수(proper fraction). 전체를 초과하여 측정되지 않는 분수.

미지의 양(quantitative unknown). 우리가 현재 알지 못하지만 찾을 수 있는 양의 값. 즉, 양의 잠재적 측정값(13장 참고).

포함제 나눗셈(quotitive or measurement division). 주어진 양이 주어진 몫의 크기로 나누어지고, 그 균등한 몫의 개수는 전체에 얼마나 포함되는지 주어지지 않은 의미의 나눗셈.

역수(reciprocal). 형식적으로는 분수의 곱셈적 역원을 말하며, 역수의 양적 의미는 어떤 분수 양을 전체로 만드는데 필요한 분수를 말한다(12장 참고).

관계적 사고(relational thinking). 수학적 법칙처럼 수 체계의 구조를 이용하는 명시적이거나 암묵적인 추론(13장 참고).

재조직 가설(reorganization hypothesis). 학생들이 자연수와 추론하는 방식을 재조직하여 분수 지식을 구성한다는 추측(2장 참고).

반복적인 2등분(repeated halving). 절반을 재귀적으로 2등분하여 4분의 1, 8분의 1처럼 2의 제곱수가 포함된 분수를 만드는 것(9장 참고).

가역적 추론(reversible reasoning). 분수 스킴의 조작을 거꾸로 수행할 수 있는 학생들의 능력. 예를 들어, 진분수로부터 전체를 다시 만드는 것(7장 참고).

스킴(scheme). 학생이 분수와 같은 수학적 대상을 개념화하고 그것으로 추론하는 방식.

여러 부분으로 나누기(segmenting). 더 긴 길이를 더 짧은 길이의 선분으로 나누는 것.

동시 분할하기(simultaneous partitioning). 연속량에 합성 단위를 사상하여 균등한 부분으로 분할하기(2장 참고).

스플리팅(splitting). 분할과 반복의 동시 조정(7장 참고).

단위 분수(unit fraction). $\frac{1}{n}$이라 부르는 단위 분수는 전체를 n개의 균등한 부분으로 분할한 결과로 얻은 부분(혹은 단위)이며, 반대로, 이 부분을 n번 반복하여 전체를 다시 만들 수 있다.

단위화(unitizing). 어떤 집합을 하나의 단위로 보는 정신 활동(2장 참고).

단위 조정(units coordinating). 동시에 여러 수준의 단위를 사용하여 추론하는 것(2, 3장 참고).

전체 단위(whole unit). 분수 단위의 기준이 되는 단위.

참고 문헌

Behr, M.J., Harel, G., Post, T.R. and Lesh, R. (1993) Rational numbers: Toward a semantic analysis – emphasis on the operator construct. In T.P. Carpenter, E. Fennema and T.A. Romberg (eds), *Rational Numbers: An Integration of Research.* Hillsdale, NJ: Lawrence Erlbaum Associates, Inc. pp. 13–47.

Behr, M.J., Wachsmuth, I., Post, T.R. and Lesh, R. (1984) Order and equivalence of rational numbers: a clinical teaching experiment. *Journal for Research in Mathematics Education*, 15, 323–41.

Biddlecomb, B.D. (2002) Numerical knowledge as enabling and constraining fraction knowledge: an example of the reorganization hypothesis. *Journal of Mathematical Behavior*, 21, 167–90.

Boyce, S. and Norton, A. (2016) Co-construction of fractions schemes and units coordinating structures. *Journal of Mathematical Behavior*, 41, 10–25

Carpenter, T.P., Franke, M.L. and Levi, L.W. (2003) *Thinking Mathematically: Integrating Arithmetic and Algebra in Elementary School.* Portsmouth, NH: Heinemann.

Common Core State Standards for Mathematics (2010) www.corestandards.org/assets/CCSSI_Math%20Standards.pdf

Ellemor-Collins, D. and Wright, R.J. (2011) Unpacking mathematisation: an experimental framework for arithmetic instruction. In B. Ubuz (ed.), *Proceedings of the 35th Conference of the International Group for the Psychology of Mathematics Education*, vol. 2. Ankara, Turkey: PME. pp. 313–20.

Ellis, A.B. (2007) Connections between generalizing and justifying: students' reasoning with linear relationships. *Journal for Research in Mathematics Education*, 38 (3), 194–229.

Empson, S.B. and Levi, L. (2011) *Extending Children's Mathematics: Fractions and Decimals*. Portsmouth, NH: Heinemann.

Empson, S.B., Levi, L. and Carpenter, T.P. (2011) The algebraic nature of fractions: developing relational thinking in elementary school. In J. Cai and E.J. Knuth (eds), *Early Algebraization.* Berlin: Springer-Verlag. pp. 409–28.

'fraction' (2015) In *Merriam-Webster.com.* Retrieved 17 August 2015 from www.merriam-webster.com/dictionary/fraction

Gould, P. (2012) Connecting the teaching and learning of fractions. In R.J. Wright, D. Ellemor-Collins and P. Tabor (eds), *Developing Number Knowledge: Assessment, Teaching and Intervention with 7–11 year olds*. London: Sage.

Gravemeijer, K.P.E., Cobb, P., Bowers, J.S. and Whitenack, J.W. (2000) Symbolizing, modeling and instructional design. In P. Cobb, E. Yackel and K.J. McClain (eds), *Symbolizing and Communicating in Mathematics Classrooms: Perspectives on Discourse, Tools, and Instructional Design. Hillsdale*, NJ: Lawrence Erlbaum Associates, Inc. pp. 225–73.

Hackenberg, A.J. (2007) Units coordination and the construction of improper fractions: a revision of the splitting hypothesis. *Journal of Mathematical Behavior*, 26, 27–47.

Hackenberg, A.J. (2010) Students' reasoning with reversible multiplicative relationships. *Cognition and Instruction*, 28 (4), 383–432.

Hackenberg, A.J. (2013) The fractional knowledge and algebraic reasoning of students with the first multiplicative concept. *Journal of Mathematical Behavior*, 32 (3), 538–63.

Hackenberg, A.J., Jones, R., Eker, A., Creager, M. and Timmons, R. (2015) *'Approximate' Multiplicative Relationships between Quantitative Unknowns.* Paper presented at the American Educational Research Association (AERA) Conference, Chicago, IL.

Hackenberg, A.J. and Lee, M.Y. (2015) Relationships between students' fractional knowledge and equation writing. *Journal for Research in Mathematics Education*, 46 (2), 196–243.

Hackenberg, A.J. and Lee, M.Y. (in press) Students' distributive reasoning with fractions and unknowns. *Educational Studies in Mathematics*,

Hackenberg, A.J. and Sevis, S. (2015) *On a Learning Trajectory for Reciprocal Reasoning with Quantitative Unknowns*. Paper presented at the American Educational Research Association (AERA) Conference, Chicago, IL.

Hackenberg, A.J. and Tillema, E.S. (2009) Students' whole number multiplicative concepts: a critical constructive resource for fraction composition schemes. *Journal of Mathematical Behavior*, 28, 1–18.

Hunting, R.P. and Davis, G.E. (1991) Dimensions of young children's conceptions of the fraction one-half. In R.P. Hunting and G. Davis (eds), *Early Fraction Learning*. New York: Springer. pp. 27–53.

Kaput, J.J. (2008) What is algebra? What is algebraic reasoning? In J.J. Kaput, D.W. Carraher and M.L. Blanton (eds), *Algebra in the Early Grades*. New York: Lawrence Erlbaum. pp. 5–17.

Kaput, J.J., Carraher, D.W. and Blanton, M.L. (eds) (2008) *Algebra in the Early Grades*. New York: Lawrence Erlbaum.

Kieren, T.E. (1980) The rational number construct – its elements and mechanisms. In T.E. Kieren (ed.), *Recent Research on Number Learning*. Columbus: ERIC/SMEAC. pp. 125–49.

Lamon, S.J. (1996) The development of unitizing: its role in children's partitioning strategies. *Journal for Research in Mathematics Education*, 27(2), 170–93.

Lee, M.Y. and Aydeniz, F. (2015) *Investigating a Student's Distributive Partitioning Scheme: The Case of Gabriel*. Paper presented at the American Educational Research Association (AERA) Conference, Chicago, IL.

Li, Y., Chen, X. and An, S. (2009) Conceptualizing and organizing content for teaching and learning in selected Chinese, Japanese, and U.S. mathematics textbooks: the case of fraction division. *ZDM*, 41, 809–26.

Ma, L. (1999) *Knowing and Teaching Elementary Mathematics: Teachers' Understanding of Fundamental Mathematics in China and the United States*. Mahwah, NJ: Lawrence Erlbaum Associates.

NCTM (2000) *Principles and Standards for School Mathematics*. Reston, VA: National Council of Teachers of Mathematics.

Norton, A. (2008) Josh's operational conjectures: abductions of a splitting operation and the construction of new fractional schemes. *Journal for Research in Mathematics Education*, 39 (4), 401–30.

Norton, A., and Boyce, S. (2013) A cognitive core for common state standards. *Journal of Mathematical Behavior*, 32 (2), 266–79.

Norton, A., and Boyce, S. (2015) Provoking the construction of a structure for coordinating $n+1$ levels of units. *Journal of Mathematical Behavior*, *40*, 211–42. doi:10.1016/j.jmathb.2015.10.006

Norton, A., Boyce, S. and Hatch, J. (2015) Coordinating units at the Candy Depot. *Mathematics Teaching in the Middle School*, 21 (5), 280–7.

Norton, A., Boyce, S., Phillips, N., Anwyll, T., Ulrich, C. and Wilkins, J. (2015) A written instrument for assessing students' units coordination structures. *Journal of Mathematics Education*, 10 (2), 111–36.

Norton, A. and Wilkins, J.L.M. (2013) Supporting students' constructions of the splitting operation. *Cognition & Instruction*, 31 (1), 2–28.

Norton, A., Wilkins, J.L.M., Evans, M.A., Deater-Deckard, K., Balci, O. and Chang, M. (2014) Technology helps students transcend part–whole concepts. *Mathematics Teaching in the Middle School*, 19 (6), 352–9.

Olive, J. and Vomvoridi, E. (2006) Making sense of instruction on fractions when a student lacks necessary fractional schemes: the case of Tim. *Journal of Mathematical Behavior*, 25, 18–45.

Piaget, J., Inhelder, B. and Szeminska, A. (1960) *The Child's Conception of Geometry*. New York: Routledge.

Russell, S.J., Schifter, D. and Bastable, V. (2011) *Connecting Arithmetic to Algebra: Strategies for Building Algebraic Thinking in the Elementary Grades*. Portsmouth, NH: Heinemann.

Siebert, D. (2002) Connecting informal thinking and algorithms: the case of division of fractions. In B. Litwiller and G.W. Bright (eds), *Making Sense of Fractions, Ratios, and Proportions*. Reston, VA: National Council of Teachers of Mathematics. pp. 247–56.

Steffe, L.P. (1991) The constructivist teaching experiment: illustrations and implications. In E. von Glasersfeld (ed.), *Radical Constructivism in Mathematics Education*. Boston, MA: Kluwer Academic Press. pp. 177–94.

Steffe, L.P. (1992) Schemes of action and operation involving composite units. *Learning and Individual Differences*, 4 (3), 259–309.

Steffe, L.P. (1994) Children's construction of meaning for arithmetical words: a curriculum problem. In D. Tirosh (ed.), *Implicit and Explicit Knowledge: An Educational Approach*. Norwood, NJ: Ablex. pp. 131–68.

Steffe, L.P. (2002) A new hypothesis concerning children's fractional knowledge. *Journal of Mathematical Behavior*, 20 (3), 267–307.

Steffe, L.P. (2004) On the construction of learning trajectories of children: the case of commensurate fractions. *Mathematical Thinking and Learning*, 6 (2), 129–62.

Steffe, L.P. (2010a) Articulation of the reorganization hypothesis. In L.P. Steffe and J. Olive (eds), *Children's Fractional Knowledge*. New York: Springer. pp. 49–74.

Steffe, L.P. (2010b) Operations that produce numerical counting schemes. In L.P. Steffe and J. Olive (eds), *Children's Fractional Knowledge*. New York: Springer. pp. 27–47.

Steffe, L.P. and Olive, J. (2010) *Children's Fractional Knowledge*. New York: Springer.

Streefland, L. (1991) *Fractions in Realistic Mathematics Education*. Dordrecht, The Netherlands: Kluwer Academic.

Thompson, P. W. (2010) Quantitative reasoning and mathematical modeling. In S. Chamberlin and L. L. Hatfield (eds), *New Perspectives and Directions for Collaborative Research in Mathematics Education*. Laramie, WY: University of Wyoming. pp. 33–57.

Thompson, P.W. and Saldanha, L.A. (2003) Fractions and multiplicative reasoning. In J. Kilpatrick, W.G. Martin and D. Schifter (eds), *A Research Companion to Principles and Standards for School Mathematics*. Reston, VA: National

Council of Teachers of Mathematics. pp. 95–113.

Tillema, E.S. and Hackenberg, A.J. (2011) Developing systems of notation as a trace of reasoning. *For the Learning of Mathematics*, 31 (3), 29–35.

Turkle, S. and Papert, S. (1992) Epistemological pluralism and the revaluation of the concrete. *Journal of Mathematical Behavior*, 11, 3–33.

Tzur, R. (1999) An integrated study of children's construction of improper fractions and the teacher's role in promoting that learning. *Journal for Research in Mathematics Education*, 30 (4), 390–416.

Vygotsky, L.S. (1978) *Mind in Society: The Development of Higher Psychological Processes*. Cambridge, MA: Harvard University Press. (Translator M. Lopez-Morillas, original work published 1934.)

Watanabe, T. (2007) Initial treatment of fractions in Japanese textbooks. *Focus on Learning Problems in Mathematics*, 29 (2), 41–60.

Wilkins, J. and Norton, A. (2011) The splitting loope. *Journal for Research in Mathematics Education*, 42 (4), 386–406.

Wright, R.J. (1994) A study of the numerical development of 5-year-olds and 6-year-olds. *Educational Studies in Mathematics*, 26, 25–44.

Wright, R.J. (2000) Professional development in recovery education. In L.P. Steffe and P.W. Thompson (eds), *Radical Constructivism in Action: Building on the Pioneering Work of Ernst von Glasersfeld*. London: Falmer. pp. 134–51.

Wright, R.J. (2003) Mathematics Recovery: a program of intervention in early number learning. *Australian Journal of Learning Disabilities*, 8 (4), 6–11.

Wright, R.J. (2008) Mathematics Recovery: an early intervention program focusing on intensive intervention. In A. Dowker (ed.), *Mathematics Difficulties: Psychology and Intervention*. San Diego, CA: Elsevier. pp. 203–23.

Wright, R.J. (2013) Assessing early numeracy: significance, trends, nomenclature, context, key topics, learning framework and assessment tasks. *South African Journal of Childhood Education*, 2, 21–40.

Wright, R.J., Ellemor-Collins, D. and Tabor, P. (2012) *Developing Number Knowledge: Assessment, Teaching and Intervention with 7–11 year olds*.

London: Sage.

Wright, R.J., Martland, J. and Stafford, A. (2006a) *Early Numeracy: Assessment for Teaching and Intervention*, 2nd edn. London: Sage.

Wright, R.J., Martland, J., Stafford, A.K. and Stanger, G. (2006b) *Teaching Number: Advancing Children's Skills and Strategies*, 2nd edn. London: Paul Chapman.

Wright, R.J., Stanger, G., Stafford, A. and Martland, J. (2015) *Teaching Number in the Classroom with 4–8 year olds*, 2nd edn. London: Sage.

Yang, D., Reys, R.T. and Wu, L. (2010) Comparing the development of fractions in the fifth- and sixth-graders' textbooks of Singapore, Taiwan, and the USA. *School Science and Mathematics*, 110 (3), 118–27.

저자 소개

Amy J. Hackenberg 박사는 예술과 수학을 통합하려는 시도로 하버드대학에서 건축학을 공부하며 시각환경학으로 학사 학위를 취득하였다. 이후 로스앤젤레스의 중학교와 고등학교에서 수학 교사 생활을 한 후, 시카고대학에서 수학교육으로 석사 학위를 취득하였고, 고등학교 학생들을 더 가르친 후에, 조지아대학에서 수학교육으로 박사 학위를 취득하였다. 그녀는 현재 인디애나대학 블루밍턴 캠퍼스의 수학교육 교수이다. 지난 10년간 그녀는 중학교 학생들이 분수 지식을 어떻게 구성하며, 이들의 분수 지식과 대수적 추론과의 관계, 학생과 교사의 인지적 · 정서적 요구를 만족하는 학생-교사 관계를 개선하는 방법을 교사가 어떻게 학습할 수 있는지에 대해 연구해왔다. 현재 그녀는 프로젝트에서 그녀 자신의 교수 활동을 연구할 뿐 아니라 현직 교사들과의 협업을 통해 인지적으로 다양한 중학교 학생들을 위한 수준별 교육 방법을 연구하고 있다(www.indiana.edu/~idream 참고).

Anderson Norton 박사는 그의 모교인 버지니아 공과대학 수학과에서 수학교육 교수로 재직 중이다. 버지니아 공과대학에서 수학 이학사를 취득 후 엔지니어 생활을 짧게 하였다. 이후 조지아대학에서 수학과 수학교육으로 대학원 공부를 하였으며, 대학원 기간 중 로건빌고등학교와 조지아의 주지사 우등 프로그램에서 고등학교 수학을 가르쳤다. 그는 수학으로 이학 석사 학위를 취득하였고, 수학교육으로 석박사 학위를 취득하였다. 그의 연구는 주로 분수 영역과 관련한 학생들의 수학 발달 심리 모델을 만드는 것이다. 더 넓게는 수학과 수학 학습의 본질을 연구하는 데 관심이 있다. 교수 활동(teaching)과 연구 사이의 가교 역할을 한 노력을 인정받아 2013년에는 수학 교사 교육 협의회로부터 Early Career 상을 받았다. 이러한 노력에는 학생들의 분수 지식 발달을 지원하는 애플리케이션 개발도 포함된다(http://1trg.centers.vt.edt).

Robert J. (Bob) Wright 박사는 호주의 퀸즈랜드대학에서 수학 학사와 석사 학위를 취득하였고, 조지아대학에서 수학교육 박사 학위를 취득하였다. 그는 호주 뉴사우스웨일스주의 서던크로스대학의 수학교육 교수이다. 그는 아동의 초기 산술 지식과 전략과 관련된 평가와 교육으로 국제적으로 인정받는 지도자이며 네 권의 책과 이 분야와 관련한 다수의 논문에 책임 저자이다. 지난 20년간 그는 학습 부진 아동의 산술 수준 능력 향상을 위해서 특수 교육에 초점을 맞춘 Mathematics Recovery Programme을 개발하였다. 호주, 뉴질랜드, 아일랜드, 영국, 미국, 캐나다, 멕시코 등에서 이 프로그램은 교실 수업과 다양한 학업 성취도의 학생들에게 폭넓게 실행 및 적용됐다. 그는 8~10세의 학습 부진 아동의 초기 산술 학습을 평가하고 개입(intervention)하는 데 초점을 맞춘 가장 최근 프로젝트를 포함하여 호주 연구 재단에 지원을 받은 여러 연구 프로젝트를 수행하였다.

학생의
분수 지식 수준
진단과 지도

지은이 해캔버그 · 노턴 · 라이트
옮긴이 이수진
펴낸이 조경희
펴낸곳 경문사
펴낸날 2019년 12월 2일 1판 1쇄
등 록 1979년 11월 9일 제1979-000023호
주 소 04057, 서울특별시 마포구 와우산로 174
전 화 (02)332-2004 팩스 (02)336-5193
이메일 kyungmoon@kyungmoon.com
facebook facebook.com/kyungmoonsa

값 21,000원

ISBN 979-11-6073-321-1